アメリカの陰謀

ケネディ暗殺と『ウォーレン報告書』

土田宏 Hiroshi Tsuchida

彩流社

まえがき――本書を読む前に

一九六三年一一月二二日、第三五代アメリカ大統領ジョン・F・ケネディが暗殺された。後継大統領リンドン・ジョンソンにより事件を調査する委員会が設置され、翌一九六四年にその調査結果が発表された。それが本書の検討対象である『ウォーレン報告書』（通称）だ。以後、ほぼ六〇年間、その地位と威厳を保ってきたのだが、発表当時からアメリカ国民の誰もが、その内容を必ずしも信じたわけではない。

それでも、アメリカ国民の多くは、そして世界の人々の多くは、この文書に一定の権威を与え、『報告書』がこう主張するのだから、あるいは『報告書』にこう書いてあるから、というような受け止め方で、それとなく受け入れてきてしまっているのが現状だろう。しかし、詳細に検討すればするほど、この『報告書』の内容はあまりにも杜撰《ずさん》であり、結局は調査らしい調査さえしていなかったこと、それゆえに、その結論は間違っており、不完全であることが明らかになっている。

ケネディ大統領は冷戦の最中に平和共存の道を示し、「敵国」ソ連との宥和《ゆうわ》を模索し、そしてアメリカ国内に存在していた建国以前からの悪習だった黒人差別の全面撤廃を訴え、黒人の地位向上のための法案を議会に提出し、世界とアメリカ国内を変革して、誰もが安心して暮らしていける社会を創ろうと訴え、率先して努力していた。

彼の死後、米ソの冷戦はソ連の崩壊によって終焉《しゅうえん》したかもしれないが、その後のロシア、そして急速に台頭してきた中国（ケネディの時代なら「中共」）との言い知れぬ緊張関係があり、それを平和的に解決するのではなく、単に「力」を誇示することで解決しようとしたり、またアメリカ国内になぜか戻ってきた黒人差別を、むしろ後ろから煽り、白人優越主義を黙認するトランプのような大統領が出てきてしまったことは実に嘆かわしいことである。今さらながらケネディの英知と勇気に思いを馳せざるを得ない。

それゆえに、私はいまこそ『ウォーレン報告書』の欠陥を暴き、いかにいい加減な仕事でアメリカ国民と世界を騙して愚弄したうえ、歴史を歪曲《わいきょく》させたものであるかを明らかにしなければならないとの思いを強くした。

折しもトランプという金儲け以外には興味のないアメリカ大統領と懇親の関係を築くことに腐心し、その虚構の関係を自負し、そして己の失策を隠蔽し、公文書までも書き換えさせ、税金が投入される公的な行事に私的な関係者を多数招き、優遇して、平然としていた総理大臣が日本にも現れていた。まさに現実、そして真実を政治的な地位と権威で、すべてねじ曲げ、結果として国民を騙し、世界を欺き、最長在任期間を達成などと豪語して歴史を歪めていたこの総理大臣、安倍晋三と『ウォーレン報告書』とが二重写しになった。

本書に直接引用した『報告書』の第一章の、特に「結論」部分からも明らかだと思うが、たとえば1.（b）など「……（前略）マンリカ・カルカーノ銃から発射されたもので、他の銃からのものでは絶対にない」（本書、五〇頁）、また同じく（c）では「……（前略）上述の銃弾と同じく、他の銃からのものでは絶対にない」（同書、同頁）など、「絶対にない」理由にまったく触れることなく結論を述べている。すべてをここに書き出すわけにはいかないが、結論部分の論調はほぼこのように書かれている。

先に述べた日本の政治状況でも、時の内閣官房長官、菅義偉が記者会見での厳しい質問に対して、「それは問題ではありません」とか「キチンと対応しています」とかの一言で片付けていたのと通じるではないか。断定するなら断定する理由を明らかにしなければならない。理由を述べずに断定することは「権威主義」とか「絶対主義」であり、自由な国にはまったく不必要な物言いとなる。『ウォーレン報告書』はこの意味で、「権威主義」丸出しの文書であって、それは主体者であるウォーレン委員会のメンバーたちが意味のない「権威」をひけらかしたことを暗示している。

本書で示すように、ケネディ大統領暗殺をめぐる疑惑や問題点は実に多く存在する。それはすべて、事件直後に正しい調査をして真実に少しでも近づこうという努力をしなかったウォーレン委員会の責任だ。この委員会が設置されたことで、地元ダラスの市警察やテキサス州の州警察は調査から外されてしまったのだ。本来なら、オズワルドの生まれ故郷であり、成人してからも生活したルイジアナ州ニューオーリンズの州警察や市警察を含めて、こうした地元の捜査機関を積極的に利用するべきだった。だが、ウォーレン委員会は、オズワルド単独犯行をこじつけたいばかりに、こうした地元警察を意図的に排除したのだ。

近年、当時をよく知る世代が高齢化し、急速にその数を減らしている。真実を残さなければという思いから、自分の知る事件について語る人たちが現れてきた。本書では、まだ広く報道されていないそうした新しい証人とその証言についても検討し、事件の真相に迫ろうとした。

いま我々にできることは証人たちの発言内容と『ウォーレン報告書』を徹底的に比較し、調べ直すことぐらいだ。本書はその作業のひとつの結果である。暗殺事件時に高校一年生だった私が、六〇年間、執拗にこだわり続けた作業である。『報告書』がいかにひどい内容のものであるかを明らかにしたつもりである。

目次

まえがき——本書を読む前に……3

序章 権威を笠に着た〝嘘〟が多くを騙す……11

第1章 『ウォーレン報告書』……17
1. 調査委員会（ウォーレン委員会） 17
2. 『ウォーレン報告書』の「概要」 19
3. 「ケネディ大統領暗殺の概要」——『ウォーレン報告書』の引用 21
『ウォーレン報告書』「概要」の結論 49

第2章 オズワルド——共産主義者……61
1. 共産主義が動機か？ 61
2. ニューオーリンズの事件 73

3. ウォーカー将軍狙撃事件 75

第3章 一九六三年一一月二二日――目撃者……85
1. ルート変更――ディーリー広場 85
2. 重要目撃者――ハワード・ブレナン 88
3. ブレナン以外の目撃者 99

第4章 マリオン・ベイカー巡査……103

第5章 「足音」の検証――委員会の犯罪……115

第6章 ティピット巡査殺害事件――犯人オズワルドへの伏線……129
1. ティピット巡査殺害 129
2. 逃亡? 141
3. 「庭先の写真」 144
4. オズワルドの掌紋《しょうもん》 146
5. 狙撃時のオズワルド――再確認 150

第7章　オズワルド殺害──ジャック・ルビーの謎……157

第8章　魔法の銃弾──嘘の象徴……169

1. 魔法の銃弾　169
2. 三発説とザプルーダー・フィルム　176
3. ケネディ大統領の傷──パークランド記念病院　183

第9章　ベセスダ海軍医療センター──検視と検視報告……189

1. 病理学専門の検視担当医　189
2. 検視報告──死体以外に「入手可能な情報」は必要か？　190
3. 傷──その一　右眼窩《がんか》の上縁の浮腫《ふしゅ》と前頭骨部分の骨折？　194
4. 傷──その二　右肩の首下の傷と死後手術の跡？　195
5. 傷──その三　頭蓋骨も頭皮もない13センチの欠損？　197
6. 傷──その四　理解不能な文章の羅列　198
7. 全米医師会雑誌とのインタビュー　200
8. 脳の傷──補足報告　203
9. ライフルの傷？　208

10. 悩む検視医 210
11. 「魔法の銃弾」再検討 213
12. 喉の傷——再検討 218
13. 「検視報告」とウォーレン委員会 222
第10章 ザプルーダー・フィルムの改竄《かいざん》……229
第11章 奇妙な謎——大陰謀を示唆……245
第12章 ジョンソン（副）大統領の不可解な行動——深まる疑惑……263
第13章 新しい証人たち——長い沈黙を破って……287
付 不審死を遂げた目撃者たち……311
あとがきに代えて……313

序章　権威を笠に着た〝嘘〟が多くを騙す

一九六三年一一月二二日、テキサス州ダラス市をオープンカーでパレード中の第三五代アメリカ合衆国大統領ジョン・F・ケネディが狙撃された。午後一二時三〇分を少し過ぎた頃だった。被弾直後に搬送された病院での必死の手当ても虚《むな》しく、午後一時に彼は息を引き取った。午後一時三〇分、彼の死は全国で一斉に報道された。

大統領就任以後の世論調査では平均七〇パーセント強の支持率を維持していた（www.american-presidents.info/approvalrates.html）だけに、アメリカ国民の、いや全世界の人々の衝撃と悲しみは計り知れないほど大きかった。一一月二五日に彼の遺体がワシントンDCの国立墓地に埋葬されるまで、アメリカは喪に服した。

これほど高い支持率を得ていた大統領がなぜ狙われなければならなかったのか、誰がこの事件を計画し、実施したのかは、事件直後からアメリカ国民だけでなく、世界中の人々の関心事になった。

それは、事件の一時間半ほどあとに別件の警察官殺害容疑で捕まった男、リー・ハーヴィー・オズワルドがこの逮捕容疑も認めないうちに、さらに大統領暗殺の容疑者とされたからだ。ところが、逮捕の二日後、そのオズワルドが容疑を認めないまま、ダラス市警察の本部建物内でジャック・ルビーという酒場経営者によって殺害されてしまった。この不可解な事件が起きると、「ケネディ暗殺には何か得体の知れない裏の真実がある」という思いが人々のなかに強まったのだった。

すぐにさまざまな憶測が生まれた。オズワルドが共産主義を信奉していて、ソ連に滞在した経験があること、ソ連の女性と結婚していることなどが報じられると、暗殺の影には共産主義者の仲間またはソ連がいると信じる者たちがいた。それによって米ソ戦争を覚悟する人々、またそれを恐れる人々も多かった。あるいは、当時はアメリカと最悪の関係にあったキューバのカストロ首相が事件の黒幕だとする憶測も流布《るふ》された。果ては事件が起きたダラス地区を選挙基盤とし、ここを政治力の源としていた副大統領のリンドン・ジョンソンが、翌六四年に控えた大統領選挙でケネディの相方として出馬することを拒否されそうだという噂が事件前から存在していたこともあり、そのジョンソンがケネディを亡き者にすることで自ら大統領に昇格しようとしたのだとする説も真実味を帯びていた。ケネディの死が確認された直後に、ジョンソンが大急ぎで大統領に就任していた事実がこの説の信憑性《しんぴょうせい》を高めていた。

こうした混乱のなかで、新大統領となったジョンソンは国民の疑惑を消し去り、国内を一日も早く安定させるためとして行政命令を出し、特別な調査委員会を設置することにした。事件の調査としては現場となったダラス市警、テキサス州警察、そして合衆国の重大事件を取り扱う連邦警察（ＦＢＩ）が専門の調査機関として存在していたにもかかわらず、これらを取りまとめる必要があるというもっともらしい理由で、大統領直属の調査機関を設置したのだ。

この機関の信頼性を高めるために、その責任者である「委員長」に当時の最高裁長官、アール・ウォーレンが任命された。司法の頂点の役職者が行政府の仕事に係るのは憲法上問題だという反対意見もあったし、本人も当初は固辞していた（アール・ウォーレン著、森田幸夫訳『ウォーレン回想録』一九八六年、彩流社、五七一頁）のだが、ウォーレンへの国民の信頼が高かったことと、ジョンソン新大統領の執拗な要請によって、この委員会は正式に発足することになった。事件の一週間後の一一月二九日だった。

この委員会は翌六四年九月に調査結果を『報告書』（*the Report*）にまとめてジョンソン大統領に提出した。一般には、委員長の名を取って『ウォーレン報告書』（図1）と呼ばれるようになったものだが、この『報告書』は、ケネディ大統領暗殺事件をオズワルドの単独犯行として結論づけていた。

図1　『ウォーレン報告書』の冒頭の見開き扉

しかし、発表直後からこの結論には多くの疑問が提示され、今日に至っているのだが、一般には次第にこの報告書の結論を正しいとして受け止める、あるいはどうでもよいとしてしまう雰囲気が強くなってきていた。おそらくはこの二〇年ぐらいの傾向だろう。事件そのものの衝撃を実体験として記憶している世代の人数が減る一方という現実がある以上、仕方のないことなのだろう。何せ相手はアメリカ合衆国の大統領が直接任命した「政府の正当なる」委員会だ、しかも一年近く真剣な調査を

図2　右端が『報告書』本体。それ以外は『別巻』26巻の証言・資料集。

した結果なのだ、と事件後に生まれた世代が考えたとしても不思議ではない。

ウォーレン委員会は彼らが調査で集めた資料、調査時に実施した聴聞会の記録を『報告書』本体と同時に発表している。全部で二六巻になる膨大な出版物（図2）である（本書では『別巻』と表記）。奇妙なことに、この膨大な資料のなかには委員会の結論を覆しかねないものさえ、きちんと収録されている。

本書は、二〇〇三年に『秘密工作　ケネディ暗殺――天国からのメッセージ』（彩流社）を発表した私が、齢七〇代の半ばになり人生の最終段階に入ったいま、改めてこれらの資料を利用して、ウォーレン委員会が事件の真相に迫るのではなく、調査開始時に勝手に決めた、あるいは決められていた？オズワルド単独犯行という結論をいかにして正当化しようとしたのか、そのために、どのようなことを実行し、また実行しなかったのかをあぶり出し、その調査の杜撰《ずさん》さを示すことで、当時のアメリカの権力集団（それは政府だけでなく、経済界も、言論界も含めて国政や国論を動かす力のある者たち）が、国民を騙《だま》し、欺《あざむ》き、そして虚構を真実として歴史に残そうとしたかを明らかにする試みである。

公文書を書き換え、破棄することで国民から真実を覆い隠した危険な

ウォーレン委員会のメンバー

職責	名　前	当時の職業・地位
委員長	アール・ウォーレン	連邦最高裁判所長官（第14代）
委員	リチャード・ラッセル	上院議員（民主党：ジョージア州選出）
委員	ジョン・シャーマン・クーパー	上院議員（共和党：ケンタッキー州選出）
委員	ジェラルド・フォード	下院議員（共和党：ミシガン州選出）
委員	ヘイル・ボッグズ	下院議員（民主党：ルイジアナ州選出）
委員	ジョン・マックロイ	弁護士　元世界銀行総裁
委員	アレン・ウェルシュ・ダレス	元CIA長官（第5代）

＊下院議員の選出は各州の選挙区によるので、州全域を選挙区として選出される上院議員と異なり州全域を代表するものではない。

政権が、最近まで日本にも存在していた、あるいはまだ存在し続けるかもしれないが、それとは逆に、すべてを明らかにしている振りをして、なお真実を覆い隠したウォーレン委員会の蛮行とも言える事実をしっかりと見ることで、国家・政府が究極的にどのような行為をすることができるのかを考えたいと思う。

『政府は必ず嘘をつく』（角川新書K‐76）という堤未果の著作の衝撃的なタイトルではないが、民主主義の社会に住む我々は、国民を騙すことさえ可能な政府という存在に新たな目を向ける必要があるのではないか――それはひいては自分たちのみならず、子孫たちの将来を守ることになるはずだからだ。

嘘は誰のものでも許されるものではない。だが、政府のそれは絶対に許されるものではない。ウォーレン最高裁長官が個人としていかに人格者であったとしても、彼が委員長として責任をもって発表した『報告書』の「嘘」だけは、どれだけ時間が経過していても、厳しく糾弾されなければならないのだ。

第1章『ウォーレン報告書』

まずは、その『ウォーレン報告書』とはどのようなものかを詳しく見ることから始めたいと思う。

1．調査委員会（ウォーレン委員会）

ジョンソン大統領が任命した調査委員会（通称、ウォーレン委員会）の構成を見てみよう。この委員会の委員長は、前章で述べたように、当時合衆国最高裁判所の第一四代長官だったアール・ウォーレン（一八九一―一九七四）だった。最高裁長官に任命されて就任した一九五三年以来、黒人の差別を違憲とする通称「ブラウン判決」（一九五四年）をはじめ、最高裁が個人の権利を積極的に擁護する判決を出す原動力となり、それまでの古い社会体制を根本から変革する役割を果たし、その意味で、多くの国民の信頼を得ていた人物だった。

次が、戦後のアイゼンハワー大統領の対共産主義政策に大きな影響を与えたアレン・ダレス

（一八九三―一九六九）だ。彼は一九五三年にＣＩＡ（中央情報局）の長官に就任すると、本来の情報収集機関としての役割を越えて、外国の要人暗殺や外国政府の転覆などにＣＩＡを積極的に関わらせるようになった。ケネディ政権発足に際してもその職にとどまったが、キューバのカストロ政権転覆を試みた「ピッグズ湾事件」（一九六一年四月）の首謀者としてケネディ大統領の信頼を失い、一九六一年一一月に罷免されていた。

ウォーレンは最高裁長官としての任務もあり、委員会の実務は、おそらくこのダレスが取り仕切っていたと考えられている（多くの資料が残されているのだが、委員会の会議記録に議論の内容や進行などの詳細は記されていない）。

この二人がいわゆる大物で、他に上院から民主党のリチャード・ラッセル、共和党のジョン・クーパーが、下院からジェラルド・フォード（共和党。のち大統領）とヘイル・ボッグス（民主党）の都合四人の議員、そして、戦後すぐに世界銀行総裁を務めていたジョン・マックロイが加えられていた。

要するに、犯罪調査を目的とした組織なのに、この分野での経験者は一人もいないという奇妙な委員会だった。しかも、定職に就いていないのはダレスだけで、他の者にとって、この委員会の仕事は、ある意味で「副業」にすぎなかった。

実際の調査に関する実務は顧問として採用されたリー・ランキンと一四名の補佐官、一二名の調査担当官が担当することになり、そして事務職員や秘書などがいる合計三七名のスタッフを抱えた組織だった。

実際の事件調査は連邦警察（ＦＢＩ）が受け持ち、調査結果を委員会に報告するかたちを取っていた。事件当初に活動したテキサス州警察、ダラス市警察などは、次第に排除されていった。この委員会の一二名の「調査担当官」はＦＢＩの調査結果を分析・調整するのが主な業務で、逮捕権もなく、現地調査をする権利もなかった。委員会が主催する証人喚問や参考人の聴聞会を取り仕切り、最終報告書の原案を作成するのがその主要な任務だった。

構成メンバーを見る限りでは、事件調査の知識や経験のある人物は皆無で、ＦＢＩに大きく依存するだけの委員会だったと言える。

最終的な報告書によると、委員会は一九六四年二月三日から九月一五日までに五五二人の参考人（目撃証人など）を聴聞会に呼んだことになっている。徹底した調査をしたことを裏付ける数だ。

そして、一九六四年九月二四日に八八八頁に及ぶ分厚い調査委員会の報告書（通称、『ウォーレン報告書』、本書では『報告書』とも）を公表した。同時に全二六巻から成る別巻を公表している。そのなかの一五巻は聴聞会の記録（証言集）で、一一巻は証拠物件の写真やコピーを集めたもの（資料集）である。本書ではこの二六巻を『別巻』とし、巻数はローマ数字で表記している。

2.『ウォーレン報告書』の「概要」

この『報告書』が政府の公式見解であり、ケネディ暗殺の真実を語るものとされてきた。『報告書』は冒頭で、調査委員会の設置理由と目的を述べたあと、二五頁を割いて、「ケネディ大統領暗殺の概要（と結論）」を述べる。事件の経過を追うとともに、証人たちの証言も紹介しているが、「概要」だけあって、細かい検討がなされているわけではない。当時、調査結果の発表を心待ちにしていたジャーナリストや国民の多くは、この冒頭の概要部分だけを読んで、委員会の調査結果として理解しただろうと思えるほどの内容だが、委員会はこの部分で調査結果の結論を述べてしまうことで、新聞やテレビ・ラジオがそれを唯一の真実として報道してくれることを願っていたのかもしれない。

この「概要」は第一章として『報告書』の冒頭に掲載されている。これによって、ウォーレン委員会は分厚い『報告書』全体を読まないで済むようにした、あるいは、読ませないようにしたと私は考えているのだが、その根拠は次の私自身の経験による。

一九六八年夏に、私は在籍していた大学の教授の一人だったアメリカ人神父が主宰した「アメリカ研修旅行」に参加した。一カ月間、ボストンの姉妹大学で夏期講習を受講し、なおかつ全米二五の都市をバスで回って、一般家庭にホームステイをするという研修だった。この研修旅行で滞在したなかの三つの家族、そして、その後の留学時に世話になった家族と、都合四つの家族が『報告書』を持っていた。だが、どれも読み込んだ形跡がなかった。彼らは皆、異口同音に「最初を読めば十分だから」とか、「最初にすべて書いてある」とか、「全部読まなくても分かるから」と言っていたが、自分自身がまだ読む前だったので、その意味を理解できなかった。ただ、本体を手にして、その重さとボリュームに感動していただけだった。それから数年後、古本屋で見つけた『報告書』

を読み出して、彼らの話していたことが初めて分かった。と同時に、ウォーレン委員会の編集意図を知った気がした。

この経験が、『報告書』の構成と編集に不信感を感じざるを得なくなった理由だった。

3．「ケネディ大統領暗殺の概要」――『ウォーレン報告書』の引用

委員会はその「概要」の冒頭で、アメリカ史上四件目となった現職大統領の暗殺事件の真相を完璧に知ることがアメリカ国民の権利であり、委員会は理性と公正さをもってこの国民の権利を満たすために、「客観的な報告書」をアメリカ国民に提示するとしている。そして、事件の概要が時間経過とともに述べられることになる。

一九六三年一一月二一日木曜日にホワイトハウスを発ったケネディ大統領夫妻が五カ月ほど前に設定された計画通り、まず、テキサス州サンアントニオ市を訪ね、ヒューストン市でアルバート・トマス下院議員のための夕食会に出席し、そして、ダラスに隣接するフォートワース市で一泊したと説明される。

そして、一一月二二日金曜日の行動予定が詳述される。ダラス市内の自動車でのパレードのあと、トレイドマートでの昼食会に参加し、そしてオースティン市に飛んで歓迎レセプションに出席し、さらにそこからジョンソン副大統領所有の牧場に向かい一泊することになっていたという。

次に、ダラス訪問の意義が語られるのだが、一九六〇年の大統領選挙で勝てなかったこの街を訪れることで、翌六四年に控えた再選を目指す大統領選挙で挽回することが目的だったとする。このテキサス訪問の計画は、テキサス州知事のジョン・コナリーと大統領の特別補佐官だったケニス・オドンネルが練り上げたと述べている。ダラス到着地のラヴフィールド飛行場から昼食会の開かれるトレイドマートまでの四五分間の自動車によるパレードのルートは、直前の一一月八日にシークレット・サーヴィスの同意の下で最終決定されたという。ここで委員会はわざわざ「選ばれたパレード・ルートは自然のもの」(『報告書』二頁)と述べている。後述するが、事件後、このルート設定に疑問が持たれていたことを承知していた委員会が、この冒頭で疑念を払拭しようと試みているような余計な文章だ。一一月一八日にこのルートは公表された。

当日、一一月二二日、ダラスは快晴だった。そのため、用意されていた大統領専用車の屋根が外され、オープンカーとして使用されることになった。最後部座席の右側に大統領、左側に大統領夫人ジャクリーン、そして二人の前に補助席が設けられ、大統領の前にコナリー州知事、大統領夫人の前にコナリー夫人が座ると説明が続いている。運転席にはシークレット・サーヴィスのウィリアム・グリーア、助手席に同じくロイ・ケラーマンが同乗したと説明される。

この大統領車両の後ろには、すぐ直後に八人のシークレット・サーヴィスの係官を乗せた車が続き、その後ろに副大統領夫妻とテキサス州選出のラルフ・ヤーボロウ上院議員を乗せた車両が続き、あと数台の貴賓者や記者たちの乗用車とバスが車列を作った。

★　★　★　★　★

これ以後、長くなるが、『報告書』の二頁から二五頁までの部分を直接引用する。読者の皆様には、委員会の説明を直接確かめていただきたい。

◇◇◇◇◇◇◇◇◇◇◇◇◇◇◇◇◇◇◇◇<ウォーレン報告書　引用>◇◇◇◇◇◇◇◇◇◇◇◇◇◇◇◇◇◇◇◇

午前一一時五〇分に車列は飛行場を出発、ダラス市郊外の住宅街を抜けるときにケネディ大統領の要求で二度停車した。歓迎する市民たちに挨拶をするためだった。市内の中心を東西に抜けるメイン・ストリート（以下、「メイン通り」）に入ると市民の数は予想を超えていた。この通りの西の端で、車は右折してヒューストン・ストリート（以下「ヒューストン通り」）に入り、二ブロック〔ママ。だが、間違いだろう。一ブロックのはず――土田〕だけ北上し、ステモンズ・フリーウェイという高速道路を利用するために、エルム・ストリート（以下、「エルム通り」）で左折した。（図3、『報告書』には未掲載）

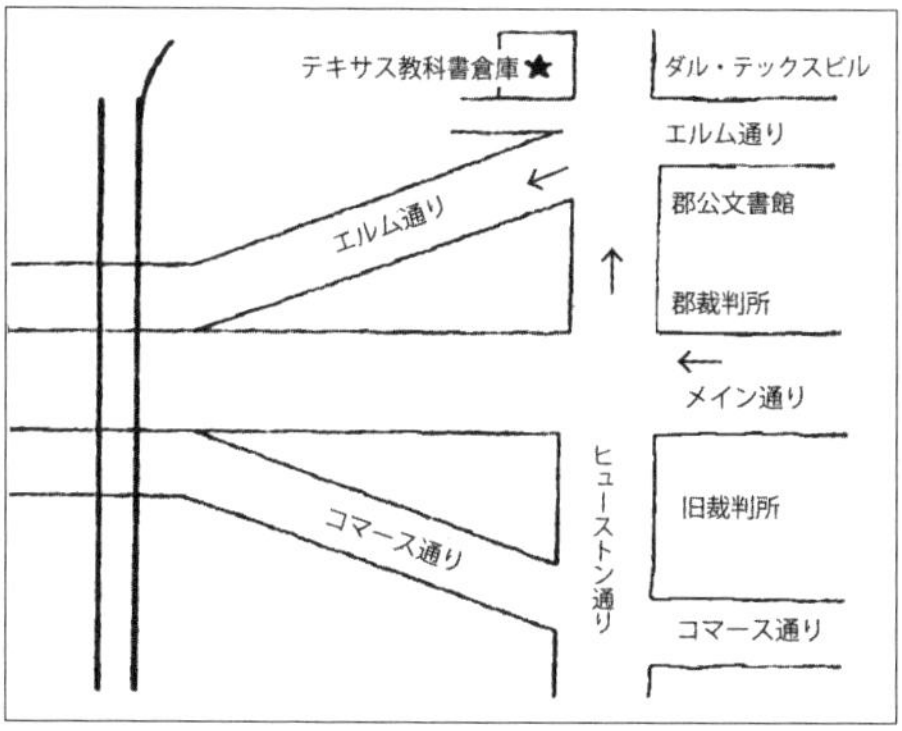

図3　銃撃現場の見取り図

この交差点の西北の角にテキサス教科書倉庫という倉庫兼事務所の建物がある。エルム通りはこの建物のところから下り坂に入り、前方に鉄道の高架とその奥に高速道路の高架がある。エルム通りはこの二つの高架の下をくぐったところで右（つまり北）方向の高速道路入口へと分かれている。この倉庫のところを車列は一二時三〇分に通過した。この時間には、本来、（昼食会会場の）トレイドマートに到着しているはずだった。

ヒューストン通りからエルム通りに左折したときの大統領車は時速一一マイル（一八キロ）ほどの速度だった。大統領は教科書倉庫を右に見て、観衆に手を振っていた。

エルム通りの左側にはディーリー・プラザ（広場）と呼ばれる広い芝生の広場があった。後ろに続くシークレット・サーヴィスの車からトレイドマートに「あと五分で到着」という無線連絡が入った。

その数秒後、銃声が続けざまにした。大統領の両腕が自分の首に向かって動いた。一瞬、彼は固まったかのようだったが、彼の体はほんの少し前方へ傾いた。一発の銃弾が彼の首の後ろ、脊髄の右側に命中した。この銃弾は彼の首を貫通し、大統領のネクタイの結び目の左下辺りから出た。この銃撃が始まる前、コナリー知事は右手にいた観衆のほうを向いていた。知事も背中の右端、右の脇の下を撃たれた。この銃弾は彼の胸を下向きに貫通し、彼の胸の右の乳首の下から体外に出た。そして、膝の上に置いていた彼の右手首を貫通し、彼の左の太腿に傷を負わせた。この銃弾の衝撃は知事を右のほうに回転させた。知事夫人が彼を自分の膝の上に引き寄せた。もう一発の銃弾がケネディ大統領の後頭部に命中し、大きな致命傷となる傷を負わせた。彼は左に倒れ、夫人の膝の上に横たわった。

大統領車のすぐ後ろの車の横についた踏み台に立っていたシークレット・サーヴィスのクリ

<ウォーレン報告書　引用>

ント・ヒルは花火と思われる音を聞いた瞬間、大統領が少し左前に倒れ掛かったのを見て、車を飛び降り、大統領車に向かって走った。副大統領車の助手席にいたシークレット・サーヴィスのヤングブラッドは爆発音を聞き、観衆のなかの異常な動きに気づいた。彼は後部座席に移ると、ジョンソン副大統領を守るために彼の膝の上に乗った。その時、大統領車の助手席にいたケラーマンは振り返って大統領を見た。大統領が撃たれたことに気づいた彼は運転手に「ここから抜け出せ。撃たれてる！」と命じた。彼は車列の先導車に無線を入れ、「すぐに病院に向かえ！」と告げた。運転手グリーアはすぐに加速した。この時、クリント・ヒルは何とか車の後部にしがみつき、トランク部分に体を乗せていた。ケネディ夫人がそこまで移動していたので、彼女を後部座席に押し戻した。そして、傷ついた大統領と夫人を自分の体で守った。大統領車は四マイル（約六キロ）先のパークランド記念病院へと急行した。

パークランド記念病院では、射撃直後にダラス警察からの無線連絡で、準備をして待っていた医師団により、大統領はすぐに治療を受けた。医師たちは不規則な呼吸とかすかな心音を認めた（手首の脈はほとんど感知できなかった）。彼らは大統領の頭部の大きな傷と喉の第三頸椎の下に小さな直径四分の一インチ（約六ミリ）の円い傷を確認した。医師たちはこの喉の傷を少し切って気管切開を施し、カテーテルを挿入して呼吸を確保しようとした。大統領の救命処置に必死で、医師たちは大統領の背中の状況を確認しなかった。

午後一時、心臓が動きを停止したために、カトリックの神父により「終油」（臨終に際してのカトリックの儀式）が施され、その死が確認された。コナリー知事は手術の後、重傷にもかかわらず回復した。

大統領が亡くなったことを知ったジョンソン副大統領は堅い警備の下、パークランド記念病院を出て、ラヴフィールド飛行場の大統領専用機に移った。夫の柩《ひつぎ》に付き添ったケネディ夫人は、その後しばらくして同じ飛行機に搭乗した。この飛行機の中央部分で午後二時三八分に、連邦地裁の判事サラー・ヒューズによってジョンソンは大統領就任の宣誓を行った。

その直後、専用機はワシントンDCに向けて離陸した。東部標準時間午後五時五八分（テキサスとDCは一時間の時差があるので、ダラス時間では午後四時五八分となる）にワシントン郊外のアンドリュース空軍基地に到着した。そこから、大統領の遺体はメリーランド州ベセスダにある海軍医療センター（以下、海軍病院）に運ばれ、完璧な病理学的検査を受けた。検視によって、パークランド記念病院でも確認された頭部の大きな傷と喉の傷が再確認されたが、喉の傷はパークランド記念病院の医師たちによる気管切開のために拡大されていた。この二つの傷は『検視報告書』によると「おそらく出口」と記述されている。この他に、『検視報告書』は大統領の頭蓋骨の後頭部に銃弾の小さな入口の傷があることを明らかにしている。『検視報告書』は大統領の死因は「頭部の銃創」とし、そして大統領に命中した銃弾は「死者の後方、少し高いところ」から発射されたと規定した。

現場では狙撃場所に関して明らかな混乱があった。射撃音がどこからしたかについて、現場にいた証人たちは異なった説明をした。しかし、射撃の数分後には、テキサス教科書倉庫の建物に注意が集中していた。この建物はテキサス教科書倉庫会社という企業が所有していた。様々な出版社の教科書を配布する会社で、出版社のためにスペースを貸し出してもいた。この建物内の従業員の多くは出版社に勤務していた。倉庫業務に携わっていた一五人の者たちは倉庫会社の従業員だった。

この建物の前にいた目撃者たちはこの倉庫の六階の南東の角の窓からライフルが発射されるのを見たと報告した。そのうちの一人、ハワード・ブレナンは現場にいた警察官に、だいたい五フィート一〇インチ（約一七七センチ）の痩せた三〇代前半の男が六階の角の窓で大統領の車に向けてライフルを発射したのを見たと告げた。ブレナンは大統領車がエルム通りに曲がる数分前に窓のところにいた男を見ていたので、顔を見れば特定できると思うと言った。この倉庫ビルが狙撃場所であるとし、午後一二時四五分には警察無線が、ブレナンの証言に基づいて容疑者の容姿を全警察官に告げていた。

射撃が起きたとき、ダラス警察の白バイ警官マリオン・ベイカーは大統領車から数台後ろの車の位置にいて、ちょうどメイン通りからヒューストン通りに右折したところだった。エルム通りから二〇〇フィート（六〇メートル）ほどのところで、彼は射撃音を聞いた。ちょうど一週間の鹿狩から戻ったばかりだったベイカーは、その音は高速ライフルのものだと確信した。見上げると倉庫ビルから鳩が一斉に飛び出したのが見えた。オートバイのスピードを上げて倉庫の横に着くと、西方向を一瞥し、群衆をかき分けて倉庫の入口に走った。入口で彼は建物の管理者ロイ・トルーリーと出会った。トルーリーはベイカーに案内を申し出た。二人は建物に入り、裏口の二つのエレベーターに向かった。二つとも上階にある（荷物運搬用のエレベーターなので、使って降りた人が扉を閉めておかないと、動かないようになっている）と気づいて、二人は階段を上った。射撃から二分は過ぎていなかった。

二人が建物の上階に向かい二階のフロアに着いたとき、ベイカー巡査は、三階へ続く階段までの小さなスペースと軽食堂に続く小部屋を隔てるドアの小さなガラス窓を通して人影を見た。彼は銃を手にドアへと急ぎ、二〇フィート（六メートル）ほど離れたところを、男が軽食堂の反対側に歩いて行くのを見た。この男は手に何も持っていなかった。ベイカーの命令で、男は振り返り、彼のほうに歩み寄って来た。すでに三階への階段を上り始めていたトルーリーは警官がついて来ないことを確かめるために戻って来た。ベイカーはトルーリーにこの男を知っているか尋ねた。トルーリーはこの建物内で働いている男だと答えた。この答えで、ベイカーは男から離れ、上階に向かった。トルーリーもこれについて階段を上った。

二人が出会った男は一九六三年一〇月一六日にテキサス教科書倉庫で働き出したばかりだった。仲間の従業員によると、この男は非常に静かで、いつも「一人」だったという。

その名前はリー・ハーヴィー・オズワルドだった。

ベイカーとトルーリーの二人に遭遇して一分以内に、オズワルドは二階の事務室を歩いていたのを目撃されている。彼は手に軽食堂の自動販売機で買った「コカ・コーラ」の瓶を持っていた。彼は建物の正面方向（東方向？）に向かっていた。一階の正面玄関へは乗客用エレベーターか階段で行くことができる。だいたい七分後、一二時四〇分頃、オズワルドは教科書倉庫の建物からエルム通りを七ブロックほど東に向かったところでバスに乗った。バスは西方向、

◇◇◇◇◇◇◇◇◇◇◇◇◇◇◇◇◇◇◇◇◇◇◇◇◇◇◇◇◇◇＜ウォーレン報告書　引用＞◇◇◇◇◇◇◇◇◇◇◇◇◇◇◇◇◇◇◇◇◇◇◇◇◇◇◇◇◇◇

つまり教科書倉庫に向かって走った。このバスはダラスの南西にあたるオーク・クリフ地区を通過する。オズワルドが住んでいた場所、「一〇二六　ノース・ベクリー街」の七ブロック東を通るのだ。このバスにはオズワルドが以前住んでいた貸し部屋の所有者メアリー・ブレッドソウ夫人が乗っていた。彼女はすぐにオズワルドだと分かった。オズワルドがバスにいたのはほんの三〜四分ほどで、この間、バスは二ブロックしか進まなかった。ケネディのパレードと暗殺事件による交通渋滞が原因だった。その後、オズワルドはバスを降りた。

数分後、彼は四ブロック離れたところでタクシーに乗った。彼は運転手に自分の下宿の数ブロック先まで行くよう指示した。およそ五〜六分の乗車時間だった。午後一時、彼は下宿に着いた。大家のアーリーン・ロバーツ夫人は真っ昼間にオズワルドを見て驚いた。急いでいるようね、と声を掛けたが、彼は答えなかった。数分後、オズワルドは上着の前のジッパーを上げながら部屋から出て来て、そのまま家を出て行った。

およそ一四分後、暗殺からちょうど四五分後に、ダラス市内でもう一件の銃撃があった。

犠牲者はダラス警察のJ・D・ティピット巡査だった。彼は一一年以上の実績のある巡査だった。彼は一〇番街とパットン通りの交差点の近くで撃たれた。彼はパトカーに一人で乗車していた。当時はこれが通常の勤務状態だった。彼は午後一二時四五分にオーク・クリフ地区に移動するよう無線で指示を受けていた。暗殺事件によるダラス市中心部のパトロール活動の集中によるものだった。一二時五四分、ティピットは命令通り移動したこと、そして緊急事態にはいつでも応じられる旨を無線で連絡した。この頃までには警察無線はブレナンが狙撃現場で述べた容疑者に関して、いくつかの情報を流していた——痩せた白人男性、三〇歳ぐらい、五フィート一〇インチ（一七七センチ）、一六五ポンド（七四キロ）と。

一時一五分頃、ティピット巡査はオーク・クリフ地区の東一〇番街を東方向に向かってゆっくりとパトカーを運転していた。一〇番街とパットン通りの交差点を過ぎて一〇〇フィート（三〇メートル）ほどのところで、同じ方向に歩いていた一人の男のそばに車を寄せて止まった。大統領暗殺容疑で指名手配されている男の容姿にそっくりだったからだ。男はパトカーのほうに歩いて行くと、右側ドアに両腕を乗せ、見たところ、ティピットと窓越しに会話をしていたようだった。ティピットは左側の運転席のドアを開け、歩いて車の前を回って行こうとした。運転手側の前のタイヤの辺りに来たときに、歩道にいた男はピストルを取り出すと、素早く数発撃った。ティピットには四発命中し、ほぼ即死だった。ティピットの車の前方二五フィート（七メートル）ほどのところで、反対方向から小型トラックで走って来た車の修理工ドミンゴ・ベナヴィデスは銃声を聞いて、車を止め、すぐにティピットの脇に走った。

撃った男は空薬莢《からやっきょう》を捨てて、パットン通りのほうに戻って行った。ティピットはホルダーから出たピストルの上に横たわっていた。ベナヴィデスはティピットのパトカーの無線で警察本部に事件を知らせた。本部がこの知らせを受けたのは一時一六分を過ぎたときだった。

容疑者は現場を離れると、急いでパットン通りのほうに戻り、左に曲がって南に向かった。一〇番街とパットン通りの北西の角にいたのが、ヘレン・マーカムだった。彼女はパットン通りを南に歩いて来て、容疑者とティピットのパトカーが自分の目の前で交差点を横切るのを見ていた。彼女は道路を渡る機会をうかがっていたのだ。射撃も目撃し、ピストルを手にした容疑者が角まで戻って来て、角の家の芝生の上を近道してパットン通りを南に進むのを見ていた。

その角の家にはバーバラ・ジャネット・デイヴィス夫人とその義妹のヴァージニア・デイヴィスが暮らしていた。二人は銃声を聞くと急いで玄関ドアのところに行き、あたかも弾倉を空にするかのようにピストルを振りながら芝生を横切る男を見た。その日のうちに二人とも家の近くで空薬莢を発見した。容疑者が左に曲がるとき、パットン通りに駐車していたタクシーの横を通った。運転手のウィリアム・スコギンズは殺害を見たが、このときは自分の車の道路側にかがみ込んでいた。容疑者が芝生の上の植え込みの間を近道して来たとき、スコギンズは顔を上げておよそ一二フィート（四メートル）離れた男を見た。その男は手にピストルを持ち、「気の毒なバカお巡り」か「運の悪いバカお巡り」と聞こえることばを口にした。

スコギンズを通り過ぎた容疑者はパットン通りの西側に渡り、ジェファソン・ブルヴァード（以下、ジェファソン大通り）に向けて南に走った。この大通りはオーク・クリフ地区の一番主要な通りだ。パットン通りの東側、一〇番街とジェファソン大通りの間で、中古車販売店を経営していたテッド・キャラウェイは銃声を聞き、歩道に走り出ていた。ピストルを持った男が通り過ぎたとき、キャラウェイは「何があったんだ？」と叫んだ。男は肩をすくめただけで、ジェファソン大通りまで走り、右に曲がった。次の角にガソリン・スタンドがあり、その裏が駐車場になっていた。容疑者はこの駐車場に入り、上着を脱ぐと、ジェファソン大通りをそのまま西に向かって行った。

さらに西方向に数ブロック進んだところにある靴屋で、支配人のジョニー・カルヴィン・ブルーワーはパトカーのサイレンを聞いたのだが、その直前に店のラジオがオーク・クリフでの警察官射殺事件を報じていた。ブルーワーは一人の男が店の入口前に飛び込んで来て、通りに背を向けて立っているのに気づいた。パトカーがUターンをして、ティピット射殺現場の方向に戻って行ったとき、この男は動き出した。ブルーワーは彼の跡をつけた。この男がおよそ六〇フィート（一八メートル）離れた映画館、テキサス劇場に切符を買わずに入るのを見て、ブルーワーは切符売り場のジュリア・ポスタル夫人に告げた。夫人は警察を呼んだ。午後一時四〇分を少し過ぎたところだった。

午後一時二九分には、警察無線がすでにティピット事件の容疑者と暗殺事件の容疑者の相似性を指摘していた。一時四五分に、ポスタル夫人の電話に応えて、警察無線は次の警告を発信している。「容疑者は西ジェファソンのテキサス劇場に入ったという情報がある」。

数分後、劇場は包囲された。劇場内の電灯がつけられ、M・N・マクドナルド巡査と他に数名の巡査がブルーワーの指し示す男に近づいた。

マクドナルド巡査は男に立ち上がるよう命じた。「うーん。すべて終わりだ」と男が言ったという。男は片手で腰から拳銃を抜き出すと、もう一方の手で巡査を殴った。マクドナルドは男を右手で殴り、左手で銃を掴《つか》んだ。小競り合いの後、マクドナルドと他の巡査が男から銃を取り上げ、手錠をかけ、警察本部に連行した。本部到着は午後二時だった。

暗殺事件勃発後、多くのパトカーがテキサス教科書倉庫に向かった。射撃がこの倉庫から

◇◇◇◇◇◇◇◇◇◇◇◇◇◇◇◇◇◇◇◇◇◇◇◇◇◇◇◇◇◇＜ウォーレン報告書　引用＞◇◇◇◇◇◇◇◇◇◇◇◇◇◇◇◇◇◇◇◇◇◇◇◇◇◇◇◇◇◇

だったとする警察無線に応じたからだ。ダラス警察のハーバート・ソイヤー刑事は、午後一二時三四分に最初の無線を聞いた直後に現場に到着した。彼が到着したときには、エルム通りとヒューストン通りにパレードのために配備されていた警察官たちはすでに目撃者たちと話をしたり、倉庫の建物を見上げたりしていた。ソイヤーは倉庫内に入り、四階まで乗客用のエレベーターで上った。エレベーターはこの階止まりだった。素早く調べると一階に下り、午後一二時三七分から一二時四〇分の間に、一人も建物から外に出すなと命令した。

　午後一時少し前、ダラス警察の殺人強盗局の局長だったJ・ウィル・フリッツが、捜査の指揮を執るために現場に到着した。六階を捜査していたルーク・ムーニー副保安官が南東の隅に積み上げられた段ボール箱があるのに気づいた。箱を押し分けて内側に入り込んだムーニーは、狙撃現場を発見したとすぐに分かった。床の上に三つの空薬莢があったからだ。箱は窓際に積み上げられ、段ボール箱に座るとエルム通りを鉄道の高架まではっきりと見下ろすことができ、外からは姿を隠すことができたのだ。この段ボール箱と半分開いた窓の間には、段ボール箱があと三つ置かれていた。それらは、段ボール箱の上で構えたライフルがパレードを直接狙えるような角度で配置されていた。ムーニーの注意を引いた高く積まれた段ボール箱は、窓際にいる人物を同じフロアにいる誰の目からも遮る効果が十分あった。

　ムーニーの発見によって六階で他の証拠探しが強化された。空薬莢発見からおよそ一〇分後の午後一時二二分に、ユージン・ブーン副保安官が北西の階段近くの二列の箱のほうに懐中電灯を向けた。二列の箱に挟まれるようにして、照準器のついた手動ライフルを発見した。

写真が撮られるまでライフル銃はそのままにされた。ダラス警察の鑑識課のJ・C・デイ巡査長はライフル銃の木製の銃床にも金属の引き金にも指紋がないと判断した。彼はフリッツ局長がボルトを動かして一個の未使用の実弾を取り出す間、銃床を支えていた。このとき、デイはライフルに製造番号が刻まれているのに気づいた。「C2766」だ。さらに「1940」と「MADE　ITALY」の文字と「CAL．6．5」が刻まれていた。

ライフルは約四〇インチ（一〇一センチ）の長さで、分解すると、暗殺後倉庫内の南東の角にあった空薬莢の数フィートのところで見つかった包み紙で手作りされた袋に収まるものだった。

フリッツとデイが六階でライフルを調べていると、建物の管理主任のロイ・トルーリーが警察に知らせるべきと考えた情報を持って来た。少し前、警察が従業員たちを尋問していたときに、一五人の従業員のうち一人、リー・ハーヴィー・オズワルドが見当たらなかったことに気づいていた。トルーリーがそのことと、オズワルドの名前、住所、全体的な容姿を告げると、フリッツは本部に戻った。午後二時少し過ぎに本部に着くと、フリッツは二人の刑事にテキサス教科書倉庫から消えた従業員を探すよう命じた。フリッツがその男の名前を言うと、その男はすでに警察本部の審問室に確保されていることを知った。教科書倉庫に居なかった男とテキサス劇場で確保された容疑者は同一人物だった——リー・ハーヴィー・オズワルドだ。

大統領の暗殺と巡査の殺害に関してフリッツが尋問しようとしていた男は一九三九年一〇月一八日にニューオーリンズで生まれ、その二カ月前に父親が亡くなっていた。母親、マーガレッ

＜ウォーレン報告書　引用＞

ト・クラヴェリー・オズワルドには他に年長の男の子がいて、その一人ジョン・ピックは前の結婚による子供でリーとの血縁はなかった。もう一人はロバート・オズワルドでリーの実兄に当たり五歳年長だった。リーが三歳のとき、オズワルド夫人は二人の「兄」たちと同じ養護施設にリーを委ねた。彼女の仕事の関係のためだった。

一九四四年一月、リーは四歳になると、養護施設から引き取られ、母親と一緒にテキサス州のダラスに移り住んだ。その年の学期が終わると二人の「兄」も加わった。一九四五年五月に母親は三度目の結婚をした。相手はエドウィン・A・エクダールだった。二人の「兄」は軍の寄宿舎学校に入ったが、リーは家にとどまり、エクダールとよい関係を築いていた。リーは母親と義父とともに、ときに仕事で国内各所を回ったりした。リーはテキサス州のベンブルック（ダラス・フォートワース地区に近い、現在で人口二万人ほどの小さな町）で学校教育を受け始めた。だが、一九四六年秋、エクダールと離婚したマーガレット・オズワルドはルイジアナ州のコヴィングトン（ニューオーリンズ市の北にあるポンチャートレーン湖の北岸にある町）で、改めて一年生としてリーを再入学させていた。彼は一年生のまま、家族はテキサス州フォートワースに移った。マーガレットとエクダールがよりを戻したからだった。一年半後、リーが九歳になるときに、マーガレットとエクダールは正式に離婚した。

それ以後のフォートワースでの五年半の間、学業成績ではリーは概ね平均的だった。しかし、年とともに、成績は少しずつ下がっていった。当時を知る教員も仲間たちも、当時のリーに特別に異常な人格や性格があったことは記憶していない。

リー・オズワルドの人生のもう一つの大きな変化は一九五二年八月に起きた。彼が六年生を終えた直後だ。マーガレット・オズワルドはリーを連れて、ニューヨーク市に移った。マーガレットの長子、ジョン・ピックが沿岸警備隊の一員としてこの街にいたからだ。

ニューヨーク市での一年半の間、リーは学校に行くのを拒否した。感情的な、また心理的な問題が相当に大きかったようだ。不登校の子供のためのユース・ハウスという施設で心理療法を受けたりしていた。当時、彼の担当をしていたソーシャル・ワーカーの証言では、オズワルドは「ひどく孤独」で「引きこもって」いたが、それでもこの「感情的に飢えた、愛情不足の若者でもどこか愉快な、魅力ある性格」があると指摘されていたという。リーは自分の母親が愛してくれていないこと、また自分を問題児として見ていることをソーシャル・ワーカーに吐露していた。時に絶対的に権力を持ち、他人を支配する夢を抱くようなことがあったが、ユース・ハウスにいるときに問題を引き起こす行動を取ったことはなかった。彼は常に引きこもりがちで、何事からも逃げようとしていた。つまり、一人で読書したり、テレビを見たりするのを好む男の子だった。検査の結果では、彼は同年代の子供と比較して、平均以上の知的能力を持っていた。ユース・ハウスの心理療法士は次のような診断をしていた。「二重人格で追いつめられると攻撃的になる傾向を持つ人格障害」がある、と。「感情的に非常に不安定な若者」で心理療法を受けるよう提案していた。

三週間、ユース・ハウスにいたあと、一九五三年五月にリー・オズワルドは学校に戻ったが、その後は出席も成績も一時的には改善していた。しかし、その翌年の秋、保護観察官はこの少

＜ウォーレン報告書　引用＞

年の行動にすべての教員が不満を表明していたと報告した。彼の母親は心理療法など不必要だと主張していた。確かに、リーの行動には改善が見られてはいたが、裁判所は心理療法の継続を求めた。一九五四年一月、リーの問題は未解決だったが、マーガレットとリーは彼の生まれ故郷のニューオーリンズに移った。

ニューオーリンズに戻ったとき、リーは平凡な成績を維持していたが、明らかな行動上の問題はなかった。学校外での彼を知る近所の人や他の人たちも、リーが静かで、孤独で、内向的な子供だったが、大変な読書家ではっきりとものを言う少年として覚えていた。一九五五年一〇月の彼の誕生日の一一日前に、リーはカリフォルニア州に移住するという母親が書いたメモを学校に持参した。しかし、このメモはリーが書いたもので、その数日後、彼は学校を中退し、そのまま海兵隊に入隊しようとした。まだ一六歳だったために、入隊は拒否された。

その後一〇カ月の間、リーは事務所の下働きなどいくつかの仕事に就いた。この時期に彼は共産主義の文書を読むようになった。時々、仲間との会話でも、彼は共産主義を礼賛し、共産党への入党希望について話をした。この時期、まだ一七歳になる前だったが、彼はアメリカ社会党に手紙を送り、マルクス主義への深い信念を述べている。

一九五六年七月、リーと母親は再びフォートワースに戻った。高校に再入学するが、すぐに中退し、一〇月二四日、一七歳の誕生日の六日後に海兵隊に入隊した。サン・ディエゴでの訓練では、オズワルドはＭ１の射撃で二一二点を獲得した。海兵隊で「優れた射撃手」（シャープシューター）となる最低点を二点上回ったのだ。基礎訓練のあと、彼は航空術の基礎とレーダー捕捉の訓練を受けた。

海兵隊時代のオズワルドを知る人はそのほとんどが、彼を「一匹狼」として覚えている。他人が権威を示すことを極端に嫌ったという。自由時間の大部分は読書をしていた。未登録の武器を隠し持っていたとして軍法会議にかけられたこともあれば、上官に不適切な暴言を吐いたとして同じく軍法会議にかけられたこともあったという。だが、通常は海兵隊の規則に従っていた。ただ、海兵隊での生活は彼の期待を満たすものではなかった。

一九五八年一一月までの一五カ月間、海外勤務したオズワルドだったが、その大半は日本（厚木基地）だった。海兵隊の最後の年、彼はカリフォルニア州のサンタアナに配属になった。ここで彼はソ連に異常な関心を示し、独善的な信念を持って、かなり政治的に過激な意見を表明したりしていた。一九五九年五月六日に、彼は再びM1ライフルを撃ったが、このときは前回よりも短い時間内で一九一点を記録した。「射撃手《マークスマン》」として認定されるのに必要な最低得点をわずか一点上回っただけだった。仲間の一人によると、オズワルドは射撃結果に特に強い関心を持っていなかったという。また、彼の所属部隊はごく普通のライフルの腕前さえ期待されていなかった。この頃、オズワルドはキューバのフィデル・カストロを崇拝し、キューバ軍に入りたいとさえ言っていた。知的だが、その考え方は浅薄で、柔軟性に欠けると周囲には思われていた。

一九五九年九月一一日にオズワルドの海兵隊生活は終わった。自らの強い要望で、予定されていた除隊の数か月前に任務を解かれたことになる。母親の健康と経済的状況がその除隊の要請理由だった。フォートワースに戻った彼はわずか三日間だけ母親と過ごし、ニューオーリン

＜ウォーレン報告書　引用＞

ズに向かった。造船または輸出入関連の仕事に就くというのが母親に告げた理由だった。だが、ニューオーリンズで彼はフランスのル・アーヴル行のＳＳマリオン・ライクス号という貨物船の切符を購入した。

　オズワルドはこの生活に入る計画をすでに練り上げていたものと思われる。一九五九年の三月にスイスのアルバート・シュバイツァ大学への一九六〇年春学期の入学願書を出していたが、彼の願書には自分の資格と履歴に関して多くの嘘が書かれていた。除隊の数週間前にすでにパスポートを申請して取得していたが、その申請時の書類には、訪問先の国としてソ連を挙げていた。海兵隊に所属していたときにそれなりの貯蓄をし、多分一五〇〇ドル（当時の日本円で五五万円）ほど持っていた。かなりの節約によるもので、特別な目的があってのことだったのだろう。

　蓄えられていた資金の目的はすぐに明らかになった。一九五九年一〇月一六日、オズワルドはフィンランドから列車で国境を越えてモスクワに到着し、ソ連での六日間の滞在のためのビザを取得した。彼はすぐにソ連の市民権の申請をした。一九五九年一〇月二一日の午後、オズワルドはその日の午後八時までにソ連を離れるよう命じられた。同じ日の午後、ホテルの部屋で彼は明らかに自殺しようとして左手首を切った。すぐに入院させられたが、この病院から退院した三日後、一〇月三一日にオズワルドはアメリカ大使館に現れ、アメリカ国籍を放棄し、ソ連市民になると宣言した。そして、大使館員に自分の意思を表明した書類を手渡した。理由を尋ねられると、「俺はマルクス主義者《マルキスト》だ」と答えたという。しかし、オズワルドはアメリカ国籍を離脱するための法的な手続きは一度もしていないし、ソ連政府も彼の市民権の申請を認めていなかった。しかし、一九六〇年一月、彼の滞在許可は一年毎に延長されることになった。同時に彼はミンスクに送られ、未熟練労働者としてラジオ工場で働くことになった。一九六一年一月、彼の滞在許可はもう一年間延長された。その数週間後の同年二月、彼はモスクワのアメリカ大使館に書面を送り、アメリカ合衆国への帰国を望むと表明した。

翌月、彼は一九歳の女性、マリーナ・ニコラエフナ・プルサコヴァと出会った。彼女は薬剤師で、レニングラードで育ったが、当時はミンスクの叔父夫婦と一緒に暮らしていた。一九六一年四月三〇日に二人は結婚した。それから一年、彼は自分と妻がアメリカ合衆国に渡れるようアメリカとソ連の当局に連絡を取り続けた。この努力の結果、一九六一年七月にオズワルド夫妻はモスクワのアメリカ大使館に行き、面接を受け、多くの質問に答えることになった。その結果、大使館はオズワルドがアメリカ国籍（市民権）を失っていないことを確認し、このことは最終的にワシントンDCの国務省によって認められたのだった。ミンスクに戻った二人はともにソ連国外に出る許可を求めてソ連当局に申請した。一九六一年七月に二人の公式な申請がなされ、その年の一二月二五日にマリーナ・オズワルドは認可の知らせを受けた。

一九六二年二月、二人の間に女児が生まれた。その後、数ヶ月、二人は渡米の準備をした。一九六二年五月九日に、連邦移民帰化局は国務省の要請に従って、法的な規制を適用しないことにした。規制というのは、オズワルドの場合、彼のソ連人の妻にはソ連を出国しないかぎり、アメリカへの入国ビザを発給しないというものだった。こうして、一九六二年六月一日、二人はついにモスクワを離れた。国務省が旅費として四三五ドル七一セント（一六万円余り）を貸すことにしたのだ。二週間後、二人はフォートワースに着いた。

数週間、二人と愛娘はオズワルドの兄ロバートのところで暮らした。また、オズワルドの母親とも暮らしたのち、八月初旬に二人は自分たちのアパートに移った。七月一六日に、オズワルドは板金工としての仕事を手にしていた。フォートワースに滞在していた期間、彼は二度、ＦＢＩの係官の事情聴取を受けていた。六月二六日の最初の面談の記録では、オズワルドは生意気で、ソ連に行った理由を語ろうとしなかったという。ソ連の情報活動に関わったことは否定し、ソ連の代表が連絡してくるようなことがあれば必ずＦＢＩに知らせると約束したという。八月一六日に改めて面談を受けたオズワルドは対決姿勢を改め、彼を情報活動に招く試みがあった場合には、必ずＦＢＩに知らせると再び約束したという。

一九六二年一〇月に、彼は板金工場を辞め、ダラスに移った。フォートワースにいたとき、オズワルド一家はこの地区に住むロシア語を話す人たちに紹介されていた。この人たちは食べ物や衣服、家具などの面で一家を助けていた。しかし、彼らの多くはオズワルド自身を嫌っていた。彼らが助けたのはマリーナと娘に対する同情からだった。オズワルドはソ連政府に幻滅してソ連を離れたのだけれど、以前にも増して、マルクス主義には傾倒していた。

民主主義、資本主義、そしてアメリカ社会全体を嫌悪していた。彼はロシア語を話す人々を軽蔑していた。彼らが民主主義とか資本主義というアメリカの概念にほれ込んでいて、経済的によりよい生活ができるように目指していたからだった。

一九六三年二月にオズワルド一家はある集まりでルース・ペイン夫人に会った。このとき、ペインは夫と一時的に別居中で、ダラス近郊のアーヴィングに二人の子供たちと暮らしていた。ロシア語への興味と、まだ英語を十分に話せず生活費もほとんどないマリーナ・オズワルドへの同情心から、ペインはマリーナの友人になり、次の二ヵ月間、しばしば彼女を訪ねていた。

一九六三年四月六日、オズワルドはある写真会社での職を失った。数日後、四月一〇日に彼はエドウィン・ウォーカー将軍（陸軍、退役）を殺害しようとした。その一ヵ月前にオズワルドは偽名を使って通信販売でライフルを購入していたのだが、そのライフルを使った。オズワルドが自分が戻らなかったときのことを指示したメモを残していたので、マリーナは夫が何をしようとしたのかを知っていた。この出来事と生活苦から、マリーナ・オズワルドは夫にダラスを離れてニューオーリンズで仕事を探すよう頼まざるをえなかった。

一九六三年四月二四日、オズワルドはニューオーリンズに向かった。ルース・ペインはウォーカー射撃事件のことは知らなかったので、マリーナに、オズワルドが仕事を見つけるまで自分の家に一緒にいるように言った。五月初旬に、仕事が見つかったという知らせを受けたペインはマリーナと娘をニューオーリンズまで車で連れて行った。

ニューオーリンズにいる間に、オズワルドは「キューバのためのフェアプレイ委員会」のニューオーリンズ支部という実体のない組織を立ち上げた。彼は自らをこの組織の秘書と名乗ったが、彼だけが唯一のメンバーだった。八月九日にオズワルドはカストロ寄りのチラシを配っていたときに起きたいざこざが原因で逮捕された。翌日、まだ警察署にいるときに、彼はＦＢＩの係官と会った。オズワルドが要求したからだ。このとき、彼は自分の経歴を偽り、「キュー

◇◇◇◇◇◇◇◇◇◇◇◇◇◇◇◇◇◇◇◇◇◇◇◇◇◇◇◇◇◇＜ウォーレン報告書　引用＞◇◇◇◇◇◇◇◇◇◇◇◇◇◇◇◇◇◇◇◇◇◇◇◇◇◇◇◇◇◇

バのためのフェアプレイ委員会」の活動については何も語らなかった。次の二週間で彼は二度ラジオに出演した。この委員会のニューオーリンズ支部の広報委員だと自称した。

一九六三年七月一九日、オズワルドはコーヒーを加工する機械の管理者としての仕事を失った。マリーナ・オズワルドとの書簡のやり取りで事情を知ったルース・ペインは九月にニューオーリンズまで運転して来て、二三日にマリーナと娘と身の回りの物をアーヴィングに移した。

このとき、すでに二番目の子供を妊娠していたマリーナに、その子が生まれるまで自分と一緒に暮らすよう提案した。オズワルドはそのまま残って、ヒューストンか他の場所で仕事を見つけることになった。その代わり、彼はバスでメキシコに向かった。九月二七日にメキシコシティに着いた彼はすぐにキューバとソ連大使館を訪ねた。目的はソ連に戻る途中でキューバを訪問する許可を得ることだった。キューバ政府はソ連が先に滞在ビザを発給しなければ、キューバのビザは出さないと断言した。オズワルドの試みは失敗に終わった。彼はダラスに向かった。

翌日に妻と娘に会ったオズワルドは、ダラスに部屋を借りて住み、週末に二人を訪ねるということに決めた。ブレッドソウ夫人のところに部屋を借りたが、彼女こそ大統領暗殺直後にバスのなかでオズワルドを見た女性だった。一九六三年一〇月一四日に彼はベックリー通りの家に間借りした。O・H・リーと偽名を使った。その同日、ペイン夫人は隣人の情報で、テキサス教科書倉庫会社に電話をして、仕事の欠員があることを確認した。彼女から知らせを受けたオズワルドは翌日面接を受け、一九六三年一〇月一六日から教科書倉庫で働き出した。

一〇月二〇日、第二子（次女）が誕生した。一〇月と一一月で、オズワルドは一定の行動パターンを確立した。金曜日の夕方にアーヴィングに来て、月曜日の朝ダラスに戻るというものだった。ダラスにはペイン家の近くに住んでいたブーエル・ウェズレイ・フレイジアという教科書倉庫の従業員が車で送った。一一月一五日の金曜日は彼はダラスにとどまった。その日はルース・ペインの娘の誕生日で家のなかが落ち着かないからというマリーナの要望だった。一一月一八日の月曜日、オズワルドとマリーナは電話で激しく言い合った。オズワルドが偽名を使って間借りしていることをマリーナが初めて知ったためだった。一一月二一日の木曜日オズワルドはフレイジアにアーヴィングまで同乗させてくれと頼んだ。ダラスの部屋につけるカーテンレールを取りに行きたいという。彼を見たペインもマリーナも驚いた。木曜日だったからだが、二人ともオズワルドが謝りに来たものと受け取った。その夜の彼は歩み寄りの姿勢を見せていたが、マリーナはまだ怒っていた。

その夜遅く、ペイン夫人は台所を片付けるとガレージに行って明かりがついているのに気づいた。消したことは確かだった。けれど、そのときにはたいしたことではないと思った。そこにはオズワルド一家の個人的な物がほとんど置いてあったからだ。翌朝、オズワルドが出かけたとき、マリーナ夫人はまだベッドで赤児に乳を飲ませていた。彼が家を出るのは見ていなかった。またルース・ペイン夫人も見ていなかった。二人が寝泊まりしていた部屋のタンスの上にはオズワルドの結婚指輪が置いてあった。こんなことは、これまでになかったことだ。彼の財布も一七〇ドルが残ったまま、タンスの引き出しにきちんとしまわれていた。

オズワルドはフレイジアの家まで半ブロックほど歩いて行った。包み紙とテープで作られた

◇◇◇◇◇◇◇◇◇◇◇◇◇◇◇◇◇◇◇◇◇◇◇◇◇◇◇◇◇◇◇◇◇＜ウォーレン報告書　引用＞◇◇◇◇◇◇◇◇◇◇◇◇◇◇◇◇◇◇◇◇◇◇◇◇◇◇◇◇◇◇◇◇◇

長いかさばった包みを車の後部座席に置いた。教科書倉庫の駐車場に着くと、オズワルドはフレイジアの前を先に早く歩いた。フレイジアはオズワルドが長い包みを持って教科書倉庫に入るのを見た。

この日一一月二二日の朝、マリーナ・オズワルドはテレビでケネディ大統領の動きを追っていた。彼女もペインも大統領が撃たれたと聞いたときには泣いた。ペイン夫人はテレビのニュースを逐一、オズワルドが働いていたビルから発砲された可能性があるということを含めて、マリーナに通訳した。マリーナはこの話を聞いたとき、ウォーカー事件と、そして彼女の夫がまだライフルを持っていた事実を思い出した。彼女は静かにペインのガレージに行った。そこには毛布に隠された彼のライフルがあったはずだったからだ。実際に毛布を開くことはしなかったけれど、彼女はライフルはそこにあるように感じていた。

午後三時頃、警察がペインの家に来た。マリーナに、夫はライフルを所持していたかどうかを尋ねた。彼女は素直に答えると、ガレージに警察を案内して丸まった毛布を指差した。巡査がそれを持ちあげると、毛布は巡査の手の両側にだらしなく垂れ下がった。ライフルはそこにはなかった。

その頃、警察本部ではフリッツ警部がオズワルドの尋問を始めていた。始めるとすぐにFBIとシークレット・サーヴィスの係官が来て、尋問に加わった。オズワルドは大統領暗殺にもティピット巡査殺害にも一切関係ないと主張した。暗殺が実行されたとされる時間、彼は昼食を取っていたと言い、さらに家に帰る五～一〇分前に上司にその旨を伝えたと言った。彼はライフルを所持していることを否定し、のちに彼がライフルとピストルを持っている写真を見せられたときには、誰か別の男の体の上に自分の顔が乗せられていると言った。彼は財布のなかにあった義務兵役の証明書に彼の顔写真と「アレク・J・イデル」という名前があることに関しては一切答えなかった。

警察本部三階でオズワルドが尋問を受けていた間、新聞、ラジオ、テレビの一〇〇人を超える数の記者たちが独房からフリッツ警部の部屋に続く廊下にあふれ返っていた。記者たちは独房から警部の部屋に移動するオズワルドにインタビューしようとしていたのだ。金曜日の午後から日曜日の午前中にかけて、オズワルドは少なくとも一六回、この廊下を通った。フリッツ警部の部屋の前の混乱のために、尋問は次第に困難になっていった。警察の配慮で弁護士と相談できると告げられたオズワルドは土曜日にいくつかの電話をした。自分で選んだ弁護士を付けようとしたのだ。地元の弁護士協会の会長と話して、弁護士を紹介してもらえることになった。だが、オズワルドはこれを断り、何としても自分自身で見つけると主張した。日曜の朝の時点でも、まだ弁護士は見つかっていなかった。

一一月二二日午後七時一〇分に彼はティピット巡査殺害の容疑があると正式に告げられた。巡査殺害とピストルを撃った男のその後の逃亡を見た数名の目撃者が、警察署での面通しでオズワルドを特定していた。この時点では公式な武器の特定はできていなかったけれど、彼の逮捕時に所持していたピストルはティピット殺害に使用されたタイプだった。

大統領暗殺の容疑は一一月二三日の午前一時三〇分少し過ぎに固まった。暗殺当日の午後

◇◇◇◇◇◇◇◇◇◇◇◇◇◇◇◇◇◇◇◇◇◇◇◇◇◇◇◇◇◇◇◇◇◇◇◇＜ウォーレン報告書　引用＞◇◇◇◇◇◇◇◇◇◇◇◇◇◇◇◇◇◇◇◇◇◇◇◇◇◇◇◇◇◇◇◇◇◇◇◇

一〇時に、ＦＢＩはテキサス教科書倉庫ビルの六階で見つかったライフルがシカゴの通信販売会社から購入されたもので、さらにこの会社はそのライフルをニューヨークの販売業者から買っていたことを突き止めていた。およそ六時間後、シカゴの通信販売会社は一九六三年三月に注文を受けて、このライフルをテキサス州ダラスの郵便局の私書箱二九一五に送ったと確認した。この私書箱の借り主はＡ・イデルという名前だった。ライフルの支払いは郵便為替でなされていて、署名はＡ・イデルとなっていた。一一月二三日、午後六時四五分にＦＢＩはライフル購入時の筆跡を鑑定して、ライフルがリー・ハーヴィー・オズワルドの所有物であることは間違いないとダラス警察に告げた。

金曜日と土曜日を通して、ダラス警察はオズワルドの容疑を確定する証拠に関する詳細を公開した。警察上層部は事件の重要な側面を論じた。それは三階の廊下での即席の記者会見のかたちを取った。事件を再構築して、少しでも早く報道しようとした報道陣の努力はたいてい誤った、そして相矛盾する報道となった。記者たちに強く促されてジェシー・Ｅ・カーリー署長はオズワルドを警察の集会場で行われた記者会見に連れ出した。彼が逮捕された日の真夜中だった。集会場は国内中からダラスにやって来た記者たちであふれかえっていた。彼らはオズワルドに向けてさまざまな質問を叫んでいた。この記者たちに紛れていたのが、ナイトクラブのオーナーで五二歳のジャック・ルビーだった。

一一月二四日日曜日の朝にオズワルドをダラス郡の刑務所に移動させることになった。警察本部からおよそ一マイル（一・六キロ）のところだ。土曜日の夜には報道陣に対して、移送は日曜日の午前一〇時過ぎになると連絡していた。日曜日の午前二時三〇分から三時の間に、オズワルドの命を狙うという強迫電話が匿名でかかってきた。ＦＢＩのダラス支局と郡の保安官事務所への電話だった。しかし、日曜日の朝、警察署の地下はテレビ、ラジオ、新聞の関係者が移送を記録しようと集まっていた。テレビカメラが記録していたところでは、オズワルドはカメラの前のドアから出て来て、移送の車両に向かった。カメラの右手には北側のメイン通りからの下りになったスロープがあった。左には逆に「上り」のスロープがあった。南側のコマース通りにつながるスロープだ。

オズワルドが移送される予定の武装トラックは午前一一時少し過ぎに到着した。警察上層部は、むしろ何の変哲もないパトカーのほうが好ましいと判断した。パトカーのほうがスピードも出るし、何かの時に小回りが利くからだ。一一時二〇分頃、オズワルドは地下の留置所事務室から現れ、両側と後ろに刑事が張り付いていた。彼は二、三歩車のほうに進んだ。テレビカメラ用のまぶしい光のなかで、一人の男が突然記者たちが集まっていたカメラの右側から飛び出した。男はコルト38のピストルを右手に持っていた。テレビで数百万人が見守るなか、男は素早くオズワルドから数フィートのところに迫ると彼の腹部に一発放った。オズワルドは苦痛で唸《うな》りながら床に倒れ、一瞬にして意識を失った。七分後にはオズワルドはパークランド記念病院にいた。しかし、意識を取り戻すことなく、その死が宣告された。午後一時七分だった。

オズワルドを殺害した男はジャック・ルビーだった。彼はその場で捕まり、数分後にはダラス警察本部五階の独房に入れられた。尋問で、彼はオズワルド殺害がケネディ大統領暗殺を含む陰謀などとはまったく関係がないと主張した。彼がオズワルドを撃ったのは、発作的なうつ症状と大統領の死への怒りからだったと言い張った。翌日、ルビーは報道陣や直接関係する警察官以外には一切知らされないまま郡の刑務所へ移送された。一九六三年一一月二六日にテキサス州によってオズワルド殺害容疑で起訴された彼は、一九六四年三月一四日の法廷で有罪となり、死刑が宣告された。一九六四年九月時点では、この件は控訴中である。

★　★　★　★　★　★

以上が「概要」の主要部分だ。このあと、数頁の「結論」が続いている。ウォーレン委員会が事件を調査し、その結果判明したことを委員会として結論したものだ。だが、これまでの説明をさらに要約したかたちであるが、参考として載せる。

●『ウォーレン報告書』「概要」の結論（『報告書』の一八頁から二五頁までの部分である。）

結論

本委員会は（暗殺）事件に至るまでの状況に関するさまざまな事実を確認し、そこから生じる多くの重要な疑問を考えるために設立された。本委員会はこの責務に従事し、入手可能なあらゆる証拠に基づいて、確かな結論に到達した。本委員会の捜査に関しては一切の制限はなく、独自の捜査を行い、政府内のあらゆる機関が本委員会の捜査に全面的に協力するという責任を果たしてくれた。よって結論は本委員会の委員全員の理性ある判断を表し、ケネディ大統領暗殺に係る真実を明らかにしたものと確信し、長期間にわたる完璧な捜査がこのことを可能にしたと信じるものである。

1．ケネディ大統領を殺害し、コナリー知事に重傷を負わせた銃弾はテキサス教科書倉庫ビルの南東の角の六階の窓から発射された。この結論は以下の事実による。

（a）暗殺現場の目撃者たちは教科書倉庫ビルの六階の窓からライフルが発砲されるのを見た。目撃者たちのなかには、射撃直後の窓にライフル銃を見た者がいた。

（b）パークランド記念病院でコナリー知事が使ったストレッチャーの上で発見されたほぼ原形をとどめた銃弾と大統領専用車の前部座席の床で発見された二つの銃弾の破片は、教科書倉庫ビルの六階で発見された六・五ミリのマンリカ・カルカーノ銃から発射されたもので、他の銃からのものでは絶対にない。

（c）倉庫ビル六階の南東の角の窓際で見つかった三つの空薬莢は上述のライフル銃から発射されたもので、上述の銃弾と同じく、他の銃からのものでは絶対にない。

（d）大統領車のフロント・ガラスは銃弾の破片によってその内側に傷がつけられていたが、この破片はガラスを貫通してはいなかった。

（e）ケネディ大統領とコナリー知事の銃創と射撃時点での車両の位置とは、銃弾が大統領車の上後方から発射されたことを示し、そして、大統領と知事に次のような傷を負わせた。

（1）ケネディ大統領が最初に撃たれた銃弾は首の後ろ側に命中して、首の前側低い位置で体外に出て、その傷は必ずしも致命的ではなかった。大統領が受けたもう一発の銃弾は、彼の右後頭部に命中して、大きな致命的な傷となった。

（2）コナリー知事は右背中の端から入り、右胸部を下方に移動し、彼の右乳首の下から体外に出た銃弾によって撃たれた。この銃弾はさらに知事の右手首を貫通し左の太腿に命中した。太腿の傷はかなり浅い表面的な傷だった。

（f）銃弾が大統領車の前方の陸橋、パレードの前方、またはその他の場所から発射されたことには信じるに価する証拠はない。

2. 三発の銃弾が発射されたことには十分すぎる証拠がある。

3. 本委員会の基本的な結論にとっては何番目の銃弾がコナリー知事に命中したのかを判断する必要はないのだが、専門家たちによる説得力を持つ説明では、大統領の咽頭部を貫通した同じ銃弾がコナリー知事のすべての傷を引き起こしたという。しかしながら、コナリー知事の証言と他のいくつかの要因によると、この結論には異なった意見が生じるのだが、本委員会の全委員の考えでは、大統領とコナリー知事のすべての傷の原因となった銃弾はテキサス教科書倉庫ビルの六階から発射されたものである。

4. ケネディ大統領を殺害し、コナリー知事に傷を負わせた銃弾は、すべてリー・ハーヴィー・オズワルドが発射したものである。以下のことからの結論である。

（a）射撃に使用されたイタリア製のマンリカ・カルカーノ銃はオズワルドが所有し、所持していたものである。

（b）オズワルドはこのライフル銃を倉庫ビルに一九六三年一一月二二日の朝に持ち込んだ。

（c）オズワルドは暗殺時点で射撃現場の窓のところにいた。

（d）暗殺直後、オズワルドの所有するマンリカ・カルカーノ銃が六階でいくつかの段ボール箱の間に隠されていたのが見つかった。また、ライフルを包んで運んだと思われる即席の紙の袋が銃撃現場の窓の近くで発見された。

(e) 暗殺の映像の分析と専門家による証言に基づいて、本委員会はオズワルドの射撃手としての能力があれば、使用された銃を実際に起きた射撃時間内にすべての銃弾を発射することは可能であると結論した。また、本委員会はオズワルドは暗殺を実行するだけのライフルを用いる能力を有していると結論した。

(f) 逮捕後、オズワルドは重要事項に関して警察に嘘を言った。

(g) 一九六三年四月一〇日にオズワルドはエドウィン・A・ウォーカー将軍を殺害しようと試みていた。このことは人命を奪う彼の性向を示している。

5. 暗殺のおよそ四五分後、オズワルドはJ・D・ティピット巡査を殺害した。この事実は、オズワルドがケネディ大統領を殺害し、コナリー知事を傷つけた銃弾を発射したことを示している。以下の事実による。

(a) 二人の目撃者がティピット巡査殺害を目にし、七人が射撃音を聞き、被疑者が現場を立ち去るのを見ていた。これら九人の目撃者は自分たちが見たのはオズワルドだと証言した。

(b) 現場で回収された空薬莢は逮捕時にオズワルドが所持していたピストルから発射されたもので、他の銃からのものでは絶対にありえない。

(c) 逮捕時にオズワルドが所持していたピストルは、彼が購入して所持していたものである。

(d) 殺害現場から被疑者が逃走する経路上でオズワルドの上着が発見されている。

6. 暗殺のおよそ八〇分後、巡査殺害のおよそ三五分後に、オズワルドは劇場で、もう一人別の巡査を殺害しようとして逮捕に抵抗した。

7. 本委員会はダラス警察によるオズワルドの身柄拘束および尋問に関して、次の結論に達した。

（a）逮捕を容易にする力の行使以外、オズワルドは警察官によるいかなる肉体的強制も受けていなかった。彼は自白を強要されないこと、彼が述べることはいかなることでも法廷で彼に不利に使われることがあると告げられていた。弁護士を付ける権利を告げられていたし、実際に、彼自身が選ぶ弁護士を付ける機会も与えられた。実際にダラス弁護士協会が法的支援を申し出たが、彼自身がこれを拒否していた。

（b）新聞、ラジオ、テレビの記者たちは、オズワルドが独房から尋問室や警察署内の他の場所に移動するときに通過しなければならいところに近寄ることが許されていた。そのためオズワルドは非難を浴びたりすることになり、通常の尋問を行うことを困難にし、また容疑者の権利が保護されないといった大混乱を引き起こしていた。この混乱状態のなかで、ときに間違いだらけの多くの発言が警察関係者によって報道陣になされたことで、オズワルドがのちに公平な裁判を受けるうえでの大きな妨げが生じた。情報が間違っていたり、不確かであったという意味で、一般国民に本来なら生じることのない疑念や、推量や不安を与えた。

8. 一九六三年一一月二四日のジャック・ルビーのオズワルド殺害に関して、本委員会は次の結論に至った。

（a）ルビーは午前一一時一七分より後にダラス警察本部の地下に入り、一一時二一分にオズワルドを射殺した。

（b）ルビーが警察署内に入った方法に関する証拠は不確かだが、彼がメイン・ストリートから警察署の地下に通じるスロープを歩いて下りたことを示す証拠は十分ある。

（c）オズワルド殺害に関して、ルビーがダラス警察内部の人間に支援されていたという噂を正当化する証拠はない。

（d）大勢が見ている場所でオズワルドを郡の刑務所に移送するというダラス警察の判断はまともではない。この決定は実際に移送が始まる数時間前の日曜日の朝になされていた。これは不適当だった。オズワルドの命に対しての脅迫があったにもかかわらず、報道陣を地下（駐車場）から排除しなかったのは、特に批判に価するほど重要である。これらの不備がオズワルドの死の原因となった。

9. 本委員会はケネディ大統領暗殺に関しては、オズワルドもジャック・ルビーも、国内外を問わず、何らかの陰謀と関わっていたという証拠を見出さなかった。この結論は次の理由による。

（a）暗殺を計画し、実行するうえでオズワルドを助けた人物がいた証拠はなかった。これに関しては完璧な調査をしたが、特に、ダラス市内のパレード・ルートに関わる状況、テキサス教科書倉庫会社に一九六三年一〇月一五日にオズワルドが雇用される状況、彼がライフル銃を倉庫ビル内に持ち込んだ方法、窓の脇に段ボール箱を積み重ねたこと、また、ビル内からオズワルドが逃走する状況、さらに射撃現場の目撃者の証言など。

（b）本委員会はオズワルドが大統領暗殺に何らかの個人またグループとも関わっていた証拠を見出さなかった。むろん、一九六二年六月にソ連から帰国したあとのオズワルドの友人関係、財政事情、個人的な習慣などを徹底的に調べた結果である。

（c）オズワルドが外国政府によってケネディ大統領を暗殺するよう雇われたり、説得されたり、そそのかされたりした証拠はなかった。また、彼が何らかの外国政府の要員であった証拠もなかった。オズワルドのソ連への入国、一九五九年一〇月から一九六二年六月までのソ連での生活、彼の「キューバのためのフェアプレイ委員会」との関係、一九六三年九月二六日から一〇月三日までのメキシコ旅行中でのメキシコシティのキューバ大使館およびソ連大使館への彼の訪問、またアメリカ国内のソ連大使館との彼の接点などを徹底的に調査した。
(d) 本委員会はオズワルドが自らを結びつけようとしたすべての政治的グループを調べ上げた。そこにはアメリカ共産党、「キューバのためのフェアプレイ委員会」、社会主義労働党が含まれるが、彼の接触の試みがのちの大統領暗殺につながるいかなる証拠もなかった。
(e) 本委員会が入手したあらゆる証拠はオズワルドがFBI、CIAその他の政府機関の要員、被雇用者、情報提供者であったとする憶測を裏付けるものではなかった。また、暗殺事件以前のオズワルドの上述政府機関との接触を徹底して調査したが、これら機関の通常の責務を果たすための接触以外のものではなかった。
(f) 本委員会はリー・ハーヴィー・オズワルドとジャック・ルビーの間に直接または間接の関係があったことは発見できなかった。また、二人のいずれかが一方を知っていた証拠もなかった。単なる噂または憶測にすぎなかった。
(g) オズワルド殺害に関してジャック・ルビーが他の誰かと協力しあっていた証拠はなかった。
(h) 本委員会は注意深く調査したが、ジャック・ルビーと、オズワルドが殺害したティピット巡査の間に特別な関係はなかったし、またオズワルドがティピット巡査を知っていたという証拠もなかった。

オズワルドおよびルビーのどちらかが、他人と協力していたという可能性を絶対的に否定するのは困難だったために、もし万一、そのような証拠があるとすれば、それは本委員会に関わったすべての政府機関の調査範囲外にあったこと、また本員会が注視できないままで終わってしまったということである。

10. 調査全体において、本委員会は連邦、州、また地方の役人たちが合衆国政府に対する陰謀、反抗、不忠だったとかといった証拠を見出さなかった。

11． 本委員会は入手したすべての証拠からオズワルドは単独で行動したと結論した。それゆえに、ケネディ大統領暗殺の動機を決定するためには暗殺犯自身を調べなければならない。オズワルドの動機への手掛かりは、彼の家族の歴史、彼の教育あるいは教育の欠如、彼の行動、彼が書き残した物、そして彼の生涯を通じて彼と近しい関係にあった人びとの記憶に見られる。本委員会はそうして見つかった動機に関しての背景情報を本報告のなかに提示している。したがって、リー・オズワルドの人生を調べれば、彼の動機に関してはそれぞれの結論に到達するはずである。

本委員会はオズワルドの動機を明確に決定することはできなかった。彼の人格に影響を与えた要因を探し出すよう努めてきた。それらの要因は以下のとおりである。

（a）あらゆる権力に対する深い反感。これは彼が暮らしたすべての社会に対する敵意のなかに現れている。

（b）人々と意味のある関係を結べなかったこと、また新しい環境を好み、自分のいる環境を拒否する変わることのない傾向。

（c）歴史のなかに自分の場所を見いだしたいという強い欲望とさまざまな仕事で失敗を繰り返したことへの絶望感。

（d）彼の暴力への傾向。ウォーカー将軍の殺害未遂に見られる。

（e）マルクス主義や共産主義への強い関心。ただし、これは彼自身の解釈であり理解しているという意味で。これはアメリカ合衆国に対する彼の嫌悪感に現れている。ソ連への逃亡、ソ連での生活に溶け込めなかったあとでもなお合衆国の生活にうまく対応できなかったこと。うまくいかなかったが、キューバに行こうとしていた彼の努力。これらはすべてを暴力的で無責任な行動に打って出ようとする彼の傾向に影響を与えていた。

12. 本委員会は、大統領はさまざまな責任のために合衆国内また外国へ頻繁に旅行しなければならないことを理解する。その高い責任に付随するように、大統領は潜在的な脅威から完全に守られることはない。シークレット・サーヴィスが（大統領を守る）責任を果たすことの難しさは、大統領府を預かる人物の性格や活動と、安全のための計画と守る意欲によって変化する。

シークレット・サーヴィスの仕事を評価するには、以上のような制約のなかで責務を果たしていかなければならないことを理解する必要がある。しかし、本委員会はこの調査で明らかになった事実によって、大統領保護の改善を提案するべきと考える。

（a）大統領制度は近年急速にますます複雑になっている。そのため、シークレット・サーヴィスは人員にしても設備にしても、その重要任務を十分に遂行するだけの適正なものを確保できていない。この状況は速やかに改善されなければならない。

（b）大統領の脅威になると思われる人物に対して、これを特定し、かつ大統領を保護する基準や手続きが、暗殺事件前には適切ではなかった。

（1）シークレット・サーヴィスの護衛調査局は、事故防御の責任があるのだが、訓練を受けた人員を十分に確保できていなかったし、その責任を果たすうえでの機械的また技術的な補助手段さえ十分ではなかった。

（2）この暗殺事件前、シークレット・サーヴィスの基準は大統領への直接な脅威に対処することだけだった。この直接の脅威に対しては適切に対応したが、大統領の安全に潜在的な危険となるその他の要因を特定する必要性を認識していなかった。大統領に危険を与えるかもしれない個人または集団を特定するのに適切な、そして具体的な基準を考えていなかった。事件を防ぐ責任を果たすために必要な情報は、他の連邦および州の政府機関に依存していた。それでも、シークレット・サーヴィスは大統領への直接の脅威に関する情報を求めていた。しかし、事実上、事件を防ぐ責任を果たすために必要な情報は、他の連邦および州の政府機関に大きく依存していたにすぎなかった。

（c）本委員会は、シークレット・サーヴィスと大統領を護衛するのに必要な他の連邦政府機関との間に十分な情報の共有や交換がなされていなかったと結論する。ＦＢＩはその通常の責務を果たすうえでリー・ハーヴィー・オズワルドに関してかなりの量の情報を確保していたが、大統領のダラス旅行時点のシークレット・サーヴィスの基準では、オズワルドに関する情報をシークレット・サーヴィスに提供するのは各政府機関の責任ではなかった。しかし、本委員会は、ＦＢＩは暗殺以前には事件防止の情報収集活動での自らの役割に、不当なまでの制限を加えていたと結論する。ＦＢＩがオズワルドの件に関してもっと用心深く他機関と協調する扱いをしていれば、オズワルドの行動がシークレット・サーヴィスの注意を引くことになったと思われる。

（d）シークレット・サーヴィスが講じた下準備、例えばラヴフィールドやトレードマークでの詳細な保安策などは、完璧でしっかりと実行された。しかし、他の部分では、大統領の旅行の下準備は不十分だったと、本委員会は結論する。

（1）パレードのルート沿いの建物内の暗殺犯の存在をシークレット・サーヴィスは地方警察に全面的に頼らざるをえなかった。

（2）シークレット・サーヴィスが察知する手段は不的確だった。ダラス旅行に際して、事実、シークレット・サーヴィスは大統領が通過するルート上の建物をまったく調べていなかったし、調べようともしていなかった。パレード中のこうした建物の窓を監視する責任は観衆を規制するために路上に配置されていた警察官とパレードに参加していた車両に乗っていたシークレット・サーヴィスの係官の間で分担されていた。本委員会の調査に基づき、ダラス旅行時の警備手配はまったく不十分であったと結論づけた。
（３）大統領専用車の構造と車内でのシークレット・サーヴィス担当官の座席配置は、最初に危険を察知したときに大統領を即座に護衛できるだけのものではなかった。
（４）しかしながら、以上の状況のなかで、大統領の安全確保に直接責任を負う係官は、テキサス教科書倉庫ビルからの射撃時に迅速に対応したと本委員会は認めるものである。

以上が、『ウォーレン報告書』の第一章の最終部分である。実際には、『報告書』の第一章は第一頁から二七頁まであるのだが、ここでは、最後の三頁分を省略した。この部分はウォーレン委員会がケネディ暗殺事件を調査することで気づいた大統領護衛の問題点を指摘し、将来、改善、修正するべき点を一二点、「勧告」というかたちで論じているのであり、ケネディ大統領暗殺事件そのものとは無関係の部分だからである。本書での引用に際して、この箇所以外に割愛したところはない。アメリカで『ウォーレン報告書』が出版されるとすぐに日本では、一九六四年一〇月に大森実監訳で弘文堂から『ケネディ暗殺の真相』として翻訳版が出版されている。だが、この翻訳本では、いま読んで頂いた「概要」のオズワルドの履歴に関する部分は完全に省略されている（他にも省略部分は相当にある）。委員会としては、オズワルドの成長過程にその犯罪の根元を探ろうとしていただけに、この部分の省略は特に残念だ。

第2章　オズワルド――共産主義者

1．共産主義が動機か？

この『ウォーレン報告書』の第一章はそのタイトルにあるように「概要」であるが、実に綿密に事件の経過を語っている。『報告書』はその最後に掲載されている脚注部分（全七一頁）を除いて本文と付録の資料で八八七頁もある大部なものである。第二章からは第一章で述べられた事実をさらに詳細に説明しているし、委員会が行った現場検証時の写真やその他の資料を掲載してもいる。ウォーレン委員会の調査内容と結論を知り、ケネディ暗殺事件の真相を知るには、この報告書を全巻注意深く読む必要がある。しかし、本書の前章でも触れたように、果たして誰が、この報告書の全文を読むだろうか。何しろ、分厚い書物の冒頭に「概要」が掲載されていて、そこにはそれなりに納得できる多くの事実と、それらから導き出されたとされる結論（本書四九頁参照）が、時間経過とともに明確に記されているのである。

前章でも述べたことだが、事件の真相を少しでも早く国民に知らせる義務を持つジャーナリストたちにとって、また事件に強い関心を持って、わざわざこの報告書を購入した一般国民にとっても、この第一章さえ読めば、それで十分と判断してしまったとしても不思議ではない。実際、この報告書が発表になった後のジャーナリズム界は、報告書のオズワルド単独犯行という結論をそのまま無批判に受け入れたのだ。

このため、『ウォーレン報告書』はケネディ大統領暗殺の真実を記述したものとして国民の多くが受け入れなければならなくなった。何せ、信頼している最高裁長官が出した結論で、有力な報道機関がすべて「よし」としたものなのだから、これに疑問を持つことは困難だっただろう。これは今日でも同じだろう。

もちろん、この『報告書』よりも前に、その調査の進展状況を見守ることで、ウォーレン委員会が出すはずの結論にすでに反発していた人物がいた。日本では一九六四年六月に出版された『誰がケネディを殺したか』(日本語版は内山敏訳で、文藝春秋新社よりポケット文春の一冊として公刊された。この著作は同年五月に英国で、そしてフランス、日本をはじめとする一九ヵ国でほぼ同時に出版された。アメリカ本国での出版は『報告書』の発表後だった)の著者のトーマス・ブキャナンだ。報告書の公表後も結論を疑問視する著作は他にも多く発表された。しかし、常にウォーレン委員会の名前が持つ権威によって、これらの批判は的外れとして軽視され、逆に批判されることになってしまっていた。

この風潮が変わり始めたのが一九九一年、オリバー・ストーン監督が世に送り出した映画『JFK』が、それなりに評価されてからだ。この映画はケビン・コスナーが演じたルイジアナ州の地方検事ギャリソンが『ウォーレン報告書』に疑問を持ち、自分なりの捜査を展開し、オズワルド単独犯行はありえない、と強く訴えた史実を元にしている。ギャリソン自身が書いた著作（岩瀬孝雄訳『JFK――ケネディ暗殺犯を追え』ハヤカワ文庫、一九九二年）を原作としている。ギャリソンは彼が真犯人と確信したクレイ・ショーという男を起訴するが、奇妙な出来事の連続で裁判では無罪の評決となり、その結果、彼は地方検事としての信頼を一気に失うことになった。

原作自体はそれほど関心を呼ばなかったが、当代の人気映画監督が人気俳優を使っての実録物というだけあって、国民は改めてウォーレン委員会の結論に疑問を感じだし、その結果として、連邦議会が、未公開とされていた暗殺事件関連の調査資料を強制的に公開させることができるようにした法律を一九九二年に採択することになった。

『ウォーレン報告書』公刊後、ケネディの後継者だったリンドン・ジョンソン大統領は『報告書』で明らかにした以外の資料を二〇三九年まで非公開とする、と宣言していたのだが、連邦議会はこれらの「極秘資料」を九四年から九八年までの期間に公開することを大統領に義務付ける法律を採択したのだ。

この法律に基づいて極秘文書公開を最初に約束したのがクリントン大統領だったが、結局、実施することはなかった。ところが、記憶されている方も多いだろうが、トランプ大統領が全面公開を突然宣言した。二〇一七年一〇月のことだ。だが、あと少し残ったところで、当初確約した全面公開を中止してしまった。

このとき、膨大な資料が公開されたが、出てきたものは実質的に何も意味のないものばかりで、泰山鳴動して鼠《ねずみ》一匹、という結果だった。いや、一匹も出なかったが正しい表現だろう。調査関係者間の連絡メモであったり、情報提供者（暗号であるので特定不能）からの情報らしきものは多くあったが、それらの大半は判読困難な手書きだったり、略語や略称が使われていたりで、内容を確認できるものはなかった。

残りの文書（資料）がいつ、どの大統領によって公開されるのかは興味深いところだが、おそらくは特に重要なものが含まれているとは考えられない。二〇二一年一〇月にバイデン大統領が公開を宣言したものの、結局は全面公開とならず、また延期された。

さて、本題に戻ろう。本書の第1章に引用した「概要」を読まれれば、おそらく、ウォーレン委員会の説明に不備はないと感じられたことだろう。概要とはいえ情報は十分で、また表現の仕方も自信に満ち、きっと納得できるものであったろうと思う。

しかし、まず、最初に指摘しておきたいことだが、オズワルドは共産主義者（マルキスト、マルクス主義者）だという点が終始強調されていることに改めて注目してほしい。高校時代から厚木の米軍基地での海兵隊時代を通して共産主義に強く惹かれ、その結果、ソ連に亡命し、帰国後は極右派のウォーカー将軍の狙撃事件を起こすなどしたあとで、ケネディ大統領の暗殺を計画し、実行したと詳しく説明されている。そのなかでも際立つのは、ニューオーリンズ滞在中の「キューバのためのフェアプレイ委員会」での活動だ。ソ連から帰国後、彼はキューバの革命政府に傾倒し、キューバ行きまで画策したとされる。誰が読んでもオズワルドは共産主義信奉者と強く印象を持つはずだ。それゆえに、アメリカ大統領殺害を実行した、と結論部分（本書、四九頁から五八頁）でも執拗に繰り返されている。

確かに当時のアメリカ社会では共産主義は忌み嫌うべき思想であり、ソ連は生来の敵国であると考えるのが一般的だった。戦えばアメリカは必ず勝つと思っていた国民は相当数いたはずで、そのための第三次世界大戦もやむなしという風潮も根強かった。各地に核シェルターが設置され、核戦争を覚悟した国民はその存在を当然として受けいれていたほどだ。

アメリカの最大の敵がソ連だった。ちなみに、ケネディ大統領も一九六一年一月の就任演説のなかでソ連を「敵（foe とか adversary）」と呼んだほどだ。「ソ連イコール敵」が当たり前だった。したがって、共産主義者オズワルドが暗殺犯だとする結論が無理なく受け入れられる社会的土壌は確かにあった。

しかし、冷静に考えてみよう。共産主義を信奉しているだけで自国の大統領を殺害するという行動を引き起こせるものだろうか。

オズワルドは確かにソ連に憧れたかもしれない。それによって、アメリカの市民権を放棄すると主張し、ソ連の女性と結婚までして生涯をソ連で暮らそうとしたのかもしれない。しかし、その女性との結婚の前後に、彼はアメリカへの帰国を希望してアメリカ公館と接触し、長女が誕生するとすぐ、実際に帰国している。「概要」が説明する通りだ。おそらくは、実際に暮らしたソ連が、彼が夢見ていた共産主義の理想郷ではなかったことに失望したのだろう。家族を養うなら理想と異なるソ連ではなく、生活習慣に慣れ、言語に問題のないアメリカだと思ったのではないだろうか。

米ソ対立が当たり前で、ソ連旅行さえ自由にならなかった当時のアメリカ社会で、一度アメリカ市民権の放棄を宣言し、ソ連に亡命希望した男がまたアメリカに戻れたこと自体が異例中の異例で、そこに「何か裏がある」と思えば思えないこともない。オズワルド単独犯行に疑問を抱く人たちが、彼の後ろには何らかの政府組織が関わっていると考える要因がこのソ連への亡命、そしてアメリカへの帰国という事実にあることは確かだ。

しかし、彼の後ろにどのような力が存在していたかは別として、憧れのソ連に失望したとするのは、一人の若者を考えるとき、見逃せない点だろう。帰国後の彼が次に憧れた共産主義社会がキューバだった（実は、ウォーレン委員会が言うだけで、証拠はない）ことを考えると、ソ連への絶望は間違いないのかもしれない。だが、このことは推量だけで、実際に何も証明されていない。

オズワルドは米ソ対決の枠組みのなかでアメリカの大統領を殺害することで、ソ連に「勝利」をもたらそうとした、という委員会の解釈は、当時のこうした情勢を考えると、納得できるものなのかもしれない。しかし、それをこの事件に結びつけるのは、そう単純にはできないはずだ。なぜなら、暗殺事件前にオズワルドがケネディの悪口を言ったり、批判をしたりしたという証拠や目撃証言がないからだ。彼の夫人マリーナの聴聞会での証言では、短い時間に三度、オズワルドがケネディに批判的だったのではないかとか、敵意を持っていたのではないかと聞かれた質問に、明確に「ネヴァー」と言っている（『別巻』I、七一頁＋一二三頁）のだ。個人的に彼はケネディ大統領を殺すほどの気持ち（動機）を持っていたわけではないのだ。

それどころか、おそらく、当時の共産主義者、あるいはその信奉者にとって、ケネディほど好ましい大統領はいなかったはずだ。ケネディは、その就任演説の前半ではソ連に対してかなり厳しい対決姿勢を表明した。前述したように、ソ連を平然と「敵」と呼び、その敵に対抗してアメリカは自由と民主主義を守るためであるなら、「いかなる代価をも支払い、いかなる重荷をも背負い、いかなる困難をも迎え入れ、いかなる敵にも立ち向かっていくのだ」（就任演説は拙著『「発想の転換」の政治――ケネディ大統領の遺言』彩流社、二〇一八年の巻末に参考資料として、拙訳で全文掲載している。引用部分は同書、二四二頁）と決意を表明した。一九六〇年一一月の大統領選挙では共和党の対立候補リチャード・ニクソンとの歴史的大接戦（国民の全投票数約七千万票のなかで、二人の得票差はわずか一〇万票でしかなかった。ケネディは保守的と言われた南部ではまったく勝てなかったのだ）の末、やっと勝利していただけに、自分に投票しなかった国民にも「安心感」を与える必要があったためだろう。

しかし、それでもケネディは同じ演説の後半部分でソ連に宥和を求めていった。「両陣営共に我々を分裂させている問題に力を注ぐ代わりに、何であれ我々を結び付ける問題を探求しようではありませんか」（同書、二四四頁）とソ連に呼びかけ、対立の代わりに相互協力に向け、話し合おうではないかと大きく歩み寄ったのだった。戦争は二度としてはならない、と第二次世界大戦の終戦とともに心に誓った（当時二八歳だったケネディの日記をまとめた小冊子、*Prelude to Leadership: the European Diary of John F. Kennedy.* DC: Regnery Publishing Inc., 1995. を通して、この決心の強さを知ることができる）。ケネディが、世界の平和、米ソの平和安全のために呼びかけた彼の心からの提案だった。

一九六一年初頭の政治状況のなかで、保守派のニクソンを支持した人々を離反させかねない勇気ある提案であり、発言だった。

事実、彼は就任直後のウィーンでの米ソ首脳会談（一九六一年六月）で、この宥和・協調路線の重要さを強調し、相手のフルシチョフ首相を戸惑わせた。前政権が計画し、準備されていたために反対したり、阻止したりすることができずに、実行することになってしまったキューバのピッグズ湾への進攻作戦では、軍部が主張したアメリカ空軍による空爆と陸軍の投入に終始徹底して反対し、結局は亡命キューバ人たちの進攻部隊がカストロにより捕縛されることを黙認したのだった――のちに、釈放に尽力した。アメリカ軍の介入は米ソ戦争になる、この米ソ戦争は絶対に避けるという強い決意がそこにあった。

しかし、一九六二年一〇月、アメリカのスパイ飛行機が、キューバ国内にソ連のミサイル基地が建設されているという情報をもたらしたことで、「核戦争直前」という大きな危機が訪れたのだ。いわゆる、「キューバ・ミサイル危機」だ。このときも、即時空爆を主張する空軍などの軍部の意見を最後まで退け、誰も戦争を望んでいないとの信念のもと、フルシチョフとの間での私的な書簡のやり取りを含めた外交交渉で、ミサイルの撤去を認めさせ、戦争の危機を回避した。対ソ強硬策が圧倒的だった政権内部の意見も無視して、戦争回避を実現したのだった。

ここからソ連側もケネディの宥和政策がことばだけではない、本心からのものなのだと理解したことで、両国は急速に関係改善に向かうことになった。

しかも、一九六三年六月一〇日、ケネディはワシントンＤＣにあるアメリカン大学の卒業式でソ連やソ連国民を悪として「敵視する」ことを止め、同じ「人間」として彼らを見直そうではないかと呼びかけた。同じ人間だから、話せば通じる、理解し合えると、大学を巣立つ若者たちに、そしてその後ろにいるアメリカ国民に呼びかけたのだ。この演説のなかで、彼はアメリカもソ連もともに安全に生きること、互いを認め合うこと、つまり世界における多様性の存在を認め合うことで、平和を達成できると訴えた。なぜなら、「結局、我々を最も基本的に互いに結び付けているのは、我々がすべてこの惑星に住んでいるという事実なのです。我々はみな同じ空気を吸っているのです。我々はみな子孫の将来のことを考えているのです。そして、我々はみなどうせ死んでいくのです」（『発想の転換政治』、二五三頁）と人間としての共通の利益を非常に印象的なことばで、分かりやすく提示したのだ。

米ソ対立、冷戦という世界情勢は互いが意識を変えさえすれば変えることができる、我々はその意味でみな革命児なのだとするケネディのことばは、この演説の時点ではアメリカ国内の報道はほとんどすべてが「否定的」だった。時期的には当然の結果だっただろう。彼は無視された。

しかし、ソ連のフルシチョフ首相は「アメリカ大統領の演説の中で最高のもの」（同書、八〇頁）と評価した。演説を全文ラジオで放送させたほどだった。また、ソ連国内の新聞に英語とロシア語の両方で全文を掲載させたのだ。それだけでなく、しばらく中断していた核実験の禁止に向けての話し合いの再開を指示し、さらにＮＡＴＯとワルシャワ条約機構との間で「不可侵条約」を結ぶ提案さえした。ケネディの誠意が世界を大きく動かしたのだ。劇的な演説だった。

当時のソ連にとって、そして共産主義者にとって、これほど都合のよい大統領はいなかったはずだ。莫大な軍事費に苦しんでいたソ連にとっては「渡りに船」というよりも、まさに「救世主」だった。アメリカでは忌み嫌われていた共産主義そのものを認め、これを「多様性」の一つとして受け入れ、相違する問題よりも、地球上に生きる同じ人間として共通する問題や利益を優先して取り組んでいこうと呼びかけてくれたのだ。

米ソ、そしてイギリスが加わって、この直後の八月に「部分的核実験禁止条約」が締結されることになった。ケネディが就任演説で呼びかけていた米ソ協調・共存共栄に向けての最初の第一歩が大きく踏み出されたのだ。

ソ連にしても、アメリカ国内の共産主義の信奉者にしても、ケネディ大統領を亡き者にする――当然、ずっと保守的なリンドン・ジョンソン副大統領が後継大統領に昇格する――などと考えるはずがない状況があったのだ。共産主義かぶれのオズワルドがこのことを理解できないわけがない。共産主義者を理由に彼を暗殺犯とするには、その論理的基盤があまりにも脆弱《ぜいじゃく》なのだ。ウォーレン委員会は本当にこれを「動機」として納得していたのだろうか。

否、ソ連ではなく、キューバだと言う人もいる。カストロが渡米してアメリカの援助を願ったとき、アイゼンハワー大統領は会おうとさえしなかったし、副大統領のニクソンは会っても彼を冷たくあしらった。カストロはこの経験からアメリカ嫌いになったし、ケネディ大統領に代わってからも、ピッグズ湾侵攻などを仕掛けてきたことで、憎しみはさらに強められたのだとする考えだ。おそらくウォーレン委員会の委員のなかにも、こうした考えがある程度、力を持っていた（元ＣＩＡ長官で、ピッグズ湾侵攻を積極的に押していたアレン・ダレスの影響だ）だろう。

それは、概要で強調されていたオズワルドのメキシコシティ行き事件からも判断できる。そもそもソ連からの帰国後、オズワルドがニューオーリンズ居住時に「キューバのためのフェアプレイ委員会」の支部役員を自称していた（夫人のマリーナは聴聞会で、この委員会を「実際には全く存在しない組織」と述べている。『別巻』Ⅰ、二五頁）という、彼とキューバの強い絆を推量するには十分な情報があった。委員会はこの情報を特に重視した。

『ウォーレン報告書』はその本文のなかで改めてこの問題を取り上げ（四一三〜四一四頁）、オズワルドがメキシコのキューバ大使館、ソ連大使館でいかに無謀に振舞ったのかを詳述している。

しかし、実際にはこのキューバ行きにも疑問があるのだ。一九六三年九月二六日のヒューストン発メキシコ行きのバスにオズワルドと同乗したと証言したマクファーランド博士夫妻は、オズワルドは一人だったと言うのだが、同じバスにいたオーストラリア人、ロサンゼルスで働いていたパメラ・マンフォードという女性の証言では、オズワルドは六〇代の男性と一緒だったと話す。目撃情報がまったく異なっているのだ（『別巻』Ⅵ、二一四頁＋二二三頁。マクファーランドは供述書で証言）。

マンフォードが見たとするその男はアルバート・オズボーン（別名、ジョン・ハワード・ボウエン）という当時七三歳のイギリス人で、後日ソ連のスパイをしていたと判明した人物だった。だが、彼はバスに乗っていたことは認めたが、オズワルドと一緒にいたことは否定している。

また、メキシコシティのソ連大使館の職員がその男のロシア語はたどたどしかったと証言もしている。オズワルドはかなり流暢なロシア語を話した。（Michael Benson, ed. *Encyclopedia of the JFK Assassination*. N.Y.: Checkmark Books. 2002. p.193.）

日付が削除されているために差出日が不明だが、メキシコシティのＣＩＡ支局が本部に送った電文が残っている（同書、一九四頁）。オズワルドを「リー・ヘンリー・オズワルド」（強調、土田）と誤記しているが、この電文だと、「白人のアメリカ人、年齢三五歳、がっちりとした体形、髪の毛は薄く頭頂部は禿《は》げている」と表現している。どう解釈してもオズワルドの年齢ではないし、体形・容姿でもない。

実はその後一九七八年に設立された下院暗殺調査委員会が、入手した「メキシコでのオズワルド」の写真を公表したのだが、そこにはこの電文通りの男が写っている。しかし、決してオズワルドではないと断言できる（図4）。この男がオズワルドの名を騙《かた》ったことは事実なのだろう。大使館員たちもそう証言した。しかし、オズワルドではないのはあまりにも明白だ。オズワルドは本当にメキシコシティに行ったのだろうか。メキシコに行ったという絶対的な証拠はない。この写真だけだ。

委員会がなぜこの写真を詳細に検討しなかったのかは不明だ。そのうえ、資料集にも掲載しなかった、つまり、この写真は委員会の活動時にはなかったと考えられる。つまり、後からの捏造《ねつぞう》写真だと。あるいは、当時存在していたとしても、委員会が「ないことにした」、そして「無視することにした」と考えることも可能だろう。

以上のように、オズワルドがメキシコに行ったことを証明できる実質的な証拠は何もない。ウォーレン委員会の作り話ではないかとさえ疑いたくなる。

確実に言えることは、「オズワルド」が現れることを

図４　メキシコでのオズワルドとして政府が公表した２枚の写真。どう見てもオズワルドではない。

誰かが知っていて、写真を撮ったという事実である。あるいはオズワルドのメキシコ行きを捏造するために、すべてをセッティングしていた者がいたという可能性がないわけではないということだ。撮影者は誰か、その人物はなぜメキシコにいたのか、を調査するのが委員会の仕事だったはずだ。それが偽者をそのまま本人として、本人があたかも大使館で横暴を働いたかのように説明する、そしてこの「暴力的な性向」がケネディ暗殺に向かう重要な要因の一つなのだとしたことは、『報告書』公刊時にもっと厳しく追及されてしかるべきだった。アメリカの重要な報道機関はこの点を無視した。そして、委員会の結論を信じ、鵜呑みにした。この罪は大きい。

聴聞会でマリーナ夫人はメキシコ行きに関して全く知らなかったと言っている。ただ、オズワルドが一度「メキシコ土産のブレスレット」を買ってきたことがあったと語っているのだが、「ニューオーリンズでも売っていたもので、メキシコで買ったとは思えない」（『別巻』Ⅰ、二七頁）と断言しているのだ。メキシコ行きは実に不可思議な出来事なのだ。おそらく、ウォーレン委員会の作り話だろう、と私は確信する。

2．ニューオーリンズの事件

次に「概要」が述べる事件だ。オズワルドは一九六三年八月一六日、ニューオーリンズ市の街頭で「キューバのためのフェアプレイ委員会」のパンフレットを配っていたときに、通りすがりの市民と悶着を起こし、警察に連行されているのだが、このときもパンフレット配布中の写真が撮られているのだ。大した出来事ではないはずなのに、この写真を最初に掲載したトマス・ブキャナンの本では写真に「パナ通信」とキャプションがついている（ブキャナン、一四六頁）ので、通信社の関係者が撮影したものだろう。同じ写真が『報告書』の四〇九頁に掲載されているが、こちらにはブキャナンの本にある「パナ通信」の文字はないし、撮影に関する情報もない。しかし、この写真に見られる平和そうなオズワルドは警察に連行されていたのだ。通信社は、この連行時こそ撮影するべきだったのではないか。いや、そもそも、穏やかにパンフレットを配布しているだけの些細な出来事を通信社のカメラマンが撮影するものなのだろうか。逮捕前の現場にカメラマン――偶然と言うには、あまりにも偶然すぎないだろうか。

この逮捕がきっかけとなって、オズワルドは一九六三年八月二一日には地方のラジオ局WSUDの番組に出演し、自分を「キューバのためのフェアプレイ委員会」の書記で、共産主義者だと述べている（ブキャナン、一四〇頁）。オズワルドの過去の行動を見る限り、国務省にとっては、あるいは政府関係者にとっては、相当に目立つ、厄介な男であったはずだ。

一度は市民権を捨てると主張したのにアメリカに戻りたいと言い、実際に、どういう裏の動きがあったのかは不明だが、なぜかソ連女性を妻としてアメリカに戻った。敵国ソ連からの帰国者である以上、国務省にとっては「要注意人物」のはずで、国内での彼の動向をFBIなり、当時のCIAなりが監視していたとしても不思議ではない。当然、常時監視下に置かれ、目立った行動は撮影もされていただろう。

したがって、オズワルドが暗殺事件前に何らかの機関によって監視され、写真も撮られていたから、彼がケネディ大統領暗殺の陰謀の一味だったということにはならない――この点は注意する必要があるだろう。

これは暗殺事件当時でさえ、当然分かっていた。オズワルドがＦＢＩの係官の連絡先のメモを持っていたり、その係官と会ったりしていたこともウォーレン委員会は把握していた。それにもかかわらず、この辺りのことを委員会は深く追及していないのだ。怠慢だったのか、あるいはＦＢＩやＣＩＡは委員会にとっては触れてはならない組織だったのか。もし後者だったとすれば、何をか況《いわん》や、だ。委員会は「真相究明」には程遠い存在だったことになる。

３．ウォーカー将軍狙撃事件

そこで問題となるのが、暗殺事件前にオズワルドが起こした、とウォーレン委員会が、キューバ行きと同様に、執拗に主張するウォーカー将軍暗殺未遂事件だ。『報告書』は概要のなかで、唐突にウォーカー将軍暗殺未遂事件を持ち出している（本書、四二頁）。オズワルドは超保守主義者で、ときにファシストと呼ばれていた将軍が気に入らなかった。そのために彼を殺害しようとした。そう結論した委員会は、この未遂に終わり、しかも容疑者不明だった事件を、オズワルドの狂暴性や自分と立場を違える者を許さない偏狭性を表すものとして、ケネディ大統領殺害に至る重要な要因とした。

しかし、彼の動向を注視していたはずの政府機関はこの事件をオズワルドによるものとは思っていなかったはずなのだ。この意味で、彼らの監視下にあったはずのオズワルドはこの事件と関係がない、と言えるのではないだろうか。

ケネディ暗殺事件直後に報道されたオズワルドの経歴には、この事件のことは全く触れられていなかった。トマス・ブキャナンも第七章でオズワルドの射撃の腕前について論じ、「オズワルドは……（中略）……海兵隊の、というよりも射撃に関する限り三軍〔陸海空軍〕を通じて、最悪の射手の一人」（ブキャナン、九一頁）だったと明言している。

そもそもウォーカー将軍狙撃事件は、将軍が自宅二階の書斎の窓際で読書していたときに狙撃されたというものである。銃弾は一発発射されたが命中せず、将軍は別状なく済んだ。問題は夕刻、将軍の部屋の電灯は灯され、彼の姿は影として窓ガラス越しに見えていたはずなので、狙うには最高の状況だった。

将軍の居場所からわずか二〇～三〇メートルのところから狙ったはずなのに、命中しなかった。これがオズワルドの仕業だと言われれば、納得できないわけではない。『報告書』が細かく書いている（本書、三七～三八頁）ように、彼の海兵隊での射撃成績は、ギリギリ合格だったが、実際にはほとんど「落第」に近いものだったからだ。

だが、その同じオズワルドがビルの六階から下の道路の下り坂を走り去って行く大統領車に向けて、しかも優に一〇〇メートル離れ、さらに離れて行く車両に向けてライフル（ウォーカー将軍のときと同じ銃のはずだ！）を発射し、大統領および同乗していた知事に命中させたとなると、もはや表現することばがない。委員会はオズワルドの暴力的性向の証としてウォーカー将軍狙撃事件に飛びついたのだろうが、近距離での容易な射撃に失敗した事実は完全に無視したのだ。それどころか、最低点で合格した事実を知りながら、海兵隊員として優秀な狙撃手だと断定さえしている（本書、三七頁）のだ。

しかも、『報告書』は明確にオズワルドが一九六三年四月一〇日に将軍を狙撃したと書くのだが、実はその証拠はまったく示されていない。『報告書』は第七章でおよそ二頁半を使って、この出来事に触れている。委員会がウォーカー将軍狙撃をオズワルドの犯行と結論する唯一の証拠は、一九六三年三月二七日に撮影された三枚の写真だけだ。彼がライフルと『ミリタント』という過激な新聞を持った写真で、これは後日、大統領殺害に向けて写されたものとして公になり、今日なおそのように説明されているが、『報告書』はオズワルドがウォーカー将軍殺害の犯人として有名になるために撮影させたものと明言しているのだ（『報告書』、四〇六頁）。

ここにもいい加減さがある。一つの証拠を二つの事件に利用しているのだ。だいたい、これから犯罪を実行しようという人間が、明らかにその証拠となりえるような写真を犯行直前に写すものだろうか。委員会は、オズワルドはそれほど「歴史に名前を残したかった」（同書、同頁）と言うのだが、彼は逮捕されたときから、一貫して犯行を否認しているのだ。歴史に名前を残したいのであれば、逮捕され連行されたダラス市の警察本部で記者団に直面したときこそ、俺がやった、と言うはずではないか。

一八六五年四月に当時のリンカン大統領を撃ったブースは、大統領を撃った直後の現場で、大勢の人々の前で堂々と自分が犯人であることを宣言した。これこそが歴史に名を残したい人間の至極当たり前の行為だろう。

オズワルドは犯行を否認し続けた。そこには歴史への意識も売名欲もなかったのだ。そんな男が犯行の証拠となるような写真を、そのために撮影させるだろうか。オズワルドはダラス警察で写真を見せられたときから、一貫して「顔は俺だが、体は別人だ」と言い続けていたのだ（本書、四六頁）。ウォーカー事件に触れたのはただ、オズワルドの妻マリーナの証言だけである。彼女が委員会で証言したのは一九六四年三月三日、ワシントンDCだった。委員会の主任顧問のリー・ランキンが主に質問に当たった。午前一〇時三五分に始まった聴聞は一二時三〇分に休会となり、午後二時に再開された。なお、マリーナの英語力の関係で二名の通訳が同席した。委員会が公表した聴聞記録は英語版のみである点は前もって指摘しておきたい。

午後に再開された聴聞は、まず、オズワルドが所持していたライフルの件から始まった。マリーナ夫人は銃を所持していたことは知っていたけれど、ライフルもショットガンも区別がつかないので、それがどのような銃だったかは分からない（『別巻』I、一五頁）と言っている。それにも拘わらず、銃の種類に関して執拗な質問が続き、そして例の写真の話になった。正確な日時は覚えていない、カメラを扱ったこともないので、ただ言われたボタンを押しただけだと言う彼女に、ランキンは突然、「ウォーカー事件が起きたのはその後どれぐらい経ってからでしたか？」（同書、一六頁）と質問した。「覚えていない。貴方のほうがご存知でしょう」と言う彼女に、「そのとき、銃を探しただろう?」と意味不明の質問をした。彼女は何も分からないと言ったあとで、自分が逮捕されたら……と書かれたメモがあったことを話し、「彼はウォーカー将軍を撃ってきたとだけ言いました」(同書、同頁)と、かなり突然に将軍狙撃を認めたのだ(この聴聞の間、ウォーカー将軍狙撃未遂が起きた日時に関しては、一度も明確にされていない。ただ、「その晩」「その日」とあいまいなかたちで、マリーナに問いかけているだけだ)。

この証言によって、容疑者不明だった狙撃事件が一気に解決したかたちになっているのだ。しかし、ランキンの質問には強い違和感が残る——本来誰も問題にしていなかった事件をなぜこの時点で急に持ち出したのかということと、マリーナが事件に関して知っていたことを確信していたような表現の質問をしたからだ。夫が密かに実行した犯罪行為を妻が知っているとは限らないはずだ。ランキンはどこでウォーカー狙撃事件を知ったのだ? そう私は疑問に思いながら、聴聞記録を読み進むと、マリーナとペイン夫人(オズワルド夫妻の面倒を見ていた女性)の関係についての話がしばらく続いたあとで、ランキンは「ウォーカー事件をペイン夫人に話しましたか?」とマリーナに尋ねた箇所があった。マリーナは「いいえ、誰にも話していません。ＦＢＩ以外には。でもずっとあとになってから」と答え、ランキンの「ＦＢＩに話したのはいつですか」との質問に、さらに「リーが死んでから一週間ぐらい後です」と答えている(『別巻』Ｉ、一九頁)。

マリーナの聴聞会でのウォーカー事件に関する内容はこれで終わる。このあとはニューオーリンズ滞在時にＦＢＩがオズワルドに接触したことに話が移る。さらにメキシコ行きに話題が移ったところで、この日の聴聞会は終了し(午後四時三〇分)、翌日の四日午前一〇時にもう一度開かれている。この日のマリーナは体調がよくなかったようだ。午後の聴聞中に通訳が、マリーナは頭痛のために少し休みたがっている、と休憩を要求している。記録には「短い休憩」としか記されていない（『別巻』Ⅲ、八五頁）が、この前にまたウォーカー事件が持ち出された。事件当日にオズワルドが遺したメモに（自分が逮捕されたら）「赤十字を頼れ」とあったことに触れたランキンは「なぜ赤十字なのか」とケネディ暗殺事件とまったく関係ないことを聞いている（『別巻』Ⅰ、六二頁）。

以上がマリーナの聴聞会でウォーカー将軍狙撃事件が取り上げられた状況だが、重要なのは、ケネディ暗殺事件後にマリーナが係官の名前など詳細は不明のままFBIにウォーカー事件の顚末《てんまつ》を話していたということだ。このことがFBIからランキンに知らされていたために、初日の聴聞でランキンがこの事件を持ち出したということだろう。奇妙な質問の謎は解けたが、それでも残る疑問がある。マリーナは誰も知らなかった夫の犯罪をなぜFBIに話したのか、という点だ。ライフルの件などでも細かいことは分からないと言っているマリーナが、夫の不利になるような情報をわざわざ自分から話すものだろうか？　どうしても気になる点だ。もしFBIが先にマリーナにウォーカー事件の話を持ち出して、オズワルドの言動を確認しようとしたのであるならば、彼女が夫の不利を承知で話をしたと考えることは可能だろう。そして、もし、この推測が正しければ、この時のFBIの意図は何だったのかが次の問題になる。

危険分子として、否、少なくとも異端者としてFBIがオズワルドをマークしていたとしても、それは納得のいくことである。しかし、そのFBIがウォーカー狙撃を知っていたとすれば、非常に奇妙なことになるのだ。オズワルドが共産主義に異常な関心を持つ要注意人物である以上、そして彼と度々接触し、監視さえしていたとすれば、ウォーカー狙撃の前に彼を止めることは可能だったはずだ。あるいは、狙撃に失敗したあとで、彼を重要参考人として早々に事情聴取するなり、逮捕するなりできたはずではないか。それなのに、なぜ、マリーナがウォーレン委員会で証言するまで、この事実が表面化しなかったのか。この点に胡散臭《うさんくさ》さを感じないわけにはいかない。

オズワルドのケネディ暗殺の動機探しに躍起になっていた捜査機関が、事件後、半年以上過ぎて、迷宮入りしそうなウォーカー将軍暗殺未遂事件とオズワルドを結び付け、彼の「狂暴性」の例とすることに思い至ったのではないか。そして、これをあえてマリーナにぶつけたのではないか。

事実、『報告書』はこの事件は大いに注目に値すると記している。その理由に「暗殺事件の動機の可能性が見出せるからだ」（『報告書』、四〇六頁）としているのである。

マリーナが実際にＦＢＩに何を語ったかは分かっていない。彼女のウォーレン委員会での証言だけが明らかになっていることだから――。しかし、彼女は委員会の聴聞時にも、たとえばペイン夫人やその他の人たちについて聞かれたときに、しばしば「その人たちは英語で話していたので、分かりません」と答えている。彼女がまだ英語を十分に理解していなかったことは明らかだ。とすると、ＦＢＩが彼女に面会したとき、果たして通訳を連れていたのかが問題になるはずだ。もし通訳がいなければ、彼女はまともな証人にはなりえない。ＦＢＩの担当者がいくらでも好きなように話を作り上げて、上司に報告することができるからだ。

この点ではウォーレン委員会の記録も疑わしくなる。委員会の聴聞会では確かに通訳の名前は記録されている。しかし、通訳が報告書を書いたわけではないし、速記録を確認したわけでもない――通訳が確認したという記録はない。ましてや、別巻編集時の校正刷りに目を通したわけではない。つまり、マリーナの文字として残されている証言が、実際に彼女がロシア語で話したことと完全に同じだと証明するものは何もないわけだ。

ウォーレン委員会は五〇〇人を超える人たちを召喚し、聴聞した。その記録をまとめたのが二六巻に及ぶ『別巻』になるわけだが、この聴聞会の記録を印刷して公刊するにあたって、委員会は原則、校正刷りを本人に確認させたことになっている。だが、マリーナは英語を理解しない以上、この確認作業をしたとしても、その内容を理解できるわけではない。まして、彼女が校正刷りを確認したという形跡はない。つまり、マリーナの証言内容が真実彼女のことばだったのか、確認は取れないのだ。

ウォーカー事件とオズワルドの関係も、ただその夜（聴聞会では日付は述べられていない）オズワルドが遅く帰って来たというマリーナの話だけにその根拠があるとすれば、果たして素直に信じられるだろうか。

別に、ウォーカー事件の目撃証言がある。『別巻』XXVIの四三八頁に掲載されているFBIのダラス支局から本部に送られた報告書だ。このなかで、当時一四歳の少年、ウォルファー・コールマンが、射撃後に車で逃げて行く男を見たと書かれているのだ。彼は男が運転して走り去る車を見たと述べているが、男をオズワルドとは特定していない。しかも、オズワルドは運転できない。運転免許証もない以上、レンタカーを借りることもできない。つまり、この少年を信じれば、オズワルドとウォーカー将軍狙撃事件を結び付ける信頼のおける証拠は何もないことになる。ウォーレン委員会は、これほど不確かなことに必死にしがみついたのだ。
何としてもオズワルドを犯人に、という委員会の強い思いがそこに垣間見られる。

第3章　一九六三年一一月二二日——目撃者

1. ルート変更——ディーリー広場

　さて、いよいよ本題である一九六三年一一月二二日、テキサス州ダラス市の出来事と『ウォーレン報告書』の検討に入ろう。

　この日の出来事に関しては、ケネディ大統領を狙った射撃の時間をはじめ、ほとんどの時間が「あいまい」な表記になっている。誰も予想できない出来事が突発的に起きて、時計を見る余裕のある人はいなかったと考えれば、仕方ないことなのだろう。

『報告書』は概要で、まずダラスのラヴフィールド飛行場から昼食会場となっていたトレイドマートまでの四五分間のパレードについて詳細を述べている。天気がよかったこともあって、大統領直々の希望で大統領車の屋根部分が外されたオープンカーに大統領夫妻とコナリー州知事夫妻が乗車してのパレードとなった。

　事件直後より、このパレード・ルートが問題になっていた。市街地を通過した車列はダラス市の西端を流れるトリニティ川の手前にあるディーリー・プラザ（広場）というところを通過することになっていた。図3を参考にしていただきたいのだが、当初はメイン・ストリート（以下、メイン通り）を直進するルートが設定されていた。それが一一月一八日、ケネディのダラス訪問の四日前に、メイン通りを進んできたパレードは広場東側のヒューストン・ストリート（以下、ヒューストン通り）で右折し、一ブロック先のエルム・ストリート（以下、エルム通り）で左折するよう変更された。この最後のヒューストンからエルム通りへの左折はほぼ一二〇度の角度で曲がらなければならないため、車両はかなり速度を落とさなければならない。暗殺は大統領車がこの左折をした直後に起きたので、事件後、なぜルートが変更されたのか、誰が変更を指示したのかが取り沙汰されることになった。

そのためか、ウォーレン委員会はわざわざ「選ばれたパレード・ルートは自然のもの」（本書、二二頁）と書かなければならなくなったのだが、ある意味では今日なお、この変更を問題にする人たちがいる。たとえば、日本では落合信彦がその代表だが、彼は著書『二〇三九年の真実』（集英社、一九八二年）のなかで、ケネディ暗殺が陰謀によるものだとする自説の重要な根拠の一つとしてこのルート変更を取り上げている。

落合はエルム通りの方向、つまり北から南に一方通行となっているヒューストン通りを、わざわざ逆行するようにルート変更し、そのうえ速度を落とす無理な左折をすることにしたのは、暗殺を計画し、実行可能にした権力者がいた証だとし、その決定者を当時のダラス市長だと結論した。だが、これは落合の大きな間違いで、彼がダラスの現地を訪問し、視察した時点（明確には述べられ

図5　右に高架線、中央に車両が写っているのがメイン通り、その左上の白い車両がエルム通りから分岐したステモンズ高速道路への進入口。写真中央に見られる幅のある線の部分（鉄道から左の黒い車まで）がメイン通りとエルム通りを隔てるコンクリート設備（星印）。（Google Earth より）

ていない）では、ヒューストン通りは一方通行になっていたのだろうが、暗殺事件当時は対面通行の道路だった（私が最初に現地を訪ねた一九六八年でも、対面通行だった）。そのため彼の推定は根底から意味のないことだったことになる。

大統領車は昼食会場に向かう高速道路（ステモンズ・フリーウェイ）を利用しなければならなかった。メイン通りとエルム通りとは最終的に合流するのだが、鉄道線路の高架線下を過ぎて、次の高速道路の高架の手前一〇〇メートルほどのところで合流して完全に一つになる。鉄道の高架下を過ぎて一五〇メートルほどのところだ。だが、鉄道線路の高架から、この合流地点までは、両道路を隔てるコンクリートの遮断壁（高さは最大一〇センチ弱ほど）があり、両道路を車が行き来することは不可能になっている。この高速道路の高架を出たところでエルム通りはそのまま高速道路への入口に繋がっている。つまり、メイン通りを直進してくると、鉄道の高架を一五〇メートルほど通過して道路を分け隔てる遮断壁のなくなるところで一八〇度の右U

ターンをし、さらに左方向にUターンに近い急なターンをしないと、高速道路に乗ることはできないのだ(図5を参照)。

ケネディのダラス訪問四日前の最終打ち合わせで、このことに気づいた市側と大統領側が、ヒューストンからエルムへの急角度の左折(一度だけで済む)を選択したのだ。そして、このルートは、当時のダラスの一般市民がメイン通りからステモンズ高速道路を利用するときに、ごく当たり前に利用していたルートなのだ。

これが『報告書』が「パレード・ルートは自然のもの」と書いた理由だ。現地を知らないと、鉄道高架を過ぎるとメインからエルム側に移動して高速道路の高架の前で高速道路方向に入り込むことができると感じてしまう造りになっているのだが、交通事故を防ごうとする市側の判断で二つの道路は分け隔てられていたし、図5で明らかなように、現在も隔てられている。

余計なことだが、落合が指摘したヒューストン通りの北から南への一方通行も、現在は暗殺事件当時のように対面通行に戻されている。

2. 重要目撃者——ハワード・ブレナン

パレードがこのディーリー広場を通り過ぎるときに、銃声がした。狙撃者の最初の目撃情報はヒューストン通りとエルム通りの角にいたハワード・ブレナンという男からもたらされた。委員会は彼に全幅の信頼を寄せた。「ハワード・ブレナンは狙撃の目撃者だ」（『報告書』、一四三頁）と書き、さらに事件当日午後七時のダラス警察本部での面通しでも、「オズワルドをテキサス教科書倉庫ビルからライフルを撃った男として特定した」（同書、一四四頁）と続けている。委員会にとっては最重要目撃者で、彼の供述は全面的に採用された。

だが、ブレナンはそれほど信頼できるのだろうか？『報告書』の概要では、教科書倉庫ビル六階の窓で「五フィート一〇インチ（一七七センチ）の痩せた三〇代前半の男」がライフルを撃つのを見たと警察官に告げた（本書、二六頁）とあり、さらにこの目撃情報は、一二時四五分には警察無線で全警察官に伝えられていたと書かれている（同書、同頁）。

ここに大きな問題がある。ブレナンは自分がいたところから射撃犯がいた窓までの距離を「一二〇から一二五ヤード（一一〇九メートルから一一四メートル）」で、建物の玄関までおよそ「九〇ヤード（八二メートル）」（『報告書』、一四九頁）とのちに語っているのだが、なぜか委員会の説明では「四〇ヤード（約三六メートル）」とその距離が短くなっているのだ。

また、『報告書』本文では、委員会の聴聞会で、ブレナンは見た男を「三〇歳代前半の白人、かなり痩せていて、身長五フィート一〇インチ（一七〇センチ）で、一六〇から一七〇ポンド（七二キロから七七キロ）の体重」（同書、一四四頁）と形容したという。だが、この記述の直後、委員会はオズワルドの身長を五フィート九インチ（一七五センチ）、二四歳と記し、そして逮捕時の体重は本人申告で一五〇ポンド（六八キロ）と書き、さらに一九六三年にニューオーリンズで逮捕されたときには一三五ポンド（六一キロ）だったと続け、そして彼の死後の検視では一五〇ポンドだったと書いているのだ（同書、一四四頁）。委員会は明らかにブレナンの証言を疑問視していた。その疑念を表したのが、年齢と体重だろう。とにかく、ブレナンの見た男は「痩せていた」ということだけは強調したかったのだろう。体重はブレナンが一七〇ポンドという可能性を示していたのに、一五〇ポンドと決めつけたかったようだ。

二〇ポンド（九キロ）の体重差は現場の目撃者の目分量と検視時の正確な検査との差だとして無視することは可能だ。だが、身長も体重もオズワルドの海兵隊入隊時の記録にしっかりと書かれているはずなのに、なぜ委員会は、ここでこの海兵隊記録を出さなかったのか。何か不都合なことがあったのだろうか。

いや、それ以上にブレナン証言はどうしても信じるわけにはいかない。理由は次の六つだ。

一つ目は、ブレナンが言う射撃手の姿勢だ。一九六四年三月二四日に委員会の聴聞会に召喚されたブレナンは、事件当日午後一二時二二～二三分頃に現場に到着し、周囲の人びとや建物を見ていた。そのときにテキサス教科書倉庫ビル六階の窓に男を見たという。そして、大統領車が自分の前を通り過ぎたとき、近くで車のバックファイアだと思われる大きな音がした、とブレナンは続けた。でも、その音がもしかしたら教科書倉庫ビルから花火が投げられたのではないかと思い、倉庫ビルを見上げた。そのとき、前に見た男がライフルを構えて次の射撃のために狙いをつけていたのを見たという（『別巻』Ⅲ、一四三～一四四頁）。このあと、彼はこう言った。「その男は立っていて、左の壁に寄りかかっていたように見えました。銃を右肩に充て、左手で銃身を支えて、しっかりと狙いをつけて、最後の一発を撃ったのです。ほんの数秒だと思うのですが、彼は銃を窓から引き抜くと多分もう数秒、命中を確かめるかのように立っていて、それから見えなくなりました」(同書、同頁)。

この証言の直後、銃の機種は分かったか、と聞かれたブレナンは「自分は銃の専門家ではない」と答え、さらに照準器はついていたかの質問に「照準器があったかどうかは分からない」と答えた(同書、同頁)。

別のところで、その男の姿をどの程度見ていたのだ、という問いかけに、ブレナンは大統領車が来る前だったと釈明しながら、窓のところに立った男の「全身だ。お尻《ヒップ》から上」を見たと答えている。そのうえで、射撃の時は「おそらくベルトから上」と言葉を変えた。彼が見た銃身はだいたい三〇度下のほうを狙っていたという(同書、同頁)。

図6　『報告書』(99頁)掲載の現場検証時の様子

少し長くなってしまったが、以上がブレナンの証言の核心部分だ。この証言で気になるのは「その男は立っていて、左の壁に寄りかかっていたように見えた」という点だ。図6でも明確なように、教科書倉庫ビルの窓は床から非常に低い位置についている。床からは普通の人の膝より低い高さに窓がある。ブレナンの証言通り、大統領車の到着前に、この高さの窓際に男が立っているのを見たのであれば、「お尻から上」ということはまずありえない。少なくとも、膝から上となるはずである。この意味で、ブレナンが本当に男を見たのか、という疑念を拭えないのだ。唯一、ブレナンを信じるとすれば、彼が倉庫ビルに相当近いところからほぼ真上を見上げたから、ということは言えるかもしれない。だが、前述したように、彼は建物から一〇〇メートル近く離れていたと言っていたのだ。

二つ目は、立って銃身を右肩に当て、左手で銃身を支えて狙いをつけていたという点だが、これはライフルを撃つというときに、誰もが思いつくポーズだ。自分で射撃の経験はなくても、ハリウッドの映画などから、誰もが想像できる射撃スタイルだ。しかも、この姿で大統領車に向けて射撃をするなら、六階南東の窓は上半分が開いていなければならない。窓はガラス窓が二枚上下に移動することで換気できるようになっているのだが、事件現場を写したどの写真を見ても、また後日ウォーレン委員会が証拠写真として『報告書』（六二、六六、六七頁）に掲載した写真を見ても、開いているのは下半分である。この窓際に立ってライフル銃を道路に向けて撃つのは絶対にありえない。窓が開いていた状態と、窓の取り付け位置を考えれば、『報告書』が現場検証時の写真としてその九九頁に掲載している図6のように、床にひざまずいて構えるしかない。しかも、この現場検証時にはオズワルドが所持しない銃を支える用具を使用している。実際にオズワルドが射撃したとすると、もっと低くかがんだかたちになるはずだ。

三つ目は音だ。射撃音は何発聞いた？　と質問されたブレナンの答えは奇妙だ。「たしかに二発です」と言って、「もう一発は思い出せません」（同書、同頁）と付け加えた。聴聞会の最初にブレナンは一発目はバックファイアかと思ったと言った。しかし、それが教科書倉庫ビルから投げられた花火かと思ってビルの上階を見て、ライフルに気づいたと言った。

したがって、銃声、もしくは大きな音を聞いたのは確かだ。そして上階にいた男が銃を発射した。これは見たし、この音は聞いたはずだ。「二発」という彼の答えは自分の経験をそのまま語っている。しかし、これでは委員会が言う「数」に合わない。委員会は最初から「三発」発射されたという前提で調査している。当然、「もう一発とは、貴方が聞いた最初の音と、最後に聞いた音の間の一発のことですか」（同書、同頁）と委員会は質問した。本当はブレナンが聞いていない音が何発目なのかは分からないはずなのに、委員会が想定している二発目を聞かなかったという前提での質問だ。ブレナンには訳が分からない質問だっただろう。

「そうです。なんで最初の音を花火と思ったのかは分かりません。次の音を聞かなければ、ずっとそう思っていたと思います。聞いたとは言えません」（同書、同頁）と苦しい弁明をしている。委員会がブレナンに三発ということを無理に言わせようとしている印象だ。だが、委員会にとってはこの発言で十分だったのだろう。彼が六階に見た男の服装に質問は移っていった。

倉庫ビルの直近にいた男が二発の音しか聞いていないことに、委員会は当惑した。三発でなければならない。これは事件当日から「決まったこと」だったし、「検視報告」も三発と明言していた。聞いたと確信を持って言えなくても、「聞いたかもしれません」で十分だった。たとえそれが「意識していないところ」での一発であったとしても――。しかし、ブレナンの聴聞は彼が射撃を見たという点こそが重要なのであって、銃弾の数は本来は問題ではないはずなのだ。聞かなくてもいいことを聞いて、ブレナンをいたずらに困惑させている。

四つ目はブレナンが見た男は彼が言う「最後の銃弾」を発射したあと、銃を窓の内側に引いて、しばらく様子を確認して「見えなくなった」（同書、同頁）と言っている点だ。ブレナンはその男が最後の銃弾を発射するのをしっかりと見ていたと証言している。銃身を左手で支えて右手で引き金を引いた（同書、同頁）。一発目の音を聞いて、倉庫ビルの上を見たときに、銃身が見えた。しかし、彼はその男の右手の動作は見ていない。撃つ前の右手も撃ったあとも――。

犯行に使ったライフル銃はイタリア製のマンリカ・カルカーノとされているのだが、これはボルトアクションの銃、つまり手動で銃弾を装填《そうてん》する必要がある銃なのだ。オートマティック銃であれば、撃ったあと、すぐに狙いをつけて次を撃つことができる。だが、ボルトアクションである限り、一発撃ったあとで、右手で銃身についているレバーを引いて、改めて銃弾を装填しなければならない。オートマティックは使った銃弾の薬莢を勝手に排出するが、手動の銃はレバーを動かして、空の薬莢を排出しなければならない。

ここで問題なのが、六階の窓際に落ちていた空薬莢の数だ。当初より、三つの空薬莢が落ちていた。それで三発撃たれたとされていた。

かつて私は拙著『秘密工作　ケネディ暗殺』（彩流社、二〇〇三年）のなかで、この三発の空薬莢に触れ、ボルトアクションのライフルで三発撃ったとしたら、落ちている空薬莢は二つでなければならない、と指摘したことがある（同書、第九章、脚注16、二五七～二五八頁）。もし空薬莢が三つあるとすれば、四発目を装塡していなければならないからだ。四発目を撃とうとして止めたか、四発目を撃ってから逃走したかのどちらかになるはずだからだ。

いずれにしろ、ウォーレン委員会も、報道陣も、その後にケネディ暗殺を論じる研究者も皆、ボルトアクションのライフルと知りながら、空薬莢三つを三発発射だとして、これを疑ったことがなかった。実に奇妙なことだ。

右の本を書いていた当時はうっかり見落としていたが、今回ブレナンの証言を再検討するなかで、改めて気づいた。ブレナンの証言では、男は撃ち終わったあと銃を引き入れ、そのまま暫く窓際に立ったままでいて、それから消えた、立ち去ったというのだ。つまり、ブレナンが言う「最後の射撃」をしたあとで、男はレバーを引いていない、つまり右手で次の銃弾を装填していないのだ。もしブレナンの聞いた音が二発だったとすると、空薬莢は一つしかないはずだし、三つの空薬莢が落ちていたということは男が四発撃っているか、四発目を装填していなければならない。しかし、男は最後の射撃のあと、ライフルのレバーを操作することなく、つまり、次の銃弾を装填することなく、その場を去っているというのだ。

そこで問題になるのが、ライフル銃は見つかったときに銃弾が装填されていたか、または空薬莢だけ残っていたのか、あるいは何も残っていなかったかだ。銃弾が装填されていたら、最後の射撃のあとで犯人はレバーを引いたことになるし、空薬莢だけが残っていたら、最後の射撃のあと何もしなかったことになるし、何も残っていなかったら、最後の射撃のあとレバーを引いて空薬莢は出したものの新しい銃弾は装填されなかった、つまり、弾倉には次の銃弾が準備されていなかったことになる。

これは暗殺事件を検討するうえで重要な問題だ。最後の空薬莢は排出したけれど、次の銃弾が弾倉に入っていなかったということは考えられない。委員会が認めたように三発の空薬莢が三つであるためには、狙撃手は最初から弾倉に三発の銃弾しか入れていないことになる。射撃を成功させるには、弾倉に銃弾を満たしておくか、最低の予想射撃数よりも二発でも三発でも余計に入れておくのがおそらくは常識だろう。的を外すことは十分にあり得ることだし、その場合には当然改めて撃ち直すということを考慮しておかなければならないからだ。

今回、多少必死になって、委員会の遺した資料のなかに、六階で発見されたときの銃についての証言を探した。そして、ダラス警察のフリッツ警部がこの銃から装填されたまま残っていた銃弾を回収していたことを発見した（『別巻』Ⅳ、二〇五頁。『別巻』Ⅶ、一〇九頁）。つまり、六階に銃を置いた男は、三発を撃ったあとレバーを引いて新しい銃弾を装填していたことになる。四発目は撃たなかったけれど撃つつもりで行動した。これで六階に落ちていた空薬莢の数と委員会の言う「射撃は三発」が一致する。

これで三発の空薬莢の謎は解けたのだが、ブレナンの証言とまったく合わないことになる。三発の空薬莢はあくまでも狙撃手がいたはずの窓際に見つかった。ということは最後の狙撃のあと、狙撃手は右手でレバーを引いていなければならないのだ。しかし、ブレナンは男が右手で銃を操作したのは見ていない。ブレナンが間違っているのか、あるいは他の何かがおかしいのか、だ。

いずれにしろ、この辺りのことに委員会が気づかないはずはない。ブレナンの証言を検討すればするだけ、ありえないことが出てくるのだ。なぜ委員会は概要の結論部分1.（a）（本書、五〇頁）で彼の証言を真っ先に取り上げたのだろうか。「射撃直後の窓にライフル銃を見た者がいた」と。

さて、ブレナン証言の疑惑の五つ目だが、これは事件当日の夕刻、ブレナンがダラス警察本部に呼ばれ、いわゆる「面通し」をさせられているときのことだ。そのときに彼は躊躇《ちゅうちょ》なくオズワルドを六階窓の男だと認定した。このことも委員会が彼を信じる要因になっていた。

しかし、ブレナンが聴聞会で証言したところでは、当日午後七時、面通しに加わったとき、すでにオズワルドの顔をティピット巡査殺害容疑者としてテレビで見ていたという（同書、一四八頁）。これでは面通しにならないし、ブレナンの指摘は意味がないことになる。

驚いたことに、ブレナンは午後二時四五分頃には自宅に戻っていて、オズワルドの顔写真をテレビで二度も見た（同書、同頁）という。これほど早い時間にオズワルドは、ブレナンのことばでは「巡査殺害容疑者」（同書、同頁）として全国に放映されていたのだ。これほどの短時間で「顔写真」を報道陣が入手できたのは、考えようによっては実に奇妙なことだ。

面通しの時点では、ブレナンは何の事件の容疑者が対象となっているのかは伝えられなかったという。しかし、七人ほどの男たちを目の前にしたときに、すぐにオズワルドのことだと思ったという（同書、同頁）。それはそうだろう。七人の男のなかから「見たことのある男」を選べと言われたら、オズワルドしかいないのだから。

しかし、ここでブレナンは自分が面通しに呼ばれた理由が、「ティピット巡査殺害」（同書、同頁）だと理解していたことを吐露している。しかし、ブレナンは巡査殺害事件の現場にはいなかった——つまり、彼には巡査殺害の容疑者を特定する資格はない。それなのに、委員会は彼の証言によって、ケネディ大統領暗殺容疑者が特定されたとしているのだ。

ダラス警察はこの時点、つまり一一月二二日の午後七時には、オズワルドをケネディ殺害犯として決めていて（まだ公表はしていない）、その目撃者をブレナンだと特定している。ウォーレン委員会はこのダラス警察の杜撰《ずさん》さ、あるいは違法性をこそ問題にするべきだった。

さらに言えば、ブレナンは面通しが非常に怖かったという。その理由を聞かれた彼は、オズワルドが共産党員で仲間がいるから、自分が彼を「見た男」として指定したら、後日、自分や家族に危害が加えられるのではないかと恐れたと答えているのだ（同書、同頁）。これもオズワルドに関する情報が伝わった速さに驚くしかないが、テレビであれ何であれ殺人容疑のかかった男の顔を見て、しかもその男の思想的背景まで熟知していたブレナンの面通しに、いったいどのような意味があったのだろうか。

最後の六点目だが、ブレナンは聴聞会で、突然、「一月（暗殺後の一九六四年）に視力回復の手術を受けた」（同書、一四七頁）と発言した。担当官は「そう言えば、以前かけていなかった眼鏡を、今日はかけていますよね」と聞いた。ブレナンは眼鏡を必要とするように手術したと答えた。手術したから眼鏡が必要になったのではないのだろうか？　その意味では実に奇妙な答えだ。だが、これを受けた担当官は「では、手術前には遠視だったのですね」と念を押す。ブレナンは「ハイ」と答えている。

視力回復手術は現在でも視力に異常がある場合に施されるものだが、ここで質問者ベリンは大きな勘違いをしていることが明らかだ。ごく普通に誤解されていることだが、近視は近くが見えるが遠くが見えにくい、そして遠視はその逆で、遠くが見えるが近くが見えにくいと――。「遠視だったのですね」という彼の念押しは、手術前には遠視だったからオズワルドを認識できた、と結論しようとしているとしか思えない。ブレナンが視力回復手術を受けたという事実から言えることは、暗殺事件当時、彼は眼鏡では十分でなく手術を必要とするほどの近視か遠視（遠くがよく見えるというわけではない）だったことになる。つまり、道路上から六階の人物の容姿や行動など判別不能だったのではないかという疑いが非常に強くなる出来事なのだ。

委員会がしなければならなかったことは、病院から手術前のブレナンの視力検査の記録を入手することであり、それだけが、彼の証言の信憑《しんぴょう》性を判断する材料だったはずだ。委員会は最も重要な資料を集めようとさえしていなかったのだ。

3. ブレナン以外の目撃者

実は教科書倉庫ビル内に「人影」を見たという目撃者はブレナンだけではない。アモス・ユーイング、ロバート・エドワーズ、ジェイムズ・ウォレル、ロバート・ジャクソン、マルコム・カウチ、リチャード・カー、アーノルド・ローランド、カロライン・ウォルザー、ジョニー・パウエルという九人がいたことが判明している。

ユーイングは当時高校生だったが、ブレナンに近いところにいた。白人か黒人かは分からないが、「頭頂部が禿げた男が窓から銃を撃つのを見た」（『別巻』Ⅱ、二〇四頁＋二〇七頁）。彼は四発撃ったという。当然、全部で「四発」の銃声を聞いた（同書、二〇四頁）という。彼は目撃した男がオズワルドとは特定しなかった。

ただ、彼は四発と繰り返した。最後を撃ったあとは銃を引っ込めて、男の姿は見えなくなった。自分も教科書倉庫ビルのほうに道路を渡ったと言った（同書、二〇五頁）。彼の発言は当然三発説を否定することになる。オズワルドの銃では四発撃つのはほぼ不可能だ。委員会は彼の発言を完全に無視した。

次のエドワーズはパレード到着前に男が窓際に立っていたのを見たが、銃は見なかった。

エドワーズは人の頭だけを見た。ウォレルは続けざまに四発の銃声を聞いた。そして、教科書倉庫ビルの東の五階か六階の窓に銃を見た。そして、最後の銃声のあと三分ほどして、二〇代半ばか後半の男で、五フィート七インチ（一七〇センチ）か五フィート一〇インチ（一七七センチ）の身長のやせ形（一五五ポンド＝七〇キロ）の男が教科書倉庫ビルの裏口から走り出て来るのを見た（『別巻』Ⅱ、九六頁）と言った。その時には顔を見なかったが、後日の新聞でオズワルドだと確信した。ダークグレイの替え上着を着ていたという（同書、同頁。教科書倉庫ビルを去ったあとにオズワルドを見たという証人は彼の上着については語っていない。シャツ姿だったという）。

ジャクソンとカウチはともにジャーナリストで大統領車の後ろ六番目の報道人用の車のなかにいて、たまたま倉庫ビルの上階を見上げたときにライフル銃らしきものを見た。二人とも銃声は三発だったと証言している（同書、一五九頁）。

カーは教科書倉庫ビルの反対側の建築中のビルの六階にいて、パレード到着前に、帽子をかぶり黒縁の眼鏡をかけた男を見た。事件後、この男が二ブロック離れたところで黒人の男が運転していた車に乗って行ったとFBIに証言した（Benson, 三八頁）。

ローランドは夫人とともに現場にいた。銃らしきものを持つ男を倉庫ビルのなかに見たが、シークレット・サーヴィス、もしくはFBIの大統領護衛の人員だと思っていた（『別巻』Ⅱ、一七五頁）。ウォルザーもパレード到着前に男二人を別の窓のところに見たという。四階か五階か不明だった（『別巻』XXIV、五二二頁）。

パウエルは教科書倉庫ビルのヒューストン通りの反対側にあった郡の刑務所に収監されていた。倉庫ビルのなかにライフル銃をもてあそぶ男を見たという。パレードの到着前だ。彼のことは地元の『ダラス・モーニング・ニューズ』紙が報じていたが、ウォーレン委員会が興味を持つことはなかった。

ブレナンの目撃証言がいかに際立っていたかは明らかだろう。射撃中の男の様子に最も詳しいし、委員会が最重要視するのも分からないではない。しかし、そのブレナンの証言がいかにいい加減なものだったかは指摘したとおりだ。このいい加減さを明らかにするのが委員会の本来の役割だったはずなのだ。

第4章　マリオン・ベイカー巡査

射撃のあと、当然現場は大混乱に陥った。その混乱の最中、一人の白バイ巡査がいち早く行動した。マリオン・ベイカー巡査だ。ダラス市内の高校を卒業後すぐに結婚し、いくつかの職業を転々としたあと、警察学校での訓練を受け、事件の一〇年ほど前に警察官となり、七年ほど白バイ巡査として勤務していた、当時三三歳の警察官だ。

ベイカー巡査は大統領車のおよそ一〇〇メートル後ろの報道陣の乗った乗用車を護衛していた。メイン通りから右折してヒューストン通りに入ったときには、大統領車がちょうどエルム通りで左折したところだった。自分が左折するまで六〇メートルほどというところで、銃声を聞いた。目の前の教科書倉庫ビルの屋上から鳩が一斉に飛び立つのを見た彼は、射撃はその倉庫ビルからだと判断した。スピードを上げて車列を離れ、エルム通りを越えてすぐのところでバイクを停め、走って倉庫ビルの入口に向かった。逃げてくる群衆がいる混乱のなかで、彼らをかき分けて進んだという。このときパレード見物のためにビルの外にいた管理人のロイ・トルーリーが、自分の横を走り過ぎた巡査を見て後を追い、表玄関から建物内に入った。（以下の文章中の引用に付けた註はべイカーの聴聞会記録と後述する倉庫管理者であるトルーリーのそれとによる。トルーリーの聴聞は一九六四年三月二四日、ベイカーのそれは翌三月二五日に実施されている)。

一階へのスウィングドアの前で、トルーリーは巡査に追いついた。「階段はどこだ?」と巡査は言った。聴聞会でのトルーリーの証言では、彼がすぐに「こっちです」と答えて一階に入り、フロアを斜めに横切って、北西の階段まで案内したという(『別巻』Ⅱ、二二一頁)。ベイカー巡査は、委員会に対して、トルーリーに案内されて「荷物運搬用のエレベーターを使おうとした」(『別巻』Ⅱ、二四九頁)と言った。トルーリーが上階にあったエレベーターを降ろすためにボタンを押したが、降りて来なかったという。この荷物用エレベーターは降りた者が手で扉を閉めておかないと作動しない仕組みになっていた。

トルーリーはボタンを二度押し直した(同書、同頁)。彼は上階に人の気配を感じて、「エレベーターを動くようにしろ!」(同書、二二三頁)と大声で叫んだ。二度叫んだという。ベイカーの証言ではトルーリーが叫んだことには言及されていない。それでも降りてこないので、「階段だ」とベイカーが言ったという(同書、同頁)。この辺りの二人の説明は多少異なるが、すぐに階段に向かった二人はこれを駆け上り出した。「とにかくテッペンにとだけ思っていました。何かあるはずだから」(同書、二五〇頁)とベイカーは説明する。

そしてトルーリーが先導して二人は階段を上った。階段の二階は踊り場となっていて、このフロアを少し移動しないと上階に行けないようになっていた。二階に着いた二人は教科書の入った段ボール箱を避けながら三階へと続く階段の入口に向かった。トルーリーがこの階段を上り出したところで、ベイカー巡査が付いてこないことに気づき、彼は二階のフロアに戻った。階段の反対側にある食堂から声が聞こえたという（同書、二二四頁）。彼は入口の扉を開けた。そこでベイカー巡査がオズワルドにピストルを向けて、彼と一メートルほど離れて対峙しているのを見た。ベイカーは振り返ると、「この男はここで働いているのか？」（同書、二二五頁）と聞いた。トルーリーが「はい」とだけ答えると、ベイカー巡査はそのまま階段に戻り、上階に向かったという（同書、二五一頁）。

トルーリーもベイカーもこのときのオズワルドに関して同様の証言をしている。トルーリーの証言によると、オズワルドは少し驚いた様子だったが、ごく落ち着いて表情を大きく変えることはなかった（同書、二二五頁）。そのあとで彼は付け加えた。誰でも巡査が近づいてくれば驚きます、と。ベイカー巡査の証言ではオズワルドは「普通だった」、「表情を変えることもなかった」（同書、二五二頁）という。そして、二人ともオズワルドは呼吸も普通で興奮した様子もなく、一言も発しなかったと証言した（同書、二二五頁＋二五一頁）。

以上がベイカー巡査とトルーリーがオズワルドと遭遇した状況について、ウォーレン委員会の聴聞会で語ったことだ。だが、この証言では一つ重要なことが抜けているのだ。それは二人がオズワルドを見たとき、彼は手にコカ・コーラの瓶を持っていた、と事件直後から報じられていたのに、証言では瓶に触れられていない。オズワルドが立っていたとベイカー巡査が指摘した場所にはコカ・コーラの自動販売機があった。巡査の話ではオズワルドはその販売機の横にいて、自分が声をかけたので近寄って来たと言っている（同書、二五一頁）。

事件翌日の報道では、「オズワルドはコカ・コーラの瓶を持っていた」と明確に報じられている。基本的に、最初の報道ではオズワルドはコーラを飲んでいたとされていたのだ。したがって、ベイカーとトルーリーの委員会証言の前にすでに日本で公刊されていたブキャナンの『誰がケネディを殺したか』でも、六階から下りてきた犯人は「ポケットを探して必要な額の小銭を掴み出し、コカコ《ママ》ーラ販売機にいれ、センを抜き、すでに飲み出していた」（ブキャナン、一〇〇頁）と書いてある。また、ダラス警察のウィル・フリッツがオズワルドに尋問したあとに書いている報告書には、「巡査が（食堂に）入ってきたとき、二階にいてコカ・コーラを飲んでいたと彼（オズワルド）は語った」とあるのだ（『報告書』、六〇〇頁の写真資料）。

　さらに、一九六四年九月二四日、ウォーレン委員会もその仕事を終えたあとで、ベイカーはダラス警察で調書を書き残している。正確に言うと、彼の供述を別人が聞き取り書きをし、そこにベイカーが訂正の署名をしている資料が残っている。この資料を最初に公開したのはデイヴィッド・リフトンだが（David Lifton. *Best Evidence*. N.Y.: Dell Publishing Co.. 1980. p.449. 拙訳『ベスト・エヴィデンス』上巻、四二八頁）、いまはインターネットで映像として確認できる（jfk-archives.blogspot.com）。これによると、「彼（オズワルド）はコーラを飲んでいた」と書かれている文章に二重の線が引かれ、ベイカーのサイン（頭文字）が挿入されている（図7）。

　この文書が作成された詳細な状況は不明だが、少なくとも、ベイカー巡査はコーラの件を供述し、誰かがこれを筆記した。その後、確認のために読み返したベイカーが何らかの理由でこの部分を訂正したと考えられる。

　些細なことのようだが、この件が重要なのは、オズワルドとベイカーが倉庫ビルの二階で出会っ

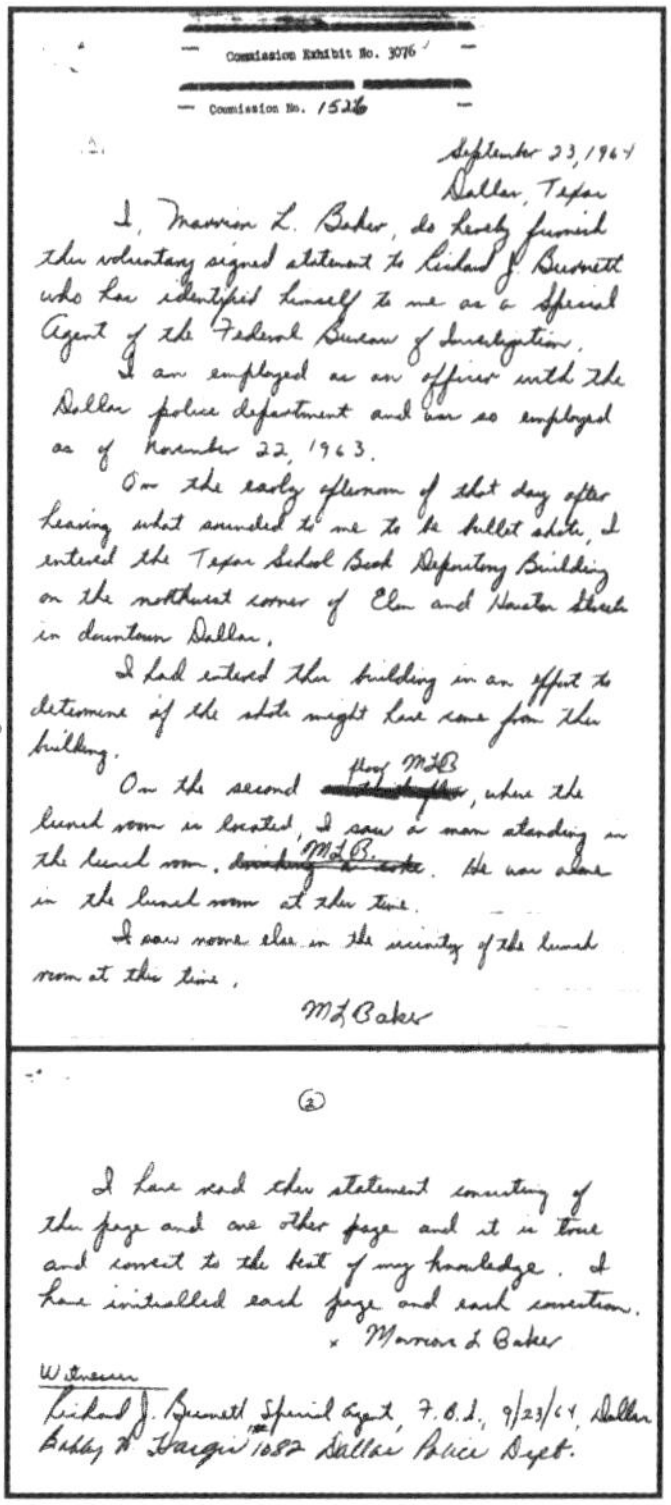

Commission Exhibit No. 3076

Commission No. 1526

September 23, 1964
Dallas, Texas

I, Marrion L. Baker, do hereby furnish this voluntary signed statement to Richard J. Burnett who has identified himself to me as a Special Agent of the Federal Bureau of Investigation.

I am employed as an officer with the Dallas police department and was so employed as of November 22, 1963.

On the early afternoon of that day after hearing what sounded to me to be bullet shots, I entered the Texas School Book Depository Building on the northwest corner of Elm and Houston Streets in downtown Dallas.

I had entered this building in an effort to determine if the shots might have come from this building.

On the second floor MLB ~~third or fourth floor~~, where the lunch room is located, I saw a man standing in the lunch room ~~drinking a coke~~ MLB. He was alone in the lunch room at this time.

I saw no one else in the vicinity of the lunch room at this time.

M L Baker

(2)

I have read this statement consisting of this page and one other page and it is true and correct to the best of my knowledge. I have initialled each page and each correction.

x Marrion L. Baker

Witnesses
Richard J. Burnett Special Agent, F.B.I., 9/23/64, Dallas
Bobby W. Hargis 1082 Dallas Police Dept.

図７　供述書。１頁目の下から４行目の訂正箇所。イニシャルの下に “drinking a coke” と書かれている。

図８　教科書倉庫ビル２階の階段踊り場。正面のドアのガラス窓にベイカー巡査は人影を見たという。

た時間に深く関わるからだ。

ベイカーは白バイを教科書倉庫脇の道路端に止めると、人混みを分けて倉庫内に入った。トルーリーに従って階段を上り、二階のフロアに着いて三階への階段に向かおうとしたときに右手のドアにある窓ガラス越しに人影を見た（図８）。それでそのドアを開けたというのだ。ベイカーは終始一貫して自分がオズワルドと遭遇したのは最後の銃声のあと、一分半ほどしたときだったと主張した。倉庫ビル一階でエレベーターを待つ時間を無駄にしたはずなのだが、彼の主張は変わらなかった。

そのために、調査中に問題になったのが六階で大統領を狙撃したオズワルドが銃を段ボール箱の間に隠し、階段を二階まで下りて、ベイカーより少しでも早く食堂に飛び込めるかという問題だった。ウォーレン委員会は『報告書』の概要で「射撃から二分は過ぎていなかった」（本書、二八頁）と書いているが、ブキャナンが早々に指摘していたように、オズワルドとベイカー巡査の「かけっこ競走」があったはずなのだ。委員会としては、オズワルドが絶対に先に二階食堂に到達していなければならなかった。

この競走は委員会の現場検証で試された。一度目の検証ではベイカー役の係官が二階に到達するのに一分三〇秒かかった。二度目は一分一五秒だった。そして、オズワルド役の人物が六階で銃を隠して、ごく普通の速度で「歩いて」二階の食堂に下りるのに一分一八秒、二度目の検証では「早歩き」で一分一四秒だったという（『報告書』、一五二頁）。検証ではオズワルドが先に食堂に到着できることが判明した。

しかし、その差はごくわずかだった。検証については、エレベーターを待つ時間を入れたのかどうかなど詳細が不明なので批判するのは難しいが、たとえば食堂出入口の二枚あるドアの外側のドアは「自動式」になっていて、開いたあと閉じ始めてから閉まるまで優に三秒ほどかかるという（Barry Earnest. *The Girl on the Stairs*. Ky. 2010. p.65.）。トルーリーがベイカー巡査の前を走って食堂前を過ぎ、階段を上り出していたわけだが、彼は後日、ドアは普通に「閉まっていた」と言っていた（同書、同頁）。何も異常は感じなかったと。つまり、オズワルドが食堂内に入ったのは、少なくともトルーリーが通る五秒ほどは前になる（三秒で閉まるドアが異常ない状態でしっかりと閉まっていることを考慮すると――）。

また、『報告書』は検証のときに、オズワルド役のシークレット・サーヴィスの係官ホーレットに速足と通常の速度とで「歩かせて」いる。それでわずか四秒の差というのは奇妙だが、ウォーレン委員会が、実際には「競走」させていないことには注目する必要がある。

常識で考えると、誰であれ犯罪を犯したら「逃げる」はずである。逃げるとすれば「走る」ことになるはずだ。次章で改めて扱うが、ウォーレン委員会は調査のある時点で射撃を終えた人物は走ってはいけないことに気づいたのだろう。走れば「足音」がする。木造階段だから相当な音のはずだ。だが、「オズワルド」の足音は誰にも確認されていない事実があるのだ。これは委員会を悩ませたはずだ。足音がないために検証時には「歩かせるしか」なかった。それでも、巡査より先に食堂に到着できることが確認できたことで、委員会は相当に気が楽になったはずだ。

先に着いたオズワルドは自動販売機からコカ・コーラを購入して、すでに飲んでいた。

検証時の時間差からも明白だが、果たしてこれが可能なのかは、やはり問題として残る。自販機は六〇年代初頭のもので、現在のように缶入りのコーラが出てくるものではない。あの独特の形をしたガラス瓶入りのコーラを販売するものだ。ブキャナンの引用にあったように、オズワルドは小銭を出して（まだ釣り銭も出ない時代だ）機械に入れ、出て来た瓶を拾い上げ、自販機についている栓抜きに瓶の口を当て、これを押し下げて栓を抜かなければならない。急ぐとコーラの中身が噴出してくるので、かなり落ち着いて作業をする必要がある。この瓶から一口二口飲んだところでベイカーと遭遇した。これは検証で確認された秒差では無理だと、常識で分かるはずだ。

オズワルドが「走れば」この秒差は広がり、余裕が生じるが、委員会は足音の関係で「走っていない」ことにしなければならなかった。どうしてもコーラは無理だ、ありえない――そう判断して、どこかでベイカー巡査にコーラの件は語らせないことにし、トルーリーには知らないことにさせた、と考えられないだろうか。

ベイカー巡査は、その後、ここで偽証せざるをえなかったことを後悔していたのだろう。それが、ダラス警察での供述で、多分つい正直にコーラに触れてしまった（現実に見ていたのだから正直に話せば、当然触れるだろう）。そのあとで、委員会との約束を思い出して、この部分に二重線を引き、訂正のためのイニシャルを記入したと考えることは十分に可能なはずだ。

ウォーレン委員会は自分たちの審議さえ記録していない（一応記録されてはいるが、発言の概略のみだ）のだから、こうした裏工作に関しては何も確認する手段はない。だが、ベイカー巡査には追及されては困る弱みがあったはずだ。その弱みとの引き換えにコーラに目をつぶったのだ。

ベイカー巡査はトルーリーとともに倉庫ビル内に入ったときから「上階」（彼のことばではtop）に行くことだけを考えていて、実際にそうした。しかし、この行動は、事件の初動捜査に当たる警察官としてふさわしい行為ではない。彼は倉庫ビルに突入した最初の警官で、しかも、彼ただ一人だった。誰もが気づくはずだが、建物の上の階に犯人がいる場合、一階ですべてのエレベーターと階段を見ることのできる場所にいれば、逃げて来る犯人を捕まえることが可能だ。複数のエレベーターがあり、階段も二ヵ所ある建物で、勝手に階段を上って行ったら、別ルートで下りて来る犯人と行き違う可能性は相当に大きい。

別の警官がいたら、一階の監視を頼んで自分が上階に上がることは可能だ。だが、ベイカーはたった一人だった。でも、階段を上った。

これは彼の大きなミスだった。そしてもう一つ。彼はオズワルドにまったく不審を抱くことなく、彼を自由にしてしまった。オズワルドが犯人だと決めるうえで、ベイカー巡査のこの不手際は警察官失格に相当するほど、大きなものだった。

この二点を委員会は追及しない、でも代わりにコーラに関して口を開くな――この申し出があったとすれば、これほどの幸運はない。自分は一切非難されない。そして、現実に一度も非難されなかった。否、委員会は完全にどちらの不手際についてもベイカーを追及しなかったし、「この男は手に何も持っていなかった」（本書、一〇三頁）とわざわざ書いた『報告書』を信じた報道陣も以後、この問題を取り上げることはなかった。

オズワルドが最初に持っていたはずのコカ・コーラは記録から消えた。だが、実はコーラの瓶を見た女性がいたのだ。リード夫人だ。この女性の名前はREIDと綴るのだが、リード、ライド、レイドと読み方は様々で、彼女の場合、正しい読み方は明確に示されていない。とりあえず一般的なリードにしておく。彼女は教科書倉庫の事務管理主任で倉庫ビルの二階で働いていた。一一月二二日は食堂で弁当を食べたあと、特に大統領夫人を見たくて外に出たという。ジャクリーン夫人の服と仕草に感動していたときに銃声を聞いた。すぐに倉庫ビル内に駆け込み、正面入口横の階段から二階の自席に戻ったという。少しすると（証言では最後の狙撃から二分ほどと答えている。『別巻』Ⅲ、二七五頁）オズワルドが現れた。彼女は「大統領が撃たれたわ。でも命中したかどうかは分からないけど」（同書、二七四頁）と話しかけた。するとオズワルドは何か言った。しかし、彼女は特に聞き返そうとは思わなかったという。彼は非常に落ち着いていたので、狙撃そのものとは無関係だと思ったためでもある（同書、同頁）。でも彼が歩いて過ぎていくときに両手でコーラの瓶を持っているのを見たのだった。最初、彼女は彼が小銭への両替を求めて来たと思ったという。でも、すでにコーラを両手で持っていたので、干渉しなかった（同書、同頁）。

コーラの瓶は確かにあったわけだ。しかしウォーレン委員会は、このコーラはオズワルドがベイカー巡査と遭遇したあとで購入したとすることで、辻褄《つじつま》は合うと判断したのだろう。誰もがそう思うかもしれない。しかし、それでも問題が二点ある。

一つは時間だ。リード夫人は最後の射撃から二分ほどでオズワルドが現れたという。彼女はこれを二度繰り返した（同書、二七五頁）。もちろん、ストップウォッチを持っていたわけでもないし、委員会は時間を測定した方法を確認しているわけではない。しかし、彼女の感覚では狙撃からかなり早い時間だ。ベイカー巡査は一分半ほどでオズワルドに会ったという。オズワルドと対峙し、トルーリーがやって来て従業員かどうか確認して、オズワルドは自由になった。ここでコーラを前述したような手順で買う時間はあるのだろうか。

もう一点は、確証は何もないが、常識で判断して、これから建物を出て「逃げて行こう」とする男（オズワルドが犯人と仮定して）が、警官が去ったあとにわざわざコーラの瓶を買うだろうか。いまのようなアルミ缶ではなく、かなり重さのあるガラス瓶だ。逃走には相当に邪魔なはずだ。わざわざ自販機から買うのであれば、飲む時間が十分にあるときだろう。当然、食堂で多分椅子に座って飲む――が常識なのではないか。とすると、やはり、ベイカーに遭遇したときには瓶を手にしていたと考えるほうが理屈に合うのではないだろうか。警察官と出会ったことで、何らかの不都合を感じたために、彼はすぐに倉庫ビルを出ることにした。コーラの瓶を持ったままで。片手ではコーラがこぼれる。だから「両手で」しっかりと持って歩いて行ったのだ。

しかし、委員会では何かが起きていたのだ。誰が何と言おうと、オズワルドが犯人なのだ。だから瓶は突然どこかに消えた。特に報道陣の記憶から、また、その後の暗殺研究家という人たちの記憶から――。

第5章 「足音」の検証——委員会の犯罪

ここで先に進む前に、前章で大きな問題としていた「足音」を検証しておきたい。

『報告書』によれば、オズワルドは射撃後、六階のフロアを横切って（というより縦断して）、段ボール箱の隙間にライフルを隠し、そして近くの階段（倉庫ビル北西角）で二階に下りたという。これがベイカー巡査との「かけっこ」となっていただろうということは前章で説明した通りだ。ウォーレン委員会も当初はオズワルドは階段を「駆け下りた」と考えていたはずだ。ベイカー巡査より先に二階に到着していたと証明しなければならない以上、そう考えるのは当然だ。

ただ、倉庫ビルの従業員は全員大統領を見るためにビルの外にいて、内部にとどまっていたのはオズワルドだけ、と何となく誰もが考えてしまっていたのではないだろうか。しかし、実際にはオズワルドだけではなかった。五階では三人の黒人作業員が窓からパレードを見ていた。ロニー・ウィリアムズ、ハロルド・ノーマン、ジェイムス・ジャーマンだ。三人とも階段の音は聞かなかったという。トルーリーとベイカー巡査を見てはいた（『別巻』Ⅲ、一六三頁）。当時、倉庫ビルの五階と六階の床を修理していたロニー・ウィリアムズは一二時二〇分まで六階で弁当を食べていたが、誰も見なかったと言っていた(『別巻』Ⅲ、一六七頁)。

この証言は非常に重要なはずだ。ウォーレン委員会は無視した証言だが、もしウィリアムズの言うことが事実なら、次の疑問が生じるからだ。

それは、委員会が言うオズワルドが身を隠すために段ボール箱を積み上げて築いた壁(図9)は、誰が、いつ、準備したことになるのだろうか、ということだ。ウィリアムズは昼食を取りながら、何も異常は感じていなかったのだ。パレードの教科書倉庫前の予定通過時刻は一二時二五分だったから、実に重要な証言だ。この時間に六階で確認されていなかったオズワルドが、ウィリアムズが立ち去ったあとのわずかな時間で、あれだけの段ボール箱、当然教科書の入った重い箱を一人で積み上げることなどできるはずはない。まして、そのうえで狙撃の準備だ。これは絶対にありえない。

図9　警察発表による「狙撃手の巣」

教科書倉庫ビルに残っていた人たちには、四階に入居していたある企業の事務職員の女性四人もいた。この女性たちはヴィッキー・アダムズ、エルシー・ドーマン、ドロシー・ガーナー、そしてサンドラ・スタイルズである。この四人は事務室内で昼食を終え、大統領のパレードは窓から見ることにして外には出かけなかった。ヴィッキー・

アダムズとサンドラ・スタイルズの二人は狙撃を確認すると、一緒に外に出ることにした。この職場の責任者だったドロシー・ガーナーは事務所にとどまることにした。

ヴィッキー・アダムズはこの日三インチ（七・六センチ）の高さのハイヒールを履いていたために、階段を走って下りるのは大変だったようだ。後日の述懐では、彼女たちは「動きは早かった。でも走ってはいなかった」（Barry Ernest. 三五五頁）と語っている。だが、下りるときには「大きな音がした」という（同書、三三六頁）。スタイルズもハイヒールだったが、ヒールの高さを確認する資料は残っていない。二人は一階に下りて北側裏口から外に出た。

外に出たヴィッキーたちだが、彼女が委員会に証言したところでは、大勢が高架のほう（つまり、西方向）に向かっていたのでついて行ったという。しかし、すぐに警官に止められ、倉庫ビルの表玄関にヒューストン通りを経て戻った。スタイルズはそのままビル内に入ったのだが、ヴィッキーは入口のところに停車していたパトカーから漏れる「狙撃が教科書倉庫から」という声を聞いて立ち止まった。同時に、すぐ近くに一人の男を見た。後日テレビでその男を見て驚いたという。それがのちに大統領殺害容疑者、オズワルドを射殺したジャック・ルビーだった（同書、三九三頁）からだ。

ヴィッキーはスタイルズに遅れて倉庫内に戻った。委員会の聴聞会で、「倉庫に入ったときにシェリーとラヴレディを見たか」というアーネストの質問に、彼女ははっきりと「いいえ」と言い、さらに続けて、「私が言えるのは、一階に着いたときには、シェリーもラヴレディも絶対にいなかったっていうことよ」（同書、三五四頁）と断言したのだ。この発言は重要だ。なぜなら、次に触れるように、この話は『ウォーレン報告書』にある彼女の証言記録とはまったく異なっているからだ。証言記録には彼女はビル・シェリーとビリー・ラヴレディを見たとあるのだ。このことは後述するが、ここで記憶しておいてほしいのは、ヴィッキー・アダムズの証言は、オズワルドと同じ階段を同じときに下りたのに、彼の足音を聞かなかったし、彼の姿も見なかったという点で重要だったということだ。

このヴィッキーの聴聞は一九六四年四月七日にダラス市内で行われた。階段で一階に下りたときに誰かを見たかという質問に、彼女は「ビル・シェリーとビリー・ラヴレディを見た」と言った（『別巻』VI、三三九頁）と記録されている。教科書倉庫ビルの一階を示した図面を提示され、二人を見たのはどこで、二人はどこにいたかを示せ、と言われたヴィッキーは「ここだ」と示したようだ。

別巻に載っている聴聞記録では、図面は掲載されていないし、ヴィッキーの実際の動作も分からない。だが、奇妙なのは、この図面を示したベリン調査官は、わざわざ「ここに委員会証拠物件四九六番がある」と彼が提示した図面の証拠番号を口にして、記録させているのだ。この聴聞記録だけを読む限りでは、質問内容に特に問題はないようだが、実はこの証拠物件四九六番は教科書倉庫会社へのオズワルドの雇用申請書なのだ（『別巻』XVIII、二一〇頁）。建物の図面ではない（図10）。聴聞会でこれを見せられたことになっているヴィッキーが「ここだ」と言ったというのは、どう考えたらよいのだろうか。ヴィッキーの証言記録はでたらめなのだろうか。

『報告書』を編纂《へんさん》しているときの不手際なのか、捜査担当官ベリンが大きな間違いを犯したのかは分からない。しかし、このような質問がまかり通ってしまっているほど、委員会はいい加減だった。というより、校正の機会もあったはずなのに、それすら怠っていたということなのだろうか。

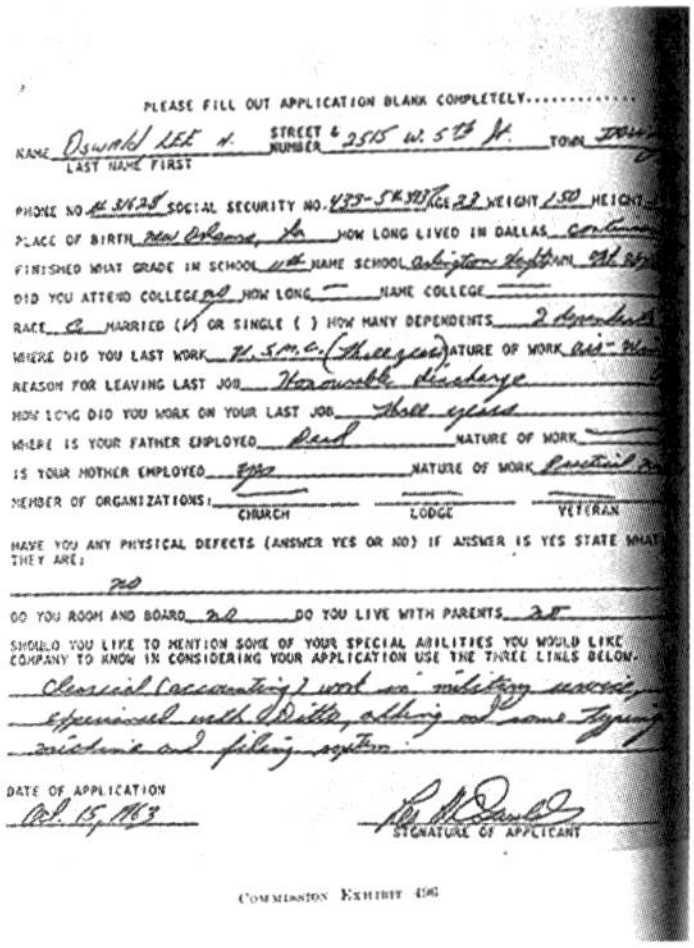
PLEASE FILL OUT APPLICATION BLANK COMPLETELY

NAME Oswald LEE H. (LAST NAME FIRST) STREET & NUMBER 2515 W. 5th St. TOWN

PHONE NO SOCIAL SECURITY NO. AGE 23 WEIGHT 150 HEIGHT

PLACE OF BIRTH New Orleans, La HOW LONG LIVED IN DALLAS

FINISHED WHAT GRADE IN SCHOOL 11th NAME SCHOOL Arlington Heights

DID YOU ATTEND COLLEGE no HOW LONG — NAME COLLEGE

RACE MARRIED (✓) OR SINGLE ( ) HOW MANY DEPENDENTS

WHERE DID YOU LAST WORK U.S.M.C. NATURE OF WORK

REASON FOR LEAVING LAST JOB Honorable discharge

HOW LONG DID YOU WORK ON YOUR LAST JOB three years

WHERE IS YOUR FATHER EMPLOYED dead NATURE OF WORK

IS YOUR MOTHER EMPLOYED yes NATURE OF WORK

MEMBER OF ORGANIZATIONS: CHURCH LODGE VETERAN

HAVE YOU ANY PHYSICAL DEFECTS (ANSWER YES OR NO) IF ANSWER IS YES STATE WHAT THEY ARE: no

DO YOU ROOM AND BOARD no DO YOU LIVE WITH PARENTS no

SHOULD YOU LIKE TO MENTION SOME OF YOUR SPECIAL ABILITIES YOU WOULD LIKE COMPANY TO KNOW IN CONSIDERING YOUR APPLICATION USE THE THREE LINES BELOW.

Clerical (accounting) work in military service, experienced with Ditto, adding and some typing machine and filing system.

DATE OF APPLICATION Oct. 15, 1963

SIGNATURE OF APPLICANT

COMMISSION EXHIBIT 496

図10　証拠物件496番（『ウォーレン報告書』より）

ヴィッキーの聴聞はそれほど重要ではなかったということなのだろうか。

　質問はヴィッキーがオズワルドと面識があったかへと移っていく。ここで注目してほしいのは、聴聞会記録によるとヴィッキーは四階から下りて来て、すぐにシェリーとラヴレディの二人を見たと言ったとされている点だ。これはあまりにも奇妙だ。

　私は個人的に長いこと、この証言が気にかかって仕方がなかった。というのは、ラヴレディはパレードを表玄関の外で見ていた事実があるからだ。偶然、報道写真に写っている。彼の風貌《ふうぼう》はオズワルドに似ているために、事件調査の早い時期にオズワルドが表玄関にいたことを示す写真がある、と騒ぎになったことがあった。のちにその写真の男はビリー・ラヴレディだと判明して、この問題は解決した。しかし、彼の名前は珍しいだけに私の記憶に残っていた。彼は狙撃時には表玄関の外にいた。

　ベイカー巡査とトルーリーが一階に飛び込んだとき（ヴィッキーは階段途中で二人に出会っていない以上、また、二階でのベイカーとオズワルドの「対面時」も目撃していない以上、二人が飛び込んだときよりもヴィッキーの方が早く一階に下りた、と考えられる）、一階には誰もいなかったはずだ。ベイカー巡査らは一階では誰も見ず、エレベーターを待つ時間さえ浪費していたのだから、ヴィッキーが言う二人の男、またはヴィッキーたちに気づいていてもよかった。

では、このときのことをシェリーとラヴレディの二人はどう説明しているのだろうか？ラヴレディは大統領車が倉庫ビル前を通り過ぎたとき、このビルの表玄関前にいた。銃声のあと、彼はいわゆる「グラシーノール」として有名になる西側の丘に上って行った。そこにはすでに大勢がいて、警官もいた。しかし、警官に何もないと言われて彼は倉庫ビルに戻った（『別巻』Ⅵ、三三九頁）。

ラヴレディの聴聞はヴィッキーと同日の午後三時五〇分に始まった。質問したのはボール担当官だ。

いきなり、ラヴレディは困惑する。どの出入口から戻ったかを聞かれて「トラックを停めておく入口」と彼が答えると、続けて「それは北側か」と念を押された。ラヴレディは「西側」と答えるのだが、ここで二人の認識がつながらなくなる。ボールは建物一階を示す図を持ち出して、どの入口かを示せと迫った。示された図（図11）には西側に出入口が書かれていない。混乱するのは当然だ。ボールはこの点を追及するが、彼自身も困惑している様子だ。西側だと言い張るラヴレディに「では、西側から入ったのだな？」と念を押し、「はい」という答えに、もう一度「どこからだって？」と聞いているほどだ。これにラヴレディは「二重のドアで、持ち上げるところです」と言った。このようなドアの存在を知らないボールは「えっ、二重ドア？」と聞き返している（『別巻』Ⅵ、三四〇頁）。

西側にはトラック用の積み出し口があったのだ。現在は暗殺博物館の増設による建物の改装のた

図12　事件当時の教科書倉庫ビルの空撮写真。西側から写したもの。図下の線路のさらに右下が「グラシーノール」に続く。

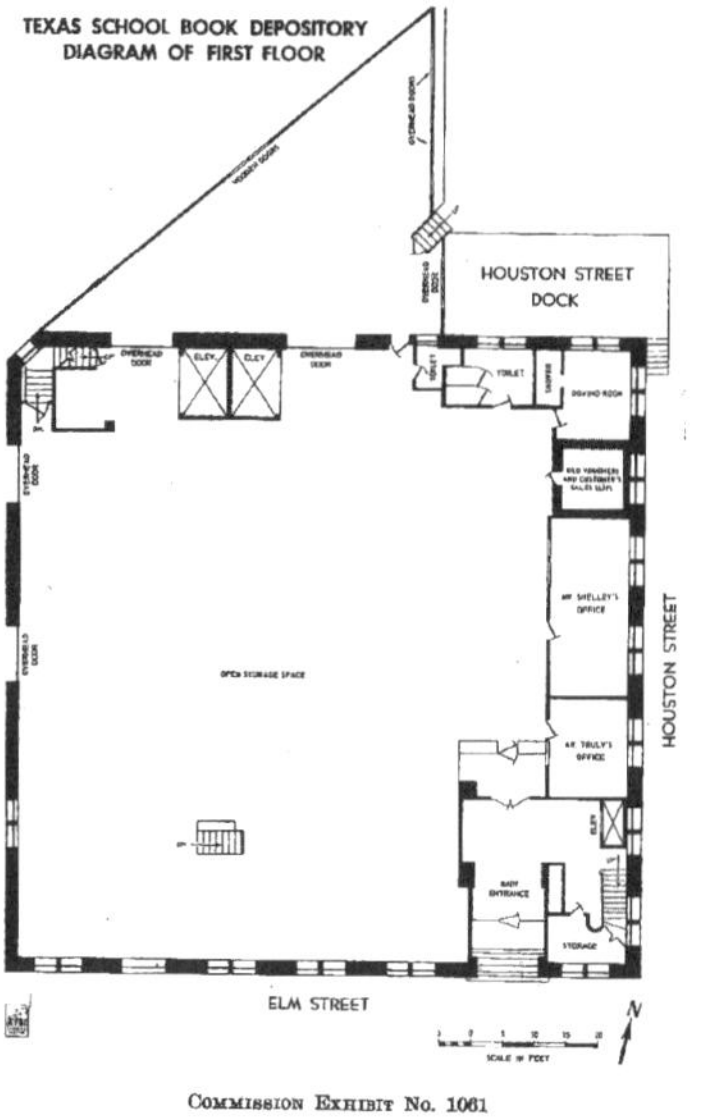

図11　ウォーレン委員会が作成した教科書倉庫ビルの見取り図だが、北側（図の上）の三角形の部分は実際にはない。むしろ、西側（図の左）にあるはずだ。図11の建物全体の写真と比べてほしい。

めに駐車場になってしまい、かつての面影はないが、それでも建物のレンガの色から、かつてこの部分に屋根があり、ラヴレディの言っていた出入口があったはずだと識別できる。彼に示された図では西側にあった出入口を北側に移動してしまっていた。当日の空撮写真（図12）は明らかに西側に屋根があり、鉄道の引き込み線により、ここに荷物の積み出しのための出入口があったと想像できる。誰が何の意図でしたのかは不明だが、図面はでたらめだったのだ。ラヴレディの困惑は理解できる。

ここで諦めたボールは話題を変え、建物内で誰かを見たかと聞いた。この質問に対するラヴレディの答えは実に興味深い。彼はこう言った。

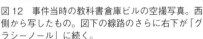

「二人の女性を見たけれど、それがヴィッキーだとは誓えません」（同書、同頁）

この発言はあまりにも奇妙だ。これまでの聴聞で、一度もヴィッキーの名前は出ていないのだ。女性（ラヴレディはなぜか a girl と言った）を見たと言うだけで十分なはずなのだ。それをなぜか自分からヴィッキーという名前を持ち出した。

当然のようにボールはその人は誰だと聞いた。ラヴレディは四階の会社で働いている女性と答えたが、苗字は知らないと言った。しかし、彼の供述を読む限り、彼女と面識があることは明白だ。ヴィッキーが彼女の供述ではっきりとラヴレディの姓名を言っていることから二人は「知り合い」であると断言できる。ただ、ヴィッキーがラヴレディのフルネームを述べているのに、ラヴレディが彼女のフルネームを知らない、それもボールに明らかにされても「だったら、そうかも」（同書、同頁）とだけ答えているのは気になる。ヴィッキーのアダムズという苗字が覚えにくいわけがないのだ。

聴聞の前に、すでに調査担当官とラヴレディの間でヴィッキーのことが話題になっていたのではないだろうか。おそらくは、ヴィッキーがそこにいたと明白に答えるように要請されていたのではないだろうか。あるいは誰もいなかったという答えでも委員会には都合がよかった。

考えれば、委員会にとってヴィッキーは実に厄介な証人だった。オズワルドとかち合う可能性のあるときに階段にいながら、彼の姿も見ていないし、逃げる足音も聞いていない（同書、三九〇頁）。そうなるとオズワルドは六階にいなかったことになってしまう。ヴィッキーと一緒だったサンドラ・スタイルズは、ヴィッキーと同じことを事件の当日警官に言っていた。そして四階の事務室にとどまったドロシー・ガーナーも、ベイカー巡査とトルーリーは開いていたドアから見たけれど、オズワルドは見なかったし、足音も聞かなかったと言っていたのだ（Ernest. 二八三頁）。ヴィッキーと同じ重要証人だろうが、この二人は委員会の聴聞会に呼ばれなかった。

委員会としては何としても、ヴィッキーの証言を誤りとし、彼女の勘違いとして済ませたかった。そこでラヴレディに彼女とは会わなかったと言わせたかったのではないだろうか。ラヴレディは一度はこの要請を受け入れたのだろう。しかし、同じ建物で働く女性で、しかも面識があるがゆえに、自分が嘘を言って彼女を貶《おとし》めるようなことはできなかったのではないだろうか。それが、「女性を見たけれど、ヴィッキーだとは誓えません」という実に奇妙な証言となったと考えられる。

これにはボールも委員会も困っただろう。しかし、ヴィッキーかどうかは確信がなくても、彼がgirlと呼ぶ若い女性がいたことは確実になった。しかも、その「ある女性」が、ラヴレディと行動をともにしていたビル・シェリーと話をしていたというのだ（ラヴレディは一旦ビルと名を出して、すぐにビルだったか誰だったかとことばを濁しているが（『別巻』Ⅵ、三四一頁））。

ヴィッキーの証言記録に戻ろう。一階に下りたときに誰かに会ったか、という質問に彼女はラヴレディとシェリーに会ったと言っている。すでに指摘したが、これはありえない答えだ。外から戻って一階に入ったときに二人を見たのなら理解できないこともない。

つまり、ヴィッキーは外から倉庫ビル内に戻ったときに二人の男を見たと言っていたはずなのだ。だが、委員会の誰かが、これを階段から下りてすぐにと書き換えたのだ。実際の記録ではこのときの質問で、ベリンは "When you got *down* to the first floor, did you see anyone there as *you entered the first floor from the stairway?*”（強調、土田）と聞いているのだが、しばらくあとの質問では、“When you got to the first floor ...”とだけ言っている。つまり、引用では斜字体で表した「階段から一階に下りて来たとき」という質問内容が、次には「一階に着いたとき」に代わっているのだ。おそらく、当日の質問では後者の方、つまり単純に“got to the first floor”（「一階に着いた」）と言っていたのではないだろうか。

それを誰かが最初の引用にあるように、“got down to the first floor”と down を挿入して上階から下りて来たような印象にし、しかも質問としてはかなりしつこくなるのだが、“from the stairway”と「階段から」、という文言を付け加えたのだ。これによって、ヴィッキーが階段から一階に下りた時点で二人の男性に会ったということがいやでも明白になるからだ。

委員会はこの箇所の発言をもって、ヴィッキーを「嘘つき」と断定し、彼女の証言は間違っている、よって不採用としたのだ。

繰り返すが、このヴィッキー・アダムズの証言は非常に重要だ。だが、これを真面目に検討すると、オズワルドを容疑者にすることができなくなる。オズワルドによる犯行としてしまいたいウォーレン委員会、そして当時のアメリカ政府（ジョンソン大統領も含めて）には到底認めることのできない証言なのだ。これを意味のないものにするにはヴィッキーを「嘘つき」にしてしまうしかない。それが聴聞会記録の書き換えだった。

論理的に整合性のない書き換え文になったが、そこまで細かく検討する国民はいなかった。ヴィッキー・アダムズの名前はコカ・コーラの瓶と同じく、いつの間にか消えてしまっていた。

二〇一〇年にバリー・アーネストが彼女の存在をいま一度明らかにするまでは——。

そう、右で述べたことは私自身が考えていたウォーレン委員会の謀略《ぼうりゃく》だった。それも、自分なりに納得がいく一つの結論だった。ヴィッキーとラヴレディの証言の食い違いを説明できるのはこれしかないと思っていた。だが、ヴィッキーの名前もいつしか私の記憶から消えつつあった。そんな折、バリー・アーネストの本、*The Girl on the Stairs* に出会った。

アーネストは事件から三年後の一九六七年、ケント州立大学の一九歳の普通の学生だった。ある日の昼食時に同じゼミにいたテリーという学生が、数日前にクラスで議論になった『ウォーレン報告書』のことで彼に話しかけたという。『報告書』の内容を信じていた彼に、テリーは *Playboy* 誌を渡して、中の記事を読めと言って去って行った。彼は食事を続けるのも忘れてその記事を読み、それを書いたマーク・レインに興味を持った。帰り道に本屋でレインの著書 *Rush to Judgment*（中野国雄訳『ケネディ暗殺の謎』徳間書店、一九六七年）を買い、夢中で読んで、ウォーレン委員会とは異なる見解があることを初めて知ることになる。その後、テリーが『報告書』の別巻二六巻の存在を伝え、大学図書館で読むように勧めてきた。アーネストは、突然ヴィクトリア（ヴィッキー）・アダムズの存在に興味を持ち、テリーともこの女性について語り合ったという。もしかしたらオズワルドと同じときに同じ階段にいた女性、そしてその後の調べで多くの出版物が「間違ったことを話している」と決めつけている女性のことが気になって仕方なかったのだ（Ernest. 六〜一三頁）。

アーネストはこうしてケネディ暗殺事件に没頭していく。しかし、現実の生活と、この女性を見つけられないことで、この問題はどうでもよいことになっていた。一九七八年、下院が調査委員会を立ち上げたときも、「当委員会は、ケネディ大統領は陰謀の結果殺害されたと信じる。しかし陰謀の証拠は手に入らなかった」（*Report of the Select Committee on Assassinations.* U.S. House of Representatives. 95th Congress. DC: Government Printing Office. 1979. p.95）という奇妙な結論の調査報告書が出たときも関心はなかったという。しかし、一九九一年、オリバー・ストーン監督が映画『ＪＦＫ』の制作・撮影を始めると伝わると、国中が再び暗殺の話題で満ちた。彼の関心も再び燃え上がったらしい。

彼は息子からパソコンの購入を勧められ、これを使ってヴィクトリア・アダムズを探し始めた。そして、二〇〇二年二月三日、ついにメールを介して彼女と接触したのだ。彼女は六一歳になっていた。「二二歳だった私は、政府はいつも正しいと思っていました。でも、不思議な状況で、私の証言が無視されて……（中略）……ひどく怖かった。家族も友人もいなかったし……（後略）……」（同書、三二四頁）とアーネストに告げたヴィッキーは、さらに「私の証言をそのとき一緒にいた友人（当然、サンドラ・スタイルズのことだろう）に確かめてと何度も頼んだの。でも、完全に無視された」（同書、同頁）と続けた。

サンドラに遅れることしばらくして、ヴィッキーは建物に戻り、「エレベーターで事務室に戻った」という（同書、三三二頁）。しかし、委員会の聴聞会では、エレベーターに乗ったけれど電源が入っていなかったので動かなかったと述べている（『別巻』Ⅵ、三九一頁）。彼女は自分の発言がそれほど重要なことだと思っていなかったようだ。しかし、一九六四年二月一七日の夜、ダラス市警のリーヴェルという巡査が彼女のアパートの戸口に来た。もう一度話を聞きたいとのことだったそうだが、実は彼女はその前日に引っ越したばかりで、部屋は友人名で借りていて、引っ越し自体を職場にも知らせていなかったのだという。この夜以降、彼女はひどく臆病になった（Ernest. 三三二〜三三三頁）。

そして、ついに、彼女は驚くべきことを言った。「正直言って、（一階で）二人（ラヴレディとシェリー）を見た覚えがない。いいえ、二人がいたはずない」（同書、三四六頁）。この発言のあと、アーネストが示した聴聞会のコピーを見た彼女は、「自分の証言の校正刷りを見せてもらえなかったし、製本前の印刷物に目を通すこともなかった。お願いしたのに」（同書、三四八頁）と述懐している。

最後に、アーネストはこう記している。アダムズはシェリーもラヴレディも見なかったと変わることなく、ずっと主張していた。自分の証言記録のなかに二人の名前を見て驚いたし困惑した、自分が間違っているということをさらに強調するために、二人の男性の名前が自分の証言に挿入されたと思う、と彼に語った（同書、三六八頁）。そして、アーネストはサンドラ・スタイルズが彼に話したことばも紹介している。「シェリーもラヴレディも見なかった」と（同書、三六九頁）。

ウォーレン委員会は聴聞会に呼んだ目撃者の証言の一部を改竄《かいざん》していた、と私が確信していたことはすでに述べた。やはり、もともとの証言では、ヴィッキーは二人の男を見たとは言っていなかったのだ。とすれば、委員会の証言改竄は証言の一部に単語を一つ二つ挿入するという程度のものではなかったことになる。証言の内容を完全に逆にしていたのだ！　これなら、証人を「嘘つき」と呼ぶことは容易だ。

私は改めてラヴレディとシェリーの証言を確認した。すると、シェリーは「ヴィッキー・アダムズを見たよね?」という質問に対して「あの日見ましたけれど、どこで見たのかは覚えていません」と答え、さらに「いつだったかも覚えていないのか?」の質問に「外から戻ってからだったと思います。たしか四階だったと」と答えていた(『別巻』VI、三三〇頁)。

何とすでに明白な答えはあったのだ。ラヴレディの奇妙な証言にあまりにも気を取られて、この重要な一言に気づかずにいたのだ。自分の迂闊《うかつ》さに腹立たしい思いもしたが、ウォーレン委員会の姑息《こそく》さに改めて怒りを覚えたのだった。

ウォーレン委員会はオズワルドを犯人に仕立てるために、重要な一人の若い女性の証言を完全に「デッチ上げた」のだ。つまり、委員会は自分たちが作り上げた嘘に基づいて重要証人の証言を書き換え、オズワルドを犯人とし、そしてアメリカ国民を、いや世界の人々を、そして歴史を欺《あざむ》いたのだ。真実と歴史への重大犯罪者たちだったのだ。

第6章　ティピット巡査殺害事件――犯人オズワルドへの伏線

1. ティピット巡査殺害

　ティピット巡査殺害事件はケネディ大統領暗殺事件当日の午後一時一〇分から一五分頃に起きた事件だ。何者かがダラス警察の一人の巡査をピストルで射殺したのだ。場所はオズワルドの下宿先から南へおよそ一キロ半ほど離れた住宅地で、パットン通りと一〇番街の交差点付近だった。この周辺は近年大規模開発がなされたため、当時の面影はほとんどなくなった。パットン通りの西側にのびていた一〇番街は、その開発のために半分消滅している。つまり、いまは一〇番街とパットン通りはT字で交わっている。事件当時は十字路の交差点だった。

　ウォーレン委員会によると午後一時一五分頃、一〇番街を西から東に歩いて来た男が、パットン通りを横切ったところで、後ろから来たパトカーに追いつかれた。その男はスピードを落として停車したパトカーを運転していた警察官と窓越しに言葉を交わした。直後、警察官が車を降りボンネットのほうに移動すると、男はピストルを抜き、警察官に向けて三発撃った。さらに倒れ込んだ彼にもう一発撃って、歩いてパットン通りに戻り、それを南方向に歩いて行ったという。委員会はこの男をオズワルドと断定し、彼の「狂暴性」を示す事件としてこれを重視した。オズワルド逮捕の直接容疑でもあった。

以上の委員会の説明は、これも委員会が最重要視する目撃者ヘレン・マーカムという黒人女性の目撃証言に基づいていた。彼女はパットン通りを北から歩いて来て、一〇番街との交差点で道路を横断するために車が途切れるのを待っていたという。通りの反対側を男が西から東（彼女の右から左）に歩いて行った直後にパトカーが来た。彼女はそのまま立ち止まって男とパトカーを見ていた。そして、右に起きたことを目撃していた。

殺害された警察官J・D・ティピットは一九二四年生まれ、陸軍で兵役についたあと、一九五二年からダラス警察署で勤務していた。当日は無任所警官としてレイク・クリフ地区を巡回するパトカーに乗車していた。このときは一人での乗車だった。この一人乗車に関しては、委員会は「当時はこれが通常の勤務状態だった」（本書、二九頁）と言うが、このことは現在でも疑問視されている。二人乗車が規則で、一人というのは裏に何かがあるはずと思われているのだ。教科書倉庫ビル二階でオズワルドと出会ったベイカー巡査の聴聞会の供述では、当時、パトカーは原則二人乗車だったが、ごくまれに一人乗車もないことはなかったと話している。人員不足が主な原因だったのかもしれないという（『別巻』Ⅲ、二四三頁）。いずれにしろ、委員会が言うような「通常の勤務状態」ではなかったはずだ。

一二時五四分にティピットは警察本部に無線連絡をして、自分の居場所を告げていた。そこは、彼が殺害された現場となった場所からほど近い中学校前からだったことが確認されている。

この事件だが、目撃者はかなり多い。マーカムの他にベナヴィデスという男がいた。一九六四年四月二日に聴聞会に呼ばれた彼は当日の様子を細かく説明した。彼は事件の起きた一〇番街を東から西、つまりパトカーの反対側から仕事用の小型トラックで走って来た。銃声を聞いた彼はトラックを停めた。パトカーから六メートルほどのところだ。逃げて行く男の後ろ姿を見た。「刈り上げていない四角いカット」の髪型だった（『別巻』Ⅲ、四五一頁）という。明らかにオズワルドの髪型ではない。彼はティピット巡査のパトカーの無線で警察本部に連絡した。本部の受付時間は午後一時一六分と記録されている。

もう一人はスコギンズというタクシー運転手だ。彼は近くで客を降ろしたあと、パットン通りにあるタクシー運転手の集会所に立ち寄った。そこのテレビで大統領狙撃事件を知り、タクシーに戻った。パットン通りと一〇番街の交差点の手前、ちょうどマーカムが立っていた場所の、彼女から見て左斜め反対側に車を止めていた。東側から歩いて来た男（マーカムの言う方向と逆方向だ）が近づいて来たパトカーを見て反転した。そこでパトカーの運転手が彼を呼び止めた。スコギンズは射撃自体を目撃していなかったが、銃声のあと、ピストルを持った男が自分のほうに近づいて来るのを見た。彼は車を降り、車体の影に隠れた。車から四メートルほどのところをこの男は通り過ぎて行った。目が合ったが、特に急いでいる様子はなかったという。彼はオズワルドとは特定していない。また、聴聞会には呼ばれていない。

バーバラ・デイヴィスとヴァージニア・デイヴィスは姉妹で、パットン通りと一〇番街の交差点の角の家に住んでいた。一〇番街の南側で、事件現場となった場所に面した家の二軒隣だ。二人は銃声で窓の外を見た。ちょうど男がピストルを振り回すようにして自分たちの敷地を斜めに通って行った。二人はその男はオズワルドだと言った。

ウォーレン・レイノルズはパットン通りを北から抜けたところにある主要道路、ジェファソン大通りにある中古車販売店の店主だが、逃げて行く男を目撃した。事件当初より、その男はオズワルドではなかったと主張していた。だが一九六四年一月二三日夜に何者かに銃撃され重傷を負った。回復後、彼は自分が見たのはオズワルドだったと意見を変えた。

L・L・ルイスはレイノルズの店の従業員で銃声の数分後に男を目撃したが、オズワルドとは特定していない。一九六七年二月に不審死を遂げている。

パット・パターソンは右二人と同じようにパットン通りから出て来た男がジェファソン大通りを右折したのを見た。レイノルズとともに男を追うが、一ブロック先のガソリンスタンドで見失う。オズワルドだったと証言している。

パットン通りにあった別の中古車販売会社の責任者で元海兵隊員のキャラウェイは、銃声のあとで一〇番街から来た男に「何があった?」と聞いた。男が何も言わずに去ったあとで、現場に行き、パトカーの警察無線で本部に連絡を入れたが、救急車は手配済と言われる。すぐに来た救急車に巡査を乗せるのを手伝った。そのあとスコギンズのタクシーで周辺を回るが男は見つからなかったという(『別巻』Ⅲ、三五四頁)。

マーカムと真逆の方向（一〇番街の東の外れ近く）にいたのがバートだ。当時、休暇中の兵士で、ウィリアム・スミスという友人と自宅前の道路で話をしていた。男が東から西に向かって歩いて行ったという。これはスコギンズの証言と一致する。その男がパトカーの警官と話をしているのを目撃した。その後、銃声がして、その男が「走り去る」のを見たという。数日後に警察に連絡し、男はオズワルドだったと特定した。

もう一人、同名異人のウィリアム・スミスは建築作業員で、昼食に出かけたときに西に向かう男とすれ違ったという。時間は午後一時四分だった。

ジェファソン大通りのガソリンスタンドの従業員の妻、メアリー・ブロックは、当日たまたまスタンド裏の駐車場に入った男を見た。軽装のシャツと薄い色のジャケットを着て、五フィート一〇インチ（一七七センチほど）ぐらいの上背だったという。一九六四年一月二一日にFBIに対してオズワルドだったと言った。

ティピット殺害現場から少し離れるが、パットン通りから西方向の四軒目に住んでいたアキラ・クレモンズの証言によると、その警官は撃たれる前に二人の男と話をしていたという。

あと二人、車で偶然通りかかった人物がいるが、基本的に目撃者として認定されているのは以上である。ヘレン・マーカムだけではない。しかも、容疑者をオズワルドと特定していない目撃者もいる。マーカムだけは終始オズワルドと断言しているが、他の人たちは夜の面通しのときか、数日または数週間経てからの特定だ。オズワルドがすべての報道機関で「大統領および巡査殺害の容疑者」とされてしまってからのことだ。マーカムも含め、面通しでの証言の信頼度はかなり低いはずだ。

そのマーカムだが、彼女は一人息子を育てていた離婚女性で、ダラス市内の中心部のレストランでウェイトレスとして働いていた。当日は午後二時三〇分から午後一〇時三〇分までのシフトに入っていた。通常、午後一時一二分にジェファソン大通りの停留所からバスに乗っていた。当日もそのつもりだった（『別巻』Ⅲ、三〇六頁）。仕事場の評判は遅刻も欠勤もないことで上々な女性だ。その彼女が、男が目の前を過ぎ、パトカーが過ぎて行くのをなぜゆっくりと見ていたのか。ウォーレン委員会が言うように、マーカムが見たのが午後一時一〇分だとすると、彼女はバスに乗るのに、時間的にかなり逼迫《ひっぱく》していたはずだ。パトカーが過ぎたら、すぐに道路を渡ってバス停に向かうはずだ。一〇番街と名前はよいが、郊外の住宅街の閑散とした道路だ。現在でも昼間はほとんど車の通行がない（この場所には数回出かけたが、現在でも五分以上待ってやっと一台の車が通るぐらいだ）。通り抜けできる道ではなく、地元住民のためだけの道路という感じの場所だ。

マーカムの話では、巡査を撃った男は一〇番街を歩いてきて、そのままパットン通りを横切った。ほとんど横切ったところにパトカーが来た（同書、三〇六頁）というのだが、その「男」の行動から判断する限り、交通はほとんどなかったとしか思えない。パットン通りを横切るときに立ち止まりもしなかったからだ。マーカムが十字路に立ったままでいたのは、あまりにも不自然だ。

しかも、マーカムは救急車が来てティピット巡査を乗せるのを手伝い、彼が搬送されて行くまで現場にいたと言うのだが、この時点で彼女を見たと証言する者はいない。マーカムは仕事に行くはずなのに、道路を渡らずにいたことも含めて、実に不思議な行動をしている。

彼女の証言では、彼女が一〇番街とパットン通りの交差点に着いたのは一時六分〜七分だという（同書、同頁）。警察への事件の報告は一時一六分だ。彼女は一〇分近くも交差点にたたずんでいたことになる。こんなことがあり得るのだろうか。マーカムは本当に救急車が去るまで現場にいたのだろうか、いや、本当に事件を目撃したのだろうか。

さらに彼女はピストルを撃った男が目撃者である自分を撃つのではないかと恐怖を感じていたが、男の姿が見えなくなったので、叫びながら撃たれた巡査のパトカーへと向かったという（同書、同頁）。

しかし、ベナヴィデスは銃声を聞くとすぐに車を止め、パトカーに向かったのだが、ウォーレン委員会の証言では、叫んで近づいて来たはずのマーカムについてはまったく触れていない。

さらに、マーカムだけが、「男」は西から東に歩いて来たと言い、ベナヴィデス、スコギンズ、バート、スミス、そしてもう一人車で偶然通り過ぎたボウリーという人物も「男」は東から西に向けて歩いていたというのだ。委員会はなぜマーカムの証言だけを採用したのだろうか。

ウォーレン委員会が推定したように、ティピットは巡回中に無線連絡されていた男の容姿とそっくりの男が歩いているのを見て、パトカーを止めて声をかけた。だとすれば、後ろから見て判断するより、自分のほうに歩いて来るのを見たほうが、よりはっきりと容姿を判断できるのではないだろうか。ティピットと「男」がどのような経緯をたどって、一〇番街で遭遇することになったのかはまったく分からない。だが、男を呼び止めるなら、「顔」が見えたほうが確信を持って呼び止められるだろう。

いずれにしろ、ウォーレン委員会はオズワルドの狂暴性の一例として巡査殺害を利用しているだけなので、巡査殺害に至る経緯、射撃の理由、動機などには、まったく関心を持っていなかった。ただただ、おそらくは自分たちに都合の良いことを話したヘレン・マーカムに全幅の信頼を寄せているだけだ。

マーカムはやせ型と男の容姿を説明したが、白いジャケット（ジャンパー）を着ていたという。これはデイヴィスも同じだが、オズワルドが出かけるのを最後に見た下宿の女主人ロバーツとキャラウェイは灰色と言い、目撃者のクレメンズ、サマーズ、ウェストブルックは「薄い色」と言う。

ウェストブルック巡査が午後一時二五分頃にガソリンスタンドの駐車場の車の下に捨てられていたジャケットを発見した。オズワルドが下宿を出るときに同種のジャケットを着用していたのが確認されているが、逮捕時には着ていなかったので、この遺棄されていたジャケットはオズワルドのものとされた。しかし、発見時にはこれに洗濯屋のタグが付いていて、すぐに警察本部に無線でB-9738というタグに書かれた番号が報告されていた。

しかし、問題はオズワルド夫人のマリーナが自分たちは洗濯屋を利用したことはない、と証言している（『別巻』I、六二頁）点だ。実際に、残されたオズワルドの衣服のすべてに洗濯屋を利用した形跡はなかったのだ。しかも、FBIはダラス・フォートワース地区の四二四軒の洗濯屋、そしてニューオーリンズ市の二九三軒の洗濯屋を調べたのだが、該当するタグを使用している店は発見されなかった。

ウェストブルック巡査はジャケットの色をベージュと言っていたのに、証拠物件として登録されているジャケットは「グレイ」なのだ。マーカムの言う色とも違っている。これがオズワルドが犯人だとされた状況だ。

　使われたピストルにも問題がある。ウォーレン委員会はオズワルドが逮捕時に短銃スミス・アンド・ウェッソンを所持していたとし、その短銃を証拠物件１４５番として写真入りで『報告書』に掲載した（一七〇頁）。また、証拠物件５０４番、５０５番として六個の空薬莢を（『別巻』XVII、二六七頁）、証拠物件６０７番として四個の回収された銃弾をそれぞれ写真として公開した（『別巻』XVII、二七一頁）。

　しかし、『報告書』の説明では、回収された空薬莢は全部で四つとしているのだ。バーバラ・デイヴィスが一つ、住居敷地内で回収し、ヴァージニア・デイヴィスが午後七時に同じく敷地内で発見し、ベナヴィデスが事件発生直後に二つ回収していた。ただ、この二つの空薬莢だが、最初に現場に到着した警官J・M・ポーが重要証拠としてイニシャルを記入していたし、もう一人の警官バーンズも同様にイニシャルを書いた。ところが一九六四年六月一二日に委員会が証拠採用した空薬莢にはイニシャルの書かれたものはなかった。

　いや、ポーのイニシャルはなかったが、バーンズは自分のイニシャルは確認したと言ってはいる（『別巻』XXIV、四一五頁）。このようなことがなぜ起きたのか、どこにも説明はない。

　しかも、この四つの空薬莢のうち二つはウィンチェスター・ウェスタン製、二つはレミントン・ピーターズ社製なのだ。一つのピストルに異なった銃弾が装填されていたことになる。

　さらに、銃弾も巡査の体内から回収された四つの銃弾のうち三つがウィンチェスター・ウェスタン製で、もう一個がレミントン・ピーターズ製なのだ。ウィンチェスター製の空薬莢は二つなのに、銃弾が三個ある——絶対にありえない！　複数の犯人がいれば話は別だが——クレモンズは二人いたと言っている。しかも、現場では全員が四発発射と証言し、右こめかみ、右胸、右胸際、腹部とティピット巡査の傷と銃声・銃弾の数は一致している。しかし、証拠物件では空薬莢が六発分あるのだ。委員会は何も説明していない。

ＦＢＩの検査官コートランド・カニンガムとシカゴ警察の鑑識官ジョセフ・ニコルは、回収された銃弾がオズワルドのピストルから発射されたと特定するのは不可能と言っていた（『別巻』Ⅲ四六一頁、四六三頁）。それでも委員会はオズワルドがティピット巡査を射殺したと主張し続けた。

オズワルドが逮捕されたときに所持していたピストルには六発の銃弾が装填されていたという証言がある。もしそうであるならば、オズワルドは一発も撃っていないことになる。これは逮捕後の検査でオズワルドの手からも頬からも硝煙反応が出なかったという事実を説明しているはずなのだ。

最後にオズワルドが犯人だとしても、なお残る問題を考えてみたい。

下宿を出た、しかもピストルを持って出たオズワルドは、いったいどこに向かおうとしていたのだろうか。ウォーレン委員会は一〇番街とパットン通りが交差する場所に彼を「行かせる」ために、かなり複雑なルートを想定した。おそらくは大きな通りにはつながらない一〇番街を東に向かって（下宿先から一〇番街だとどうしても西から東に向かうことになる）歩いていたことにするには、複雑なルートになる。

それはそうと、委員会の言うオズワルドは西から東に向かって歩いていた。つまり、彼の行く東の方向に目的地はあったはずだ。だとすると、巡査射殺のあと、彼はなぜ後戻りしてパットン通りを通ったのか。そして、ジェファソン大通りに出たところでなぜ西に向かったのか。東が目的地なら、当然、ジェファソン大通りで左折して東に向かうはずだ。

委員会の言うオズワルドは、このジェファソン大通りで右折してすぐ（それも駐車場に入ってすぐ）に姿を消している。考えられるのはここで車に乗ったということだろう。オズワルドは前にも書いた通り、運転できない。下宿を徒歩で出たはずなので、車をここに準備しておくこともできない。

この点を全力で調査し、解明しなければ、オズワルドの意図も行動そのものも解明できない。だが、委員会は何もしなかった。オズワルドが犯人でよい、が明らかに大前提になっている。この大前提はなぜか、ティピット巡査殺害直後にはすでに出来上がっていたのだ。

オズワルドはジェファソン大通りを現場から西に行ったところにある映画館、「テキサス劇場」で逮捕された。午後一時五〇分だ。

ウォーレン委員会の説明では、ティピット巡査殺害現場から逃げた「オズワルド」はこのテキサス劇場に入場券を買わずに入って行ったことになっている。逮捕時の彼のポケットには切符代には十分すぎる金額が入っていたのだが——。劇場の手前にあったハーディ靴店の店員だったジョニー・ブルワーという若者が、店の前で立ち止まった男がパトカーの音に怯《おび》えているとの印象を持ち、立ち去る男の跡をつけた。そして、劇場に切符を買わずに入って行くのを確認した。

ブルワーは切符売り場の女性に声をかけた。女性はすぐに警察に連絡した。すぐに大勢の警官隊が駆けつけ、ブルワーの案内でオズワルドは逮捕されたのだ。

ここで大きな疑問は、映画館に無銭入場した男がいる、という連絡だけで、警官隊が駆けつけている事実だ。通常なら一人二人の警官で十分だろう。しかも、なかにはライフル銃を持った警官もいたという。あまりにも大げさだ。同時に、この男を逮捕するときに警官の一人が「警察官を撃っただろう」と口走ってもいたというのだ。無銭入場者がどうして警官射殺事件の関係者だと思っていたのか。この男がティピット殺害現場から映画館に来るまで、ブルワー以外に目撃者はいない。ブルワーも警官殺しを直接知っていたわけではない。この映画館内での警官の一言が本当なら、ダラス警察は無銭入場者の情報を得た時点で、その男は警官殺しと同時に大統領狙撃犯の可能性があると確信していたことになるのだ。当然武器を持っていることも想像できる。これが警官隊が送り込まれた理由だろう。もちろん、ダラスという街は現在でも銃の携行が許されているところだから、どんな軽犯罪でも武器があると想定して用心するのが当たり前だったと言えるかもしれないが――。

また、逮捕時にオズワルドの人権が守られなかった事実がある。一九六二年のミランダ判決という有名な最高裁判決のあと、容疑者の人権が優先的に保護されることになった。身柄を拘束するにはその理由が告げられ、拘束後の権利――弁護士を付ける権利、黙秘権など――について明確に告げなければならなくなっていた。

もちろん、合衆国憲法ではもともと令状のない身柄拘束や財産の差し押さえなどは許されていない。オズワルドの場合、現行犯逮捕である以上、令状は不要だが、彼が入場券の半券を所持しているかどうかぐらいは調べなければならなかったはずだ。ところが警官たちは怒涛《どとう》のように彼に迫ると、いきなり殴っているのだ（この逮捕時の状況について、委員会はオズワルドが先に手を出したとしている。本書、三二頁）。近くの座席にいた目撃者の話では、告げなければいけない容疑者の権利は告げられていない（委員会の説明は異なる。同書、同頁）。要するに、厳密に言えば、不当な違法逮捕になるわけだ。つまり、検察は彼を告訴できない、無罪放免するしかなくなるのだ。まさか、どうせ告訴前にこの男は殺害されると分かっていたわけではないだろう。ウォーレン委員会はこの点を一度も問題にしなかった。ミランダ判決を出してアメリカ国内を大騒ぎさせた当事者であるウォーレン最高裁長官が委員長であったのに、だ。

いくら大統領暗殺という大事件で早い解決が必要であったとしても、一人の容疑者とされた男がすでに殺され、自分で反論も自衛することもできない状況で、彼の権利を守れるのは、あの委員会のなかでウォーレン最高裁長官だけだったことは間違いないはずだ。それとも何であれ、大統領暗殺容疑者と一度認定されてしまえば、一人のアメリカ国民としての権利などないということなのだろうか。委員会の良識を疑わざるをえない。

2. 逃亡？

すでに一度触れたことだが、ウォーレン委員会はオズワルドが「逃げた」と主張する。

事件後に教科書倉庫ビルの従業員の点呼が行われたときに彼がいなかったというのがその最大の理由だ。だが、すでに述べたことだが、オズワルドは渋滞しているのが分かっているのにその渋滞している側のバス、しかも教科書倉庫ビルに向かうバスに乗った（乗ったことが、委員会の言うように真実なら、だが）のだ。そして、わざわざこれを降りて、タクシーに乗るまで数ブロック歩き、しかも中年の婦人に一台譲ろうとした（タクシー運転手、ウェリーの証言。『別巻』Ⅵ、四三一頁）――。そして、最後は映画館だ。常識で考えて「逃げる」男が映画館に入るだろうか。

運転ができない以上、車での逃走はありえないとすれば、飛行場に行くか、鉄道の駅に行くかだろう。教科書倉庫ビルからわずか四ブロック、五分も歩けば「ユニオン・ステイション」という大きな主要駅があるのだ。逃げるには絶好の場所だ。ウォーレン委員会の想定した時間に彼が教科書倉庫ビルを出たとすれば、警察が本格的に彼を探し出す頃には列車に乗ってしまうことは十分可能だったはずだ。それをしなかったのは彼が「逃げていなかった」ことになるのではないだろうか。

映画館は「逃げられない」。委員会がこのことを検討した様子はない。初めからオズワルドと決めてかかり、逃げたと決め込んでいるからだ。要するに、何度も言うが、ウォーレン委員会は犯罪調査機関としては失格だ。調査は形だけ、だったのだ。

『報告書』も書いていることだが、オズワルド逮捕後の警察本部での扱いも不可解なことばかりだ。一応独房が用意されていて、彼はここで夜を過ごしたと考えられる。事件当夜と翌日の土曜日、彼はこの本部で取り調べを受けたはずだ。当然、その記録はあるはずだし、その記録に彼がサインしないと裁判で使うことができないので、必ず文書にした供述書があるはずだ。ところが、この事件の場合、その肝心な供述書がない。それどころか、取り調べ内容を記したものが何もないのだ。単純化してしまうと、オズワルドがダラス警察本部で何を調べられ、何を語ったかの記録がない。これがなければ検察は起訴できないし、その後の司法手続きも進めることは困難である。「自供」がないわけだから。ただ、オズワルドが大統領暗殺もティピット巡査殺害も自分は一切関係していないと主張していたことは『報告書』がはっきりと書いている（本書、四五頁）。

しかも「……新聞、ラジオ、テレビの一〇〇人を超える数の記者たちが独房からフリッツ警部の部屋に続く廊下にあふれかえっていた」（同書、四六頁）というのだ。容疑者の安全確保という点から考えると信じられない状況だ。しかも、警察本部に拘留中、「少なくとも一六回」もこの廊下を通ったというのだ。テレビのニュース映像にはこの時にオズワルドが「誰も殺してはいない」「撃ってもいない」「俺は嵌《は》められた（俺は囮《おとり》だ）」と叫んでいるのが記録されている。彼の肉声での最後の自己主張だ。

この言葉はただ単にオズワルドの嘘として無視してしまう以上の重みがあると思われる。「誰も撃っていない」「殺していない」という発言を裏付けるように、オズワルドの両手からも、頬からも、硝煙反応は出なかったのだ。科学を重視すれば、オズワルドは明らかにいかなる銃も発射していないことになる――はずなのに、どうしてケネディ大統領とティピット巡査を殺害したと結論できるのか。ウォーレン委員会はこの最も重要な点に何も答えていない。

3.「庭先の写真」

オズワルドが大統領暗殺の唯一の犯人だとウォーレン委員会が判断するのに利用したのが三枚の「庭先の写真」だ。この三枚の写真は事件当夜、オズワルド夫人のマリーナが滞在していたルース・ペイン夫人の家のガレージに置いてあったオズワルドの所持品のなかから見つかったという。これはマリーナの証言によると、はっきりとは分からないけれど二月か三月頃にオズワルドに言われて彼女が撮影したものだという（『別巻』Ⅰ、一五頁）。

左派系の新聞を持ち、ライフルを手に、腰にピストルをつけたこの写真は、ウォーレン委員会がオズワルドを犯人とするのに十分な説得力を持つものだった。しかし、事件当夜、ダラス市警本部で写真を見せられたオズワルドは、担当のフリッツ警部に、「これは自分の頭だが、体は他人のものので、偽装写真だ」と言ったと、委員会の聴聞会に呼ばれたガイ・ローズ刑事が証言したのだ（『別巻』Ⅶ、二三一頁）。しかし、同じく聴聞会で証言した写真分析の専門家リンダル・シャニーフェルトは写真を本物だと断定した。しかし、その上で「非常に優秀な専門家による偽装工作を完全に排除できない」とも付け加えたのだ（『別巻』Ⅳ、二八八頁）。

そのためにこの「庭先の写真」は今日に至るまでその真偽が問題となっている。特に問題なのが、三枚の体の位置と姿勢が微妙に異なっているのに、顔にある影がまったく同じだという点だ。眼窩《がんか》の影、鼻の下の影が頭の角度の差にもかかわらず、変化していない。これはオズワルドが言うよう

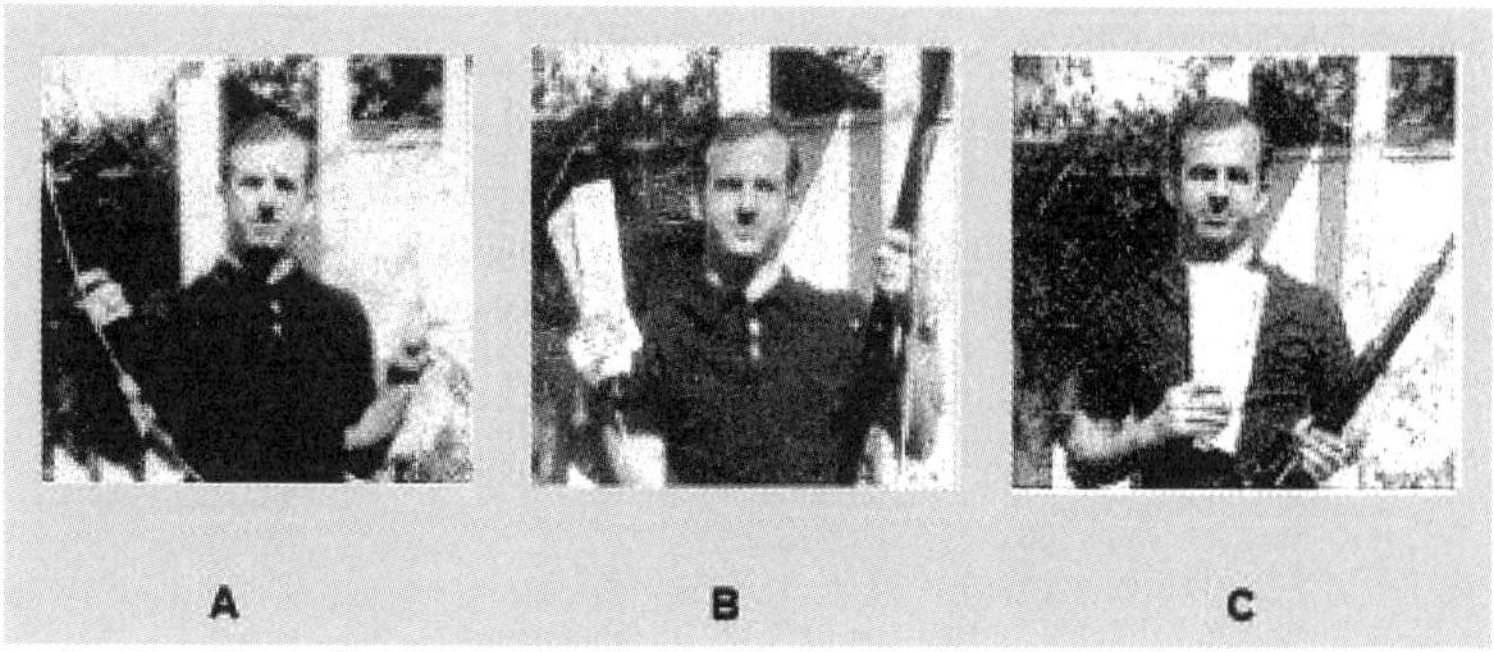

図13　オズワルドの拡大比較写真三枚。立ち位置、首の傾きが異なるのに鼻の下の影の角度が変わっていない。つまり、同じ顔写真が使用された偽装写真の可能性が高い。

に偽装の証拠だとする見方が有力だ（図13）。

しかし、真偽の判断は難しいし、ウォーレン委員会が真作と認めている以上、これを疑うのは同じように難しい。

だが、次のことは明確に言えるはずだ。すでにウォーカー将軍狙撃の項でも触れたことだが、暗殺事件の半年ほど前に写した銃を持っている写真があるからと言って、この写真を暗殺事件の犯人を特定する証拠にすることはできないはずだ。このことは、ウォーレン委員会の聴聞会でオズワルドの母親マーガリットもこう述べている。「誰だってライフルを持っているでしょ。狩に行くために。（委員長のアール・ウォーレン最高裁長官に向かって）あなたご自身もきっとライフル銃を一丁くらい持っていらっしゃるでしょう。ですから私はこの写真を暗殺と結びつけようとは思いません……（中略）……もし大統領を暗殺しようとしていたとしても、いえ、それよりも誰かを殺そうとしている人が、そのライフルを持った写真を撮って、証拠として残しておくなんてことをするバカはいないと思います」（『別巻』I、一四六頁）。

この証言は非常に重要だ。愛する息子を守るための戯言《たわごと》だとは言えない真理がそこにあるからだ。写真の真偽がどうであろうと、本来は暗殺事件の証拠にはなりえないはずだ。ただ、オズワルドが多少顕示欲の強い、そしてある思想の狂信的「信者」であること、また、それゆえに、もしかすると大統領を暗殺しかねない男だということを示すだけでしかない。ウォーレン委員会はオズワルドを犯行に結びつける証拠がないなかで、後先考えずにこれに飛びついてしまったのだ。司法手続き上、また法の執行上、まったく意味がなかったのに——。

4. オズワルドの掌紋《しょうもん》

ウォーレン委員会はオズワルドの犯行の証拠がなく、相当に焦ったのだと思われる。ジョンソン大統領から、またおそらくはアメリカの報道機関を代表して世論から、早く明確な結論を出してほしいという圧力があるなかで、オズワルドが犯人であるという徹底的な証拠がない。オズワルドの体から硝煙反応は出ないし、ライフル銃からオズワルドの指紋も出てこない。客観的・科学的証拠はオズワルドが犯行に関わっていないことを明白にしている。

犯罪を立証する最も有力な証拠は、武器や遺留品に残っている指紋のはずだ。事件現場の教科書倉庫ビル六階で発見されたライフル銃、東南窓近くに見つかった包み紙と段ボール箱の指紋を調べたのがＦＢＩの専門家セバスチャン・ラトーナだ。彼はウォーレン委員会の聴聞会で「武器からは使用人物を特定できる指紋は何も検出できませんでした」（『別巻』Ⅳ、二三頁）と言った。しかも、武器の専門家にライフルを分解してもらい、「ありとあらゆる部分を調べたけれど、意味のある指紋は出てきませんでした」（同書、同頁）と付け加えているのだ。ケネディ大統領を狙撃したとされるライフル銃のどこからも指紋は検出されなかった。つまり、常識的に考えれば、オズワルドはこの銃を犯行に使っていない、ということになるはずだ。

しかし、一九六三年一一月二九日、事件の一週間後にラトーナはセロファンで包まれたカードを受け取った。そこには「銃身の前方の端に近い銃身の底部分から採取した」と説明がついていたという（同書、同頁）。ラトーナは「リー・ハーヴィー・オズワルドの右手の掌紋」と判明したと証言した（同書、二四頁）。この掌紋の送り主はダラスのＦＢＩ支局だというのだが、ダラス警察の鑑識課のＪ・Ｃ・デイの証言によると、「一一月二二日に、銃身の底、木製部品で覆われたところから通常の方法で採取した」（『別巻』Ⅳ、二六〇頁）のだという。そして、「採取した段階で署長からそれ以上何もせずにＦＢＩに送れ、と言われたので、四日後の一一月二六日にＦＢＩに送った」（同書、二六一頁）という。

ラトーナは指紋が検出できなかったのはライフル銃がかなり古いためだと説明した（同書、二九頁）。「木製部分はすり減り、金属部分も状態が悪く、通常なら指紋が付くところに判断できる状態の指紋が付かなかった」（同書、同頁）と説明したのだ。

しかし、指紋が採取できなかったということは、オズワルドが銃に触れていなかったか、狙撃後きれいに拭き取ったかを意味するはずである。ベイカー巡査との「競走」を考えると、狙撃して銃を隠す前にこれを拭き取る時間的余裕がないことは明らかだ。したがって、彼は銃を撃っていない、というのが結論になるはずだ。

また、ラトーナは「オズワルドの右手掌紋」と明言したのだが、そもそも逮捕時には誰でも指紋は採取されるが、掌紋を採取されることはない。掌紋は証拠にはならないからだ。だとすると、照合基準となる掌紋がいつオズワルドから採取されたのか、ラトーナは何をもって届けられた掌紋がオズワルドのものだと判断したのか――の非常に重要な点が不明なままなのだ。

FBIが調べていたライフル銃は、オズワルドが死んだ一一月二四日にダラス市警に戻された。そして一一月二六日まで、ダラス市警本部にあった（同書、二六二頁）。オズワルドの死体の掌を銃に押し付けることは十分に可能だったのだ。つまり、証拠の捏造《ねつぞう》だ。この証拠捏造はあくまでも推論で、証明することはいまとなっては不可能だ。しかし、だからと言って、この可能性を排除することもできない。一九九一年のオリバー・ストーン監督の映画『JFK』ではそれらしい映像が何の説明もなく挿入されていた。ただ、本来は何も意味のない掌紋を証拠として採り上げてしまったウォーレン委員会の姿勢こそが、厳しく断罪されなければならないのだ。

右手掌紋が採取されたのは、狙撃時には通常左手で支える部分だ。右手は引き金にある。これもなぜ疑うことなく受け入れてしまったのだろうか。やはり、指紋がないためにウォーレン委員会が相当に困惑し、オズワルドと銃との関係を示すものなら何でもいい、と躍起《やっき》になっていたためなのだろう。オズワルドが銃を所有していたことを示す写真はあるのだから、彼の掌紋や指紋が銃に付いていても不思議ではない。だが、それが「いつ」付いたものか証明されない以上、この銃が今回の狙撃に使われたと判断することはできない。

　また、事件当日に教科書倉庫ビル六階の東南の窓の近くで見つかった包み紙にオズワルドの指紋と掌紋があったとラトーナは証言した（同書、五頁）。指紋と掌紋が一つずつだが、これはオズワルドがこの紙に触れたことを表している。これは当初からライフルを入れるケースとして使われたと説明されてきたのだが、オズワルドが言っていたとされるように、カーテンレールでも、あるいは丈の長い花束でも包める一枚の紙で、『報告書』に掲載されている写真（一三二頁、委員会証拠物件626番）からは「ケース」とか「紙袋」とかというものには当てはまらないことは明らかだ。しかも、ＦＢＩのジェイムズ・キャディガンが説明するところでは、この紙は教科書倉庫で使われていた通常の包み紙と同一のもので（同書、九七頁）、この紙が六階の床の上に落ちていたとしても不思議ではないし、ある時点でオズワルドがたまたまこれに触れただけのことなのかもしれないのだ。もしこの紙がライフルを包むために使用されたとすれば、指紋一つと掌紋一つだけがこれについていたなどということはありえないだろう。おそらく数えきれないほどの指紋がついていたはずだ。

　オズワルドがカーテンレールと呼んだ長いものを持っていた、という証言はあるが、そのときに彼が手袋をしていたという目撃情報はないのだから。

　この証言も、当日の朝オズワルドを車で送ったフレイザーとその姉妹バンドル夫人だけで、オズワルドが教科書倉庫に入ったところを見ていたジャック・ドーハティは「何も持っていなかった」（『報告書』、一三三頁）と話している。

　また、一九六四年にＦＢＩ長官のフーバーが委員会宛てに出した書簡には「本銃器の撃針とバネは十分に油がさされている。これらに油をさす前はかなり錆びていたと考えられる」（委員会証拠物件、2974番）とあるのだ。それほど油がさされていたとすれば、銃を包んだとされる紙に油のシミがあったはずである。だが、シミは確認されていない。

段ボール箱の掌紋も、オズワルドの仕事場なのだから、倉庫内のあらゆる箱に彼の指紋や掌紋があって当然で、窓際の段ボールに彼の掌紋があったところで、彼が犯行を実行した証拠にはなりえない。たった一つの箱に彼の掌紋があったと言って、鬼の首を取ったように喜んだのがウォーレン委員会だ。委員会の言う証拠では、オズワルドを起訴することさえできないはずだ。

5. 狙撃時のオズワルド――再確認

ここでいま一度オズワルドの主張を確認しておくこととしたい。オズワルドは殺される前、ダラス市警のフリッツ署長の狙撃のときにどこにいたのかという質問に対して、「一階で昼食をとっていた」と答えたという（『別巻』XXIV、二六五頁a）。そして、さらにベイカー巡査と遭遇したときには？という質問に、「二階にいて、コカ・コーラを飲んでいた」と答えている（同書、同頁）。しかも、昼食のときには倉庫内で働く何人かの黒人労働者と一緒だったとまで言い、「ジュニア」という名前の男と名前は知らないが背の低い男について語っていた（同書、二六七頁b）。

委員会はこの「ジュニア」を見つけ出した。そしてその男、ジェイムズ・ジャーマン・ジュニアを聴聞会に召喚した。例のブレナンが呼ばれたのと同じ日、一九六四年三月二四日だ。

やはりこの日に呼ばれていたハロルド・ノーマンの話では、ジェイムズ・ジャーマンは通常「ジュニア」と呼ばれていたという（『別巻』Ⅲ、一八九頁）。また、ノーマンによると、教科書倉庫ビルの一階には従業員たちが「ドミノ・ルーム」（註。ドミノは特別なカードを使って行うゲーム。通常賭けを目的とする）と呼ぶ部屋があり、昼休みや休憩時間にはここでドミノをして遊ぶのだという（同書、同頁）。

この「ジュニア」は担当官ボールに対して興味深いことを話している。事件当日の朝九時半から一〇時の間ぐらいに「（オズワルド）は（一階の）窓のところに立っていました。私もそこに行きました。すると彼は何で人々が道路に集まっているんだって聞いてきたんです。それで私は今日の午前中に大統領がここを通ることになっていると教えました。すると、彼はどっちから来るんだろうと聞くので、そう、私はメインをやって来て、ヒューストンで曲がって、それからエルムに入るんだと言ったんです。彼は『ああ、そうか』って言いました。それだけです」（同書、二〇一頁）。

ジャーマンは昼休みに弁当のサンドウィッチをオズワルドと話をした窓のところで半分ほど食べて、あとは歩きながら全部食べたと委員会に語った。オズワルドが一緒ではなかったか、という質問に「いいえ、一緒ではありませんでした」と答えた。そのあと、ハロルド・ノーマン、ボニー・レイ、ダニー・アースと一緒に外に出たという。彼らはしばらくして倉庫内に戻り、五階の窓から大統領の車列を見たと語った（同書、二〇二頁）。

この日の委員会の聴聞会に呼ばれた「ジュニア」とノーマンも倉庫の外に一旦出てから倉庫に戻り、五階に行ったという点で同じことを話している。「ジュニア」の聴聞だけは、オズワルドが彼と一緒に昼食をとったと語っていたので、これに対する説明に時間を取られていた。しかし、彼が明白に、そしてごく単純に「いいえ、一緒ではありませんでした」と答えたことで、オズワルドのダラス市警での供述が嘘ということになった。『報告書』はこの点を明確に述べている（『報告書』、一八二頁）。

「一階で」昼食をとっていたというダラス市警でのオズワルドの供述が単純に嘘というのも改めて検討する必要がある。というのは、先に紹介したフリッツ署長への供述だが、実はこの場に立ち会ったFBIのジェイムズ・ブックアウトが別の証言をしているのだ。彼によると、オズワルドは一階の部屋で一人で食べていたと語ったという。そのときに二人の黒人従業員が部屋に入って来たと言い、その一人を『ジュニア』と言ったというのだ（Davis. 一二六頁に引用）。

「ジュニア」もノーマンも一階のドミノ・ルームの窓際に持参していた弁当を置いておいたと聴聞会で説明している（『別巻』Ⅲ、一九二頁＋二〇〇頁）ので、オズワルドの食事中に「ジュニア」と背の低い黒人が部屋に入って来たと解釈できる。だとすると、オズワルドの話は嘘とまでは言えないだろう。フリッツ署長の証言が間違っていた可能性もあるのだ。つまり、オズワルドは一階のドミノ・ルームで食事をしたと推定することは論理的に可能だ。

だが、それ以上に重要なのは、「ジュニア」が語った午前中の出来事だ。仕事での必要なこと以外は話をしたことがない（同書、一九九頁）オズワルドが、たまたまやって来た「ジュニア」に倉庫ビルの外の様子について質問をしたというのだ。

この一一月二二日にケネディ大統領がダラスに来ることを知らなかったダラス市民はおそらくい

なかったと思う。したがって、オズワルドも知っていたはずなのだが、臆面もなく何があるんだ、と「ジュニア」に聞いたというのだ。しかも、大統領の車列のルートも知らなかったらしい。もちろん、オズワルドがすっとぼけて、一種のアリバイ作りをしたのだと解釈することはできる。しかし、とぼけた質問なのか、本当に知らなくて聞いているのかは「ジュニア」に分かるはずだ。

この会話が事実だとすれば、オズワルドが大統領に銃を向けることはありえない、つまりオズワルド無罪説に強力な援護をすることになる。すでに犯人として殺されてしまっているオズワルドを「ジュニア」が守る必要はないわけで、このような余計な発言をする必要はない。それをあえて表明したということは、「ジュニア」にとって何も不思議ではない、でも記憶に残る会話だったのだろう。オズワルドは親友どころか単なる友人でもない（同書、一九九～二〇〇頁）から、何も知らないのも当然と思っていたのかもしれない。だから、当時のダラス市民にとってはバカみたいな質問に真正面から答えたのだろう。

「ジュニア」が昼食のために仕事の手を止めたのが午前一一時五五分だった。トイレに行って手を洗い、弁当を取りに行った（同書、二〇一頁）。その後、一度二階に上がってソーダを買い、一階に戻って窓際で、そして一階フロアを歩きながらサンドウィッチを食べた。そして外に出て、ノーマンと一緒に五階に戻った。二人のあとに聴聞会で証言したロイ・ウィリアムズは、六階で一二時に昼食をとり始めたという。食べ終わるまで一〇分～一二分だった（同書、一七〇頁）が、この間、六階には他に誰もいなかったという。このとき彼が食べたのがチキン・サンドウィッチで、この食べかすが、のちにオズワルドが食べたものではないかとの物議を醸すことになった。

ウィリアムズが六階から五階に下りてノーマンや「ジュニア」たちに合流したのが、一二時二〇分だった（同書、一七一頁）。

この時間の流れ（あくまでだいたいの感覚でしかないが）で判断すると、一二時少し過ぎにはオズワルドはドミノ・ルームで昼食中だったと推測できる。当然、六階でウィリアムズが見かけるはずはない。では、そのオズワルドはいつ食べ終わったのか——これは記録されていない。ただし、「ジュニア」が仕事の手を止めた一一時五五分にはオズワルドは六階にいたという（ウィリアムズの証言。同書、一六八頁）。ウィリアムズが一度階下に弁当を取りに行った間に、オズワルドは誰にも会わずに一階のドミノ・ルームで食事を始めたとすると、すべてがまともにつながるのだ。

そのうえ、一二時二〇分にウィリアムズが五階に下りたというが、ケネディ大統領が倉庫ビル付近を通過する当初の予定時間（一二時二五分）を考えると、ウィリアムズが六階にいる間にオズワルドはその階で射撃準備に入っていなければならない。窓の前に段ボール箱を積み上げて、のちに言われた「狙撃手の巣」を作らなければならない。ケネディの車列が遅れて到着することは誰にも知らされていないのだから——。

「ジュニア」に大統領の車列ルートを聞いたオズワルドだが、肝心の予定時間を聞いていない。しかも「ジュニア」は「午前中に」大統領が来ると答えていたのだ。とすれば、オズワルドはいつ六階に上がり、すべての準備を万全に整え、狙撃に至ったのか。これを明確に検証するのがウォーレン委員会だったはずだ。

ここでウォーレン委員会が聴聞会に呼ばなかった重要な目撃者について検証しておこう。

この目撃者はキャロリン・アーノルズだ。テキサス教科書倉庫会社の秘書をしていた女性だ。彼女はFBIの聴取も受けたのだが、委員会は彼女を無視した。彼女は一九七八年にダラスのジャーナリスト、アール・ゴルツに次のように話している。「オズワルドを二階の軽食堂で見ました。パレードを見に行く途中で。倉庫を出たのは一二時二五分でした」（*Dallas Morning News.* Nov. 26. 1978. 現在は jfk.hood.edu. のサイトで見られる）。つまり、一階のドミノ・ルームで食事を終えたオズワルドは二階の食堂に行き、彼がフリッツ署長に話していたように、「コカ・コーラを（買って）飲んでいた」のだ。ケネディ大統領が狙撃される直前だ。ウォーレン委員会が彼女を聴聞会に呼ばなかった理由は明らかだ。委員会が行きつこうとしている結論を土台から崩す証言となるからだ。

第7章　オズワルド殺害――ジャック・ルビーの謎

大統領狙撃事件から二日後の一九六三年一一月二四日（日曜日）、午前一一時二〇分、オズワルドが射殺された。郡の刑務所での取り調べのためにダラス市警本部の留置所から移送される途中だった。この日の朝、彼の移送が公表されると、駐車場となっている市警本部の地下にはテレビカメラをはじめ、多くの報道関係者が詰めかけていた。オズワルドが地下の狭い通路から駐車場に出て数歩歩いたとき、報道陣のなかから一人の男が飛び出した。オズワルドまで一メートルほどのところに手を伸ばすとピストルを発射した（図14）。腹部に被弾したオズワルドは両腕を二人の刑事に抱えられたまま、その場にうずくまるようにして倒れた。一部始終はテレビで生中継されていた。

図14　オズワルド射殺の瞬間

テレビの生中継で実際に一人の人間が射殺されるのを見た国民は驚愕《きょうがく》した。同時に、多くの人が「口封じ」と感じ、ケネディ大統領暗殺の裏にとてつもない大きな力（組織）が存在することを想像した。しかし、結果として、この出来事によってケネディ大統領暗殺事件は長く暗いトンネルに入ってしまったのだ。

オズワルド殺害の犯人は、もちろんその場で逮捕された。ダラス市内でストリップ・ショーを見せる酒場、カルーセル・クラブの経営者ジャック・ルビーだった。このルビーが、なぜオズワルドを殺したのか、そして彼の背後にどのような人物または組織がいるのかということは、ケネディ暗殺の真相に迫る非常に重要な要因であるはずだ。しかし、オズワルド単独犯行を証明したいウォーレン委員会は、ルビーを真剣に調べることはなかった。

委員会より前に暗殺事件を分析して世に訴えたトーマス・ブキャナンは、オズワルド殺害の動機を「（ケネディ夫人の）ジャッキーがどんなに悲しんだか、カロラインやジョン〔大統領の長女と長男〕がもうパパなしになることを、私は忘れることができなかった」（ブキャナン、一三〇頁）とルビーの供述を引用して説明し、大統領家族への「繊細なセンチメント」が主要な動機だったとしている。

当時高校一年生だった私はこのルビーの発言に何となく共感したのを覚えている。しかし同時に、そんな馬鹿な、という思いが強かったのも記憶している。人が人を実際に殺害するのをテレビ・ニュースの画面で初めて見ただけに、記憶のなかの映像も自分の思いもいまだにかなり鮮明だ。

ルビーについた弁護士は「彼が正気でなかった」（同書、同頁）ことで裁判を乗り切ろうとした。そうすれば死刑は免れる。

だが、すぐにルビーはいわゆる地下組織（「やくざ」）の人間だったという報道がなされた。ストリップ嬢がいる酒場の経営者ということからの連想で、納得のできる情報だった。だが、それ以上に驚きだったのは、ブキャナンが暴露した情報で、ダラス警察の警察官たちが「この札付きのやくざと親密で仲良しの関係に」（同書、一三一頁）あった事実だった。ブキャナンが紹介しているダラス市警の警察官の述懐では、ルビーはよく警察本部に出入りしていて、警察官たちとは「慣れっこ」になっていたという。しかも、「よくドミノをやったり、トランプをやった」りしたそうで、事件の日は「六〇人ぐらいの人間がいた。新聞記者、カメラマン、テレビの技術者、FBIなど。一人ぐらい多くても少なくても、大したことはなかった」（同書、一三一〜一三二頁）と言うほど、ルビーは「身内の者」だったという。

この証言は驚きだ。町の酒場経営者がごく当たり前に警察官たちと親しく交流していたのだ。もちろん、警察への「密告者」（同書、一三二頁）として情報提供の便宜を図るのが、その主な理由だったかもしれない。ルビーはシカゴの暗黒街で知られていた男（本名はルーベンスタイン）で、ダラスでも当然のように地下組織と関わっていたはずだ。

オズワルドを殺害するという数件の脅迫予告はすでに警察に届いていた。それにもかかわらず、ルビーは何のチェックも受けることなく、ピストルを所持して警察署内に入り込んでいたのだ。これはテキサス州のダラスだから当たり前のことだったのか、あるいはアメリカでは、どこでもありえたことだったのかは明白には言えない。ウォーレン委員会がこの辺りの事情を調査していない、いや、調査しようとさえしていなかったことが、これに対する答えなのかもしれない。

委員会は聴聞会でシークレット・サーヴィスのフォレル・ソレルズから、ルビーが彼に言ったという次のことばを得た。「誰かがあのくそ野郎を殺さなきゃならねぇ。警察ができることじゃねぇ」

（『別巻』Ⅳ、一九七頁）。ケネディ大統領の遺族への同情心というよりも、「あのくそ野郎」であるオズワルドを黙らせる必要があると考えていたような言い草だ。

もし「黙らせなければならない」と仮定すると、ルビーはオズワルドが話してはならない内容、つまり公になっては困ることがオズワルドの意識のなかにあるのを知っていたことになる。「俺は嵌《は》められたのだ」とダラス市警の廊下で叫んだことに連《つら》なる事由があったと推定することができる。黙らせるのは本格的な取り調べが待っている郡の刑務所に行く前でなければならなかった。幸い市警は「身内」だった。オズワルドに近づくことはできる。

とすると、ルビーの行動は、ケネディ大統領暗殺には何か大きな力が関わっていること、そしてそのなかでオズワルドが演じる役割について、彼が熟知していたことを示しているのだ。

こう考えたとしても、ルビーとオズワルドが暗殺事件前から互いに知っていたとか、交流があったことを意味するわけではない。ウォーレン委員会は二人の関係を完全に否定した。

しかし、ウォーレン委員会が公刊した証拠類のなかに、ルビーとオズワルドが暗殺事件前に一緒にいたことを示すものがあるのだ。それはダラス市内の弁護士、キャロル・ジャーナギンが一九六三年一二月五日に提出した書簡（『別巻』XXVI、二五五頁。委員会証拠物件２８２１番。ジャーナギンのＦＢＩ報告書）で、一九六三年一〇月四日にルビーの店で二人が一緒だったのを見たと述べているものだ。このなかで、ジャーナギンは翌一〇月五日にテキサス州の公安委員会に電話でこのことを伝えたと明言しているのだ。

ジャーナギンはこの店でルビーがＨ・Ｌ・リーという男と話すのを偶然聞いてしまったという。

二人はテキサス州知事殺害を話し合っていたというのだ。ケネディ大統領暗殺の翌日の朝刊でオズワルドの顔写真を見て、あの晩あのカルーセル・クラブでルビーと一緒だった男だと分かったという。その話では、リーと名乗る男がニューオーリンズから来たばかりで、カネを必要としていると言い、これに対してルビーは「仕事が終わったあとだ」と答えていた。そして、ルビーが本当にできるのかと問うと、リーは「俺は海兵隊の射撃手だぜ」と言ったという（引用はすべて同書、同頁）。

その後ジャーナギンの存在に気づいて、二人の話し声が聞こえなくなったため、このあとの二人の会話は不明だという（同書、二五六頁）。

この直後にジャーナギンが州の公安委員会にかけたという電話の記録はない。また、FBIは彼が相当な酒飲みで「アルコール依存症」の可能性があるとして、彼の情報を重視しなかった。ただ、ジャーナギン本人は、その夜酒は飲んでいたけれど、二人のことは鮮明に覚えていると主張していた（同書、二五八頁）。

ジャーナギンはウォーレン委員会に召喚されなかったし、一〇月四日の夜に彼と一緒だったという女性（ルビーをよく知るとされる）も呼ばれていない。ただ、委員会は地方検事のヘンリー・ウェイドの聴聞会記録を公表している。ウェイドは名前は憶《おぼ》えていないが、ある弁護士から同じような話を聞いた。「でも、本当っぽくは聞こえなかった」（『別巻』V、二三九頁）と証言している。ルビーの裁判に際し、この弁護士、すなわちジャーナギンを見つけて、嘘発見器にかけたが、判定は嘘だった（同書、二三四頁）と話した。だが、次のように付け加えた。「州知事でも殺さなきゃ、やくざ組織に入れないからだろ」（同書、二三三頁）。

ジャーナギンは偽りを語ったとウォーレン委員会は簡単に片付けて、彼の証言内容を追跡調査することはなかった。しかし、そのウォーレン委員会に対して嘘発見器の信憑性《しんぴょうせい》自体に疑問を呈していた人物がいた。ＦＢＩの嘘発見器の専門職員ベル・ハードンが、委員会の聴聞会で、「嘘発見器は一般にそのような名前で知られていますが、実際にはそういう装置ではありません……（中略）……現在のところ客観的な信頼性という点で、科学的根拠は一切ありません」と明言している（『別巻』XIV、五八一頁）。しかも、ＦＢＩのフーバー長官さえ、「嘘発見器で嘘と出たのに、実際には完璧すぎるほど無実だった人を数多く見て来た」（『別巻』V、一〇三頁）と委員会に告げているのだ。

つまり、ジャーナギンが嘘発見器で嘘をついたと結論付けられたからと言って、彼の証言をまったく無視してよいことにはならなかったはずなのだ。ウォーレン委員会は聴聞会を通じて、このことを十分に理解しているはずだった。だが、その、おそらくは重要過ぎる内容を追加調査することはなかったのだ。少なくとも、ジャーナギンを聴聞会に召喚するべきだった。

ジャック・ルビーの経営するカルーセル・クラブは事件当夜から有名になった。しかし、ルビーの住居に関しては長いこと知らされないままだった。だが、実はオーク・クリフ地区にあった。住所は223 S. Ewing Avenue, Apt. 207 だ。いまはもう取り壊されてしまい駐車場になっているが、当時は小さな集合住宅だった。さて、この「オーク・クリフ地区」だ。そう、オズワルドの下宿先、ティピット巡査の殺害現場と同じ地区である（この情報は一九七八年九月二八日、下院暗殺調査委員会が報道陣に公開したものだ。ウォーレン委員会はなぜかこの情報を公表しなかった）。

実際にオズワルドの下宿先からルビーのアパートまではおよそ一マイル半（二・四キロ。十分に歩ける範囲内）の距離しかない。何らかのかたちで知り合いだったとしたら、ルビーの店でなくても会える距離だ。しかも、暗殺事件当時のティピット巡査殺害現場はオズワルドの下宿からルビーのアパートまでの徒歩のルート上にあるのだ（Seth Kantor, *The Ruby Cover-Up.* Zebra Books, 1978, p.385.）。

先に指摘したとおり、オズワルドは下宿に戻ってからどこに行こうとしていて、ティピットと遭遇したのかが重要な問題として残っているわけだが、道順から判断する限り、ルビーのアパートに行こうとしていたと考えることは十分に可能だろう。それでも、巡査を撃ったあと、どうして逆戻りするかたちでテキサス劇場に行ったのかは大きな疑問として残ることにはなるが——。また、マーカム以外の目撃者が、委員会によってオズワルドとされた男は東から西に歩いていた、つまりルビーの住居方向から歩いて来たと言っているので、簡単に行き先を想定することはやはり難しいのかもしれない。

もう一人、嘘発見器で証言を無視された男がいた。ウォルデン・リンチフィールドという、当時三〇歳だったが、一九歳のときに刑務所に入った経験のある男性だった。出所後、プロボウラーを職業とし、ボウリングの指導員をしたり、関連商品の販売員をしたりして生活をしていた。暗殺事件当時は失業中だった。

彼はカルーセル・クラブでルビーとオズワルドが一緒にいるところを見たという宣誓供述書をダラス市警に提出している（『別巻』XXVI、八四〇～八四五頁に委員会証拠物件3149番として掲載されている）。それによると、一九六三年の一一月初旬に、カルーセル・クラブでVネックの白いセーターを着た男とルビーが店の奥の事務所に入り、二〇分ほどして出て来たのを目撃したという。その男を覚えているのは、服装がクラブに来る他の人たちとあまりにも違っていたからだと言う。背広またはは替え上着を着用しているか制服（例のダラス市警だ）が普通で、セーターはあまりにも場違いだったという。そして暗殺事件後テレビや新聞で容疑者の顔写真を見て、そのときの男だと分かったという。彼はしばらくこのことを伏せていたが、友人に説得され「警察に話しに行った」（『別巻』XIV、一〇二頁）。

彼はそこでルイスという刑事に嘘発見器にかけられることになる。ルイスの判断は「被検者は真実を語っていない」だった（『別巻』XXVI、八四一頁）。ジャーナギンと異なり、ウォーレン委員会はなぜか彼を聴聞会に召喚した。そこで実に興味深い供述がなされたのだ。

リンチフィールドが言うには、嘘発見器にかけられたとき、彼には直接その結果は伝えられなかったという（『別巻』XIV、一〇三頁）。しかし、最終的に自分の発言が嘘と判断されたと告げられたときに、それでも「あいつそっくりだったのは確かです」と言った。そして、続けた。

「これだけは言わせてもらいます。もちろん、絶対に自分が正しいなんて言いたくはないですけど……（中略）……警察では『お前は正しいことを言っているのか？』と何度も何度も続けざまに聞かれました。で、私は『あいつみたいでした』と何度も繰り返しました。それでも、また同じように何度も『お前は正しいのか？』と繰り返し聞いてきました。そして、最後に連邦政府の担当官たちが来て、こう言ったんです。『いいかい。お前がいつまでも自分は正しいと言い続けて、もしそれが、そうではなかったということになったら、そいつは連邦法違反になるんだよ』。そう言われて、私は、『うーん、それほどまでには……』と答えたんです」（同書、一〇七頁）。

このリンチフィールドの答えに対して、聴聞担当のヒューバートは「あなたが意見を変えたというのは、つまりその、自分の主張することが間違っているということになると、連邦罪に相当すると分かったからかね？」とわざわざ解釈しているのだ。リンチフィールドはこれに対して「はい」とだけ単純に答えている（同書、一〇八頁）。このリンチフィールドをめぐる聴聞会での発言は、一回の発言が非常に長いので、ここでの訳出は逐語訳ではないが、内容はまったく変えていない。

リンチフィールド言う「連邦政府の担当官たち」が具体的に誰を指すのかは不明のままだが、彼の証言を「あやふやなもの」にしてしまう、それによって証言は「信じられない」としてしまう、巧妙なことばの圧力の具体例をここに見る気がする。多くの冤罪《えんざい》が生まれたのはこうした尋問者側の隠された、だが明らかな「脅迫」によるのだろう。

聴聞会でのリンチフィールドの発言を受けて、ウォーレン委員会はさらに彼を貶《おとし》めたのだ。リンチフィールドが見た男には右のあごに痣《あざ》があったというのだが、オズワルドにはない、という新事実を持ち出し、彼をまったく信頼することはできないと断言したのだ。それは彼が重犯罪で刑務所生活をしていた過去〔註。一〇年以上も前のことだ〕を暴露し、彼の友人たちですら彼は信じられないと言っている（その友人とはポーカー仲間だ。ポーカーというゲームは相手を騙《だま》すことに醍醐《だいご》味《み》があるはずだ）と述べ、これらをリンチフィールドが真実を述べているとは言えない「強力な理由」だとしたのだ（『報告書』、三六一〜三六二頁）。

ウォーレン委員会はついに自分たちに都合の悪い証言をした、あくまでも一般市民である目撃者を公の報告書のなかで「人格攻撃」したのだ。大統領が人選までして特設した調査委員会の中身とは、この程度のものだったのだ。

これでルビーとオズワルドが知り合いだったと証言した二人は完全に葬り去られた。そして、さらにもう一人。それは職業でマジシャンをしている芸名ビル・デマーという男だ。本名をビル・クロウという。

クロウは暗殺事件三日後にシークレット・サーヴィスに宣誓供述書を提出した。そのなかで、彼は「一九六三年一一月一一日と一六日の間で、オズワルドはカルーセル・クラブでの私の出演中に協力してくれた人たちの一人だった……（中略）……ライトが薄暗いので絶対に確かとは言えませんが、新聞で彼の写真を見て、確信しています……（中略）……ただ、彼がルビーと一緒に話をしていたかどうかまでは覚えていません」（『別巻』XIX、三八六頁）。

彼は同じことを事件の二日後にAPの記者にも次のように語っていた。マジックの観客の一人として、オズワルドがいたのを覚えている。マジックへの協力を頼んだときの観客の一人だった、と。そして、ウォーレン委員会の聴聞会に召喚されることになった。

その聴聞会では、一九六三年一一月二四日に彼がインディアナ州にいる友人の新聞記者デヴィド・ホーイに、この話をしたところ、ホーイがあとで電話をしてきて、「身を隠せ。自分の居場所を誰にも知らせるな」と言った（『別巻』XV、一一〇頁）と証言した。

自分の命が危険に晒《さら》されていると思ったのか、そのことを聞いたためでしょうか、という質問に、クロウは「オズワルドを見たと話していたためですよ」と答えた（同書、同頁）。そして、改めてその時の記憶を尋ねられて、「多分その前の週にもいたと思います。見覚えのある顔でした。またクラブのドラマーのビル・ウィルズも、火曜日の夜にも舞台の端、下手の一番前の席にいたと話してくれました」（同書、一一二頁）。

ウォーレン委員会はこのビル・ウィルズを呼ばなかった。だが、彼がＦＢＩに「容貌《ようぼう》が似ていた」と語ったことは記録している（『別巻』ＸＸＶ、五〇六頁）。そして、他の二人同様に、『報告書』のなかでクロウの証言は不確かな情報とし、「カルーセル・クラブの他の従業員の誰一人としてオズワルドを見たという者はいない」と書いたのだ。ビル・ウィルズがいたはずなのに。

ルビーとオズワルドは暗殺事件前から知り合いなのか、またオズワルドがしばしばルビーの店に出入りしていたのかについては、彼らを信じるか否かの問題となる。したがって、三人の証言を無視するか、何らかのかたちで否定すれば彼らの主張はすべて間違い、嘘、記憶違いということになる。委員会はこれを見事に実行した。

知り合いだったとすれば、ルビーはオズワルドが口を割ると困ったことになることを熟知していて、自発的に彼を消す決心をしたか、あるいは二人が関わるより大きな力によって消すことを命じられたか、と推論し、結論することになる。それは当然、ルビーの犯行動機を十分に説明することになる。彼自身が言う大統領の遺族への思いよりも明白に——。

また、二人が知り合いだったとすれば、オズワルドが下宿先を出て向かおうとしていた場所がどこかというウォーレン委員会が決して調べようとしなかったことを、少しでも明らかにすることになったはずだ。いまとなっては二人の関係を明白にするのは不可能だ。

いずれにしろ、ルビーはオズワルドを殺害した。このことがケネディ大統領暗殺事件を歴史的に不可解な事件、「謎の事件」にしてしまったことは否定できない。最重要容疑者が一切の弁明を封じられてしまったからだ。しかし、同時にルビーの行為によって、ウォーレン委員会は恣意的な調査を実行することが可能になったことも、また事実なのである。

第8章　魔法の銃弾——嘘の象徴

1. 魔法の銃弾

ウォーレン委員会の恣意的な調査のもう一つの例が「魔法の銃弾」だ。『報告書』で委員会は次のように述べた。「ほぼ完璧な形の銃弾がコナリー知事のストレッチャーで見つかった」（『報告書』、八一頁。図15）。

改めて説明するが、この完璧な形の銃弾がケネディ大統領とコナリー知事の二人を貫通し、合計で七つの傷をつけ、コナリーの手首の骨さえ粉砕した銃弾だと委員会は結論した。一つの銃弾がこれだけの被害を与えてなお「完璧な形」を保っているはずがない、との理由から当初より「魔法の銃弾」と呼ばれたのだが、委員会は平然と「魔法」は「魔法」ではない、と言い切った。しかも、この銃弾が発見された経緯を次のように説明した。

図15「魔法の銃弾」と呼ばれたもの

「病院到着後、コナリー知事はストレッチャーで第二救急処置室に運ばれた。しばらくしてから、同じストレッチャーでエレベーターに乗り、二階の手術室に移された。この手術室に入る前にストレッチャーから手術台に移された。そのために使われなくなったストレッチャーは病院関係者がエレベーターに乗せた。少しして、病院の管理責任者であるダレル・C・トムリンソンがエレベーターからこのストレッチャーを降ろし、一階の廊下のもう一つ別のコナリー知事の使っていないストレッチャーの隣に置いた。数分後、彼はどちらかのストレッチャーを壁にぶつけたのだが、そのとき銃弾が転げ落ちた」(同書、同頁)。この銃弾がのちに「魔法の銃弾」と呼ばれることになるのだ。

時間経過はかなりあいまいなままだが、委員会はこのように結論した。「トムリンソンは銃弾がどちらのストレッチャーから転げ落ちたのか確かではないと言っているが、委員会は知事が使ったストレッチャーからであると結論した」(同書、同頁)。信じられないほど非科学的な結論だ。銃弾を拾った本人が、その銃弾がどこから落ちたのか確信がないと言ったのに、委員会は勝手に「こっちだ」と決めたのだ。そう決めた理由は一切述べられていない。だが、そうしなければ、ケネディとコナリー知事の二人を同時に傷つけた銃弾と言えなくなるからだ。

トムリンソンは委員会の聴聞会に呼ばれた。当日の行動について語るなかで、自分が一台のストレッチャーをエレベーターから降ろして、すでにあったもう一台と並べて置いたと語った。そのあとで、医師かインターンがストレッチャーを通り過ぎてすぐのところにあるトイレに行った。そのときにその男性が一台のストレッチャーを動かしたというのだ。トムリンソンはトイレに行くのに邪魔だったのだろうと思ったが、その男性はトイレから出て来たときにストレッチャーを元に戻さずに行ってしまった。それで、彼がこれを元の壁際に押し戻したのだと説明した（『別巻』Ⅵ、一三〇頁）。

このあとのやり取りが実に興味深いのだが、聞き手は委員会の顧問だったアーレン・スペクターだった。彼はある時点で病院の見取り図を持ち出し、「エレベーターから降ろしたストレッチャーの位置をマークしてAと記入してください」と言った。いくつかの質問のあとで、彼は「では、ストレッチャーAをエレベーターから降ろしたときに廊下にあったストレッチャーをBと記入して下さい」と続けた。トムリンソンがこれに従うと、スペクターはこう聞いた。「銃弾はどっちのストレッチャーからですか？」当然、Aのはずだ。ところがトムリンソンは「Bだと思います」と答えた。さらに、このBに血染めの布があったと続けたのだ。

Aのストレッチャーが予測した答えだったのに、まったく異なる答えが出た。しかも、自分たちが把握していなかった「血染めの布」が現れた。聞き手は焦ったことだろう。

ケネディとコナリーは病院入口からストレッチャーで、それぞれの処置室に急行していた。どちらも「血染めの布」など使うはずはないし、コナリーの処置室から回収されたストレッチャーだったとしても、この「布」がその上に残された状態で室外に出されるはずはないからだ。

少しして、スペンサーは改めて聞いた。「トムリンソンさん。あなたがエレベーターから降ろしたのがAで、Bではないというのは確かですかね？」このタイミングでなぜ、また？　という質問だ。これに対して、トムリンソンは「実は、それほど確信が持てません。正直言って、それほど注意していたわけではないので――」と苦しい胸の内を吐露《とろ》した。その後も執拗に繰り返されるA

かBかの質問に、ついにトムリンソンは「Aだか、Bだか、どっちだったか確かじゃありません」（同書、一三〇～一三四頁）と言うことになった。いや、無理矢理そう言わされたのだ。

質問者のスペンサーが委員会の望む通りの答えをさせようとしている様子があまりにも露骨で、資料を読んでいる側も気分が悪くなるような場面だ。AかBかを執拗に繰り返すスペンサーに、トムリンソンが次第にいらついている印象を受ける。最後の「どっちだったか確かじゃありません」の発言の裏には、「どっちだっていいだろう。細々とうるせぇなぁ」という気持ちが込められているように感じられる。

しかも、途中では、トムリンソンがエレベーターで見つけたストレッチャーはどこから来たものだと思うかなど、彼を困らせようとしているとしか思えない質問さえしているのだ（同書、一三四頁）。ただ、委員会としては、明確にAと答えてくれない限り、自分たちの勝手な結論を擁護できないのだ。ただし、この問題はあとに触れるケネディとコナリーが負った傷と関係してくるので、そのときにもう一度扱うことになる。とりあえず、いまはトムリンソンの強引な聴聞のことを記憶しておいてほしい。

最後に、改めて記しておくが、ケネディ大統領は病院の救急入口からストレッチャーで地下一階の第一救急処置室に運ばれた。通常はここでストレッチャーから処置用のベッドに移動させられるのだが、彼の場合はその緊急性が優先され、ストレッチャーのまま処置が施されていた。つまり、一階の廊下にあったストレッチャーは絶対にケネディ大統領を運んだものではないのだ。ウォーレン委員会がむきになって決めようとしたこと自体が茶番でしかない。

ここで、「魔法の銃弾」に関して、おそらくは最も重要と思われる問題に触れておきたい。それはこの銃弾の最終命中者であるコナリー知事の傷についてだ。当時のテキサス州知事だったジョン・コナリーは夫人とともにケネディ大統領夫妻と同じ車に乗っていた。彼は大統領の座席の前に設えられた臨時の補助席に座っていて、大統領同様、狙撃の対象になって重傷を負った。

彼が負った傷を確認しておくと、右背中に銃弾の入口の傷、右胸の乳首の下に出口の傷、右の手首の骨を粉砕するかたちで、手の甲の側に入口の傷、手の平側、つまり腕の内側に出口の傷、左脚の大腿部に銃弾による傷があり、貫通はしていない。つまり、胸に銃弾による後ろから前への貫通傷、右手首を貫通した銃弾による傷が際立った傷だった。このあと（本章の２．一七六頁以降と第10章）で説明するザプルーダー・フィルムの映像では、ケネディ大統領が最初の被弾（最初に射撃された銃弾という意味ではない）に反応した動きを見せたときには、知事は右側の人たちのほうを向き、挨拶しているように見える。そして、一瞬、正面を向いた直後に何かの異常に反応した動きをしている。彼の右手はこのときまでには確認できない。だが、映像を見る限り、彼の右胸に右手はない。右手は座った膝の上にあると思われる。

それなのに、胸を貫通した銃弾が右手も貫通した、そして左の大腿部に着弾した、とウォーレン委員会は主張するのだ。この主張には根拠がない。

というのは、映像を確認すると大統領車が道路標識に隠れてしまう直前の二〇四コマ目（『別巻』XVIII、一七頁）ではケネディは明らかに右手を上げて群衆に応えている。彼の姿が画面の端に再び見え出すのは二二四コマ目だ。このときには前の座席の背もたれに寄りかかるようにして、右手で首の辺りを押さえながら左手で体を支えているのが確認できる（同書、二二五頁）。つまり、大統領車が道路標識に隠れている間の二〇コマ分のどこかで、彼の喉に銃弾が命中したと考えられる。時間にして一・一秒だ。そして、コナリーが明らかに異変を示すのが二二八コマ目になるので、あくまでも映像で見て取れる範囲での話だが、二二四コマからでも四コマ分、コナリー知事の反応は遅いわけだ。ここに九分の二秒の差がある。ケネディは二二四コマ目よりも前に撃たれているはずだから、おそらくはケネディとコナリーに命中した銃弾は一秒ほどの時間差があったと考えるべきだ。つまり、どう見ても、二人が同じ銃弾で撃たれたとは考えられない。

コナリー自身が「（前略）私自身が絶対的に知っている範囲では、これは家内も同じだが、大統領を最初に傷つけた銃弾とはまったく別の銃弾が私に命中したのだ」と語っているのだ。彼は、大統領の異常を感じて後ろを振り向いたときに自分が撃たれたとも語っているのだ（Benson. 四七頁）。

コナリー知事を治療した医師たちの意見は次の通りだ。事件当日の午後四時から四時五〇分に彼の手首の手術をした医師の一人、チャールズ・グレゴリーはウォーレン委員会に対して、「コナリーに命中した銃弾は彼以外の何かに当たったはずはない」と婉曲な言い方だが、委員会の言う「魔法の銃弾」を否定している。手首の骨の被害状況からの判断だ（『別巻』Ⅳ、一二六頁）。

魔法の銃弾の最終到達地である大腿部の手術をした医師の一人のロバート・ショウも委員会に対して、コナリーの大腿部から取り除いた金属片（銃弾の一部）から判断して、「すべての傷が一発の銃弾という説明は無理だ」と断言しているのだ（同書、一一四頁）。同じく、ジョージ・シャイアーズ医師も大統領と知事が「同じ銃弾で撃たれたとは考えられない」と明言している（『別巻』VI、一一〇頁）。

医師ではないが、事件の三～四日後に知事の病室の移動に立ち会ったテキサス州警察の巡査チャールズ・ハービソンは「知事の脚の傷から銃弾の破片が数個落ちたのです。ＦＢＩに手渡しました」（Benson. 一一〇頁）と話している。当然、この破片は、いまもってどこにも存在していない。同様に手首の手術を担当した看護師のアンドレイ・ベルもこう語っている。「手首から除去された銃弾の破片は四つか五つありました。全部封筒に入れて、政府の担当者に渡しました。小さいほうはマッチ棒の先の火をつける部分の大きさで、大きいほうはその二倍位でした。魔法の銃弾の写真を見たのですけれど、あれだけの破片が生じた銃弾だとはどうしても思えません」（同書、同頁）。

コナリーの治療に当たった人たちから、彼の手首や大腿部に「実在」した銃弾の破片のことが語られているのだ。看護師ベルが言うように、彼女が見た破片の状況から、魔法の銃弾はありえない。ケネディを貫通した銃弾がコナリーをも傷つけ、二人に合計七つの傷を負わせることなど決してないのだ。二人は別の銃弾を受けた。特にコナリーは、胸と手首はまったく別の銃弾、つまり彼には少なくとも二発の銃弾が当たっていることになるはずだ。

魔法の銃弾が、いかにいい加減なものかは以上から明らかだ。だが、これまでウォーレン委員会を批判してきた著作のなかでコナリーの傷の詳細に注目したものがほとんどない、という事実はまた驚きでもある。委員会はコナリー知事の大腿部から落ちた銃弾だと言い張っているのだから、この大腿部の傷とその手術をした医師、看護師の証言は無視できないはずなのに、委員会はまったくの無関心を装ったのだ。

2. 三発説とザプルーダー・フィルム

ここで話を進める前に、ザプルーダー・フィルムと三発説を確認しておきたい。

周知のことだが、事件当日、教科書倉庫ビルとはヒューストン通りの反対側にあるビルに仕事場を持つ縫製会社の経営者、エイブラハム・ザプルーダーが、自分の孫の成長を記録するために購入したばかりの八ミリ撮影機で大統領の車列を撮影していた。彼は撮影に最適な場所として、教科書倉庫ビル西側にあるパーゴラの突き出し部分（図16）によじ登った。身長一七〇センチの私が二〇代、三〇代のときでも、これに登るのは結構骨が折れた。数回試みたが、その都度両腕にしっかりと力を入れ、相当な力で地面を蹴らないと登れなかった。彼は当時五八歳で、女性秘書を同行していたのだ。本人はもとより、彼女を上に引き上げるのは特に大変だったと思う。

とにかく、彼は大統領の車列がエルム通りに左折するところから撮影を開始した。

暗殺事件当日の午後二時、シークレット・サーヴィスのフォレスト・ソレルズが彼に接触し、八ミリカメラのフィルムを未現像のまま手放させることになった。ソレルズはこのフィルムの現像をニューヨーク市のコダック社に依頼した。ここでおそらくは五つほどのコピーが作られたようだ。現在、原本とされるフィルムは国立写真資料館に収められているが、ザプルーダーに一本手渡され、

図16　この広く、平らな部分にザプルーダーは立っていた。すぐ向こうに写る道路をケネディ一行が通過することになっていた。

これを後日ライフ社が一五万ドルで購入したと言われている。また、ダラスの石油王ハワード・ハントが一巻購入したことが分かっているが、価格は不明だ。シークレット・サーヴィスのトマス・ケリーが暗殺事件翌日に受け取り、ＦＢＩがこれのコピーを一二月四日に受け取っている。

その他、現在いくつあるのかまったく不明だが、現像されたフィルムがザプルーダーを含めた調査関係者に試写されたのは事件翌日の二三日だった。この試写を見た人々の衝撃が大きすぎて、これを一般公開しないことにしたのだが、『ライフ』誌（一九六三年一一月二九日号）が暗殺特集号の冒頭にフィルムから抽出した静止画像を数枚公開した。同じく、『ウォーレン報告書』も『別巻』の第一八巻で一頁から八〇頁を使って一コマずつ、第三三四コマ目までを順番に掲載した。また、一九六九年二月にニューオーリンズの地方検事ギャリソンが裁判中にこの八ミリフィルムを映写した。この裁判所内での映写が一般市民（陪審員と傍聴人たち）が動画としての映像を見た最初になる。

その後、一九七五年三月六日にNBCの「グッド・ナイト・アメリカ」という番組内でテレビ放映されて全国一斉の初公開となった。現在、時に、大統領が狙撃されるのを全国民がテレビの生中継で見たと書いたり話したりする自称暗殺研究家などが複数いるが、これは大きな間違いで、当日のパレードはテレビでの生中継はなかった（ダラス到着時は中継があったようだが、昼食会場からの中継が最優先されて、パレードは放映されなかった）。大統領殺害という現実を国民が見られるようになったのは、このNBCの英断後である。

それはそうと、この映像は事件を調査していた警察や、のちのウォーレン委員会に大きな影響を与えた。これまでに何度か言及したが、『報告書』よりも前に公刊されたブキャナンの本では、「最初の公式な解釈は撤回され、第二の解釈がそのあとに出た。警察は発射が開始されたとき、車はまだ角を曲がっていなかったと声明した。オズワルドは車が前方から近づきつつあったときに、例の隅の窓から一弾を発射、遠ざかって行く車にさらに射撃を続けたというのである。警察の言うところでは、事件がこのように起こったと誓言する用意のある証人が何人かいるとのことだった——そして、確かに彼らはそう誓言したのである」（ブキャナン、八二頁）。つまり、大統領は教科書倉庫に向かっているときに「前から」撃たれたと当初発表されていたのが、このフィルムの最初の試写後、教科書倉庫ビルを過ぎたあと「後ろから」と訂正されたのだ。

警察発表、しかも何人もの宣誓できる目撃者がいたはずなのに、射撃時の大統領車の位置を変えたのは、ひとえにこの、のちにザプルーダー・フィルムと呼ばれるようになったものの大きな貢献だったのだ。

しかも、このフィルムは一コマ一八分の一秒で撮影されているために、狙撃の時間経過を克明に示していた。したがって、この映像はケネディ大統領暗殺事件の詳細を示す最高の証拠・資料となった。そして、最初の銃弾が発射されてから六・五秒の間に大統領は致命傷を負い、左に座っていた夫人のほうに大きく倒れ込んでいったことが明らかになったのだ。

ただ、音声が同時録音されていたわけではないので、全部で何発の銃弾が発射されたのかは不明だ。大統領の最初の反応は自分の喉に両手をあてがうようにしながら、前方の座席の背もたれに倒れそうになることだった。そして彼が少し左に傾き出したときに強烈な衝撃が彼の頭部に加えられ、夫人のほうに大きく倒れ込んだのだ。夫人は車の後ろのトランクの上に這うようにして何かを取りに行った。そこに、シークレット・サーヴィスの係官、クリント・ヒルが後方の車から走って追いつき、夫人を座席のほうに押しやり、自分はトランクの上に腹這うようにして大統領夫妻を守ろうとした。車両はそこで速度を上げるので、カメラはその動きに追いつかなくなった。

映像はフィルムの一コマずつ番号がつけられ、その後の調査では何コマ目にどういう動きがあったのかと事件の経過を追う重要な役割を持つことになった。

ただ、かなり早い時期からフィルムは何らかの意図で修正されているのではないか、という疑問が付いて回った。四コマ分が、いやもう数コマ分が抜き取られているのではないか、そのために狙撃の時間が短くなっているのではないかと議論されていた。近年、映像解析の機器と技術が発達したこともあり、ザプルーダー・フィルムと呼ばれるようになった映像の細かい解析および分析がなされるようになった。その結果、フィルムの修正や改竄《かいざん》が行われていた証拠が多数見つかったのだ（特に、James H. Fetzer. Ph.D. *The Great Zapruder Film Hoax: Deceit and Deception in the Death of JFK.* Chicago:Catfeet Press. 2003：未訳。この問題は改めて第10章で扱う）。

そのため、ザプルーダー・フィルムがかつて持っていた、現場の出来事を忠実に表しているという点が疑われるようになってしまっているのも確かだ。しかし、ウォーレン委員会がこの映像を大いに頼りにしたことは間違いないし、同時に映像によって他の証拠を無視することにもなったのだ。

この映像と最も関係のある問題が「三発説」だ。狙撃は三発――というのは、実に早い時期に決定されていた。当日、事件勃発後、四五分ほど経過した頃に教科書倉庫ビル六階の東南の窓際から三個の空薬莢が発見されたために、発射された銃弾は三発だと結論されたことはすでに述べた。そのとき、三つの空薬莢と発射された実弾の数の齟齬《そご》に関しても強調しておいたが、ここで改めて指摘したい問題は、空薬莢が見つかるはるか以前にすでに「三発」が決定事項になっていた事実だ。

暗殺現場で偶然撮影された写真のなかに、有名な「モアマン写真」（図17）がある。大統領が頭部に被弾する直前か直後を映し出したものとして広く公開されている写真だ。これはメアリー・モアマンという女性が自分のポラロイドカメラで撮影したものだが、このモアマンと並んで立っていたのがジーン・ヒルという女性だった。大統領車が過ぎて行くと二人はその場にしゃがみ込んだ。目の前で起こったことの恐ろしさと、自分たちの命の危険を感じたためだったという。

図17　モアマン写真（おそらくは頭部への被弾直前か直後。→がケネディ大統領）

すぐにFBIを名乗る男がやって来て、モアマンに写した写真を全部渡すよう要求したという。重要証拠だから、とのことだった。彼女は持っていた写真を渡したのだが、たまたま一枚だけポケットに残ったのがあった。それが「モアマン写真」だ。（Jean Hill & Bill Sloan. *JFK: The Last Dissenting Witness*. Gretna: Pelican Publishing Company, 1993. p.252-254.）。

このとき、ジーン・ヒルは銃声について、五発だった、いや少なくとも五発だったと話したという。写真を受け取った男が去ると、すぐ別の男がやって来て、彼女に銃声の数を聞いた。ヒルはまた同じように答えた。すると、その男は「いや、そんなに多くはないはずだ。三発だ」と言ったという。男と三発か五発かで言い争ったあと、彼女は近くのビルに連れて行かれた（同書、二七頁）。彼女の記憶では郡の公文書館か裁判所だったというのだが、入れられたのは三階の狭い部屋だった。ほぼ監禁状態のなかで五発ではなく三発だと認めろと強要されたという。数名の男たちがいて威嚇《いかく》する態度だった。彼女は五発（以上）にこだわり続けたが、とうとう最後には三発と認めざるをえなくなったという。彼女がその日自宅に戻ったのは午後九時だった（同書、三四頁）。

ジーン・ヒルは委員会の聴聞会に一九六四年三月二四日に呼ばれた。本人確認のあとすぐに「全部で何発でしたか？」と質問担当のスペクターが聞いた。「これまでずっと四発から六発と言い続けてきています」と彼女が答える。そして、「三発、続けざまに、そして一瞬おいてもっと」あったと続けた。スペクターはその音の間隔を執拗に聞くのだが、最初の三発とその後の銃声とを分けて、最初の三発にかかった時間を執拗に聞いた。ヒルは「とにかく短い間隔」だったと繰り返していたが、唐突に「使われた銃は何だと思う？」などという無理な質問さえされた。ヒルは最後に「まだ音は聞こえている気がします。それで、もっと多く、四発か六発です。そう、少なくとも四発ですが、誓って言えるのは五発か六発です」（『別巻』Ⅵ、二〇七頁）。ヒルの主張は一貫して変わらなかった。

だが、スペクターは何発目（ヒルは一発目では大統領に何の動き＝反応もなかったと言った）がどこにどう当たったのかを細かく聞き続ける。ジーン・ヒルはモアマンに伏せるように言われたので、銃声の途中からは大統領を見ていないと言うのだが、まるでヒルの証言をすべて、例によって「いい加減」かまたは「嘘」としたいような質問を繰り返すのだ。彼女の聴聞会の最後の部分はほぼ七頁にわたって、彼女がマーク・レインに話をしたか、会ったことがあるかの話題に移っている。

マーク・レインは『ケネディ暗殺の謎』というタイトルで翻訳されているウォーレン委員会批判の著作を発表した弁護士だが、目撃者ジーン・ヒルの召喚理由とはまったく関係のない話だ。

ジーン・ヒルが三発ではないと言い続けていたことは、彼女が「教員」だったことを考えると信憑性は高いだろう。映画監督のオリバー・ストーンに勧められたことで、一九九三年に出版することになった彼女の著書（前掲書）では、聴聞会後、車のブレーキが突然利かなくなったことなど、いくつか遭遇した恐怖の出来事についても書いている。彼女の話によれば、事件直後、つまり射撃が終わった直後にもうすでに「三発」が確定していて、「監禁」までしてそれを認めるよう強要した何者か（彼女も定かではないし、聴聞会でも触れなかった）がいたことは、暗殺調査において絶対に無視できない出来事だったはずだ。聴聞会では銃声の数よりも、このことを問題とするべきだったのだ。

3．ケネディ大統領の傷——パークランド記念病院

狙撃現場から猛スピードで走り去った大統領車は高速道路を使い、約五分後にはパークランド記念病院に着いた。すでに受け入れ態勢をとっていた病院関係者たちは車から大統領を降ろすと、緊急処置室に彼を運んだ。

ケネディ大統領はここで気管切開による気道確保、心臓マッサージなどの処置を受けるが午後一

時、ついに帰らぬ人となった。

この病院で青銅の柩《ひつぎ》に納められた大統領の遺体は大統領専用機によってワシントンDCに運ばれ、さらに車でワシントン郊外のメリーランド州ベセスダにある海軍病院で検視を受けた。その後、葬儀を経て、一九六三年一一月二五日、狙撃三日後にワシントン特別区内のアーリントン国立墓地に埋葬された。

ケネディ大統領の狙撃後の体、つまり彼が負った傷はパークランド記念病院の医師たちと看護師(当時は看護婦と言った)たちによって注視され、さらに海軍病院の検視担当医たちと検視助手たちによって確認されていた。

『報告書』には海軍病院での検視報告とパークランド記念病院の医師たちの治療報告が掲載されている。検視報告は拙著『秘密工作　ケネディ暗殺』に巻末の付録として全文訳して掲載しているので、参考にしてもらえればと思うが、パークランド記念病院の医師たちの所見については訳出されていないので、『報告書』付録Ⅶ、五一六～五三七頁を参照していただくしかない。


まず、パークランド記念病院でのケネディ大統領の状態だ。大統領車からストレッチャーに移された彼は、そのまま緊急処置室に運ばれ、本来の処置台に移されることなく、ストレッチャーの上で治療を受けることになった。

確認された傷は、右後頭部(右耳の後ろ辺り)に直径約五センチの大きな孔《あな》(頭蓋骨欠損)と喉仏の下、ちょうどネクタイの結び目に相当する辺りに直径六ミリほどの小さな円い孔(すぐに銃弾の射入口と判断された）の二つだった。

心臓は動いていた。弱いが呼吸もしていた。つまり彼はまだ生きていたのだ。

マルコム・ペリーという外科医が喉の小さな孔を横切る形でほんの少しメスを入れ、カテーテルをこの孔から挿入する臨時の気管切開をして気道を確保し、呼吸を楽にさせようとした。だが、弱かった心臓の動きが止まったため、ペリー医師は大統領に馬乗りになり心臓マッサージを施した。医師は必死だった。無駄と判断した同僚の医師たちと看護師たちが途中で止めようとしたが、彼は黙って続けたという。だが、そのような彼の努力も虚しく、心臓は二度と動かなかった。午後一時、ペリー医師によって臨終が宣告された。

パークランド記念病院で施した処置はそれだけだった。マルコム・ペリーの他八名の医師（神経外科部長も含まれる）たちが処置に立ち会い、終了後それぞれが所見報告書を書いている。全員が同じ二つの傷を確認している。後頭部の傷からは小脳と大脳の一部が見えていて、すぐには手の施しようもない傷と判断された。ロバート・マクレランド医師だけが、左後頭部と述べているが、あとは全員同じ右後頭部に傷を見ていたし、喉の傷に関しては全員が銃弾の射入口であることを確認している。

ただし頭部の傷に関しては、その存在を全員が確認し、銃弾の射出口、つまり出口であることには大方同意しているのだが、この「出口」に相当する「入口」が見つからないために、医師たちのなかには多少の混乱があった。

銃弾が斜めに当たったため入口と出口が一ヵ所になったとする者、命中と共に爆発する銃弾が使われたとする者、また喉から入ったはずの銃弾の明確な出口がないために、喉に当たった銃弾が後頭部から抜けたと考える者もいた。

パークランド記念病院の医師たちが、緊急処置室で瀕死の大統領の救命を最優先するなかで傷の状態を冷静に観察し、どういう傷であるか判断することは、おそらく不可能だっただろう。銃弾が貫通せず体内に留まっていると考えられても、これを探し出して摘出する余裕などなかった。ただ、同病院で確認された二つの傷は、一つは射入口として医師たちの判断が一致したが射出口はなく、またもう一つの射出口と思われる大きな傷には射入口がないというもので、これには日常的に銃創を見ていた医師たちも困惑した。そう、彼らにとって、銃創はあまりにも「日常」だった。記録では、事件のあった一九六三年の一年間だけで、この病院では一二七一人の銃創患者を受け入れていた（Benson, 二〇七頁）。月に一〇〇人ほどということだ。

銃弾の入口の傷は小さな孔で、傷口もきれいな円い孔となる。出口は逆に骨でも皮膚でも回転する銃弾によって組織が大きく破壊されるために、不定形の大きな孔となる。これが通常の判断基準であり、ダラスのように誰もが銃を所持できて日常的に銃による不祥事件があるところでは、医師たちは見慣れているはずだ。それでもケネディ大統領の体に残っていた銃創はその医師たちの判断を狂わせるものだった。喉の傷は明らかに前からの狙撃を示していたが、後頭部の傷は銃弾の方向がよく分からない傷だった。

しかし、すぐに葬儀社が呼ばれ、亡くなった大統領の名誉のためにも「遺体」となった大統領はその地位にふさわしい青銅の柩《ひつぎ》（葬儀社にあった最高級の柩）に納められた。だが、この時点で病院では大きな騒動が起きていた。当時はまだ大統領暗殺という事案について明確に連邦法で規定されていなかったので、すべての調査権を現場であるテキサス州が持っていたはずで、本来なら最初の調査となる遺体の検視もテキサス州内で行われなければならなかった。したがって、ダラス市警もテキサス州警察も検視は州内でと主張した。しかし、シークレット・サーヴィスをはじめとする連邦政府関係者たちは、大統領なのだからワシントンで検視をする（熟慮すると理屈になっていないのだが）と主張し、柩を自分たちで運び出そうとした。約二〇分間の押し問答があった。最後は連邦関係者がピストルを抜いて脅しをかけ、かなり強引に病院の外へ柩を運び出し、飛行場で待つ大統領専用機に運び入れたのだ。

後日、ケネディ家から特別な許可を得て、この暗殺事件を書くことを許された唯一のジャーナリスト、ウィリアム・マンチェスターはこの異常な場面を詳細に記している（宮川毅訳『ある大統領の死』恒文社、一九六七年、下巻、四四九～四五七頁）。

柩が機内に運び込まれると、飛行機の前部でジョンソン副大統領がテキサス州地方裁判所の判事立ち会いの下で大統領就任の宣誓を行い、第三六代合衆国大統領に就任した。血染めのドレスを着たままのケネディ夫人を横に侍《はべ》らせての「暴挙」だった。これによって、ジョン・F・ケネディは大統領ではなく、前大統領（別の意味では単なる一般国民の一人）としてワシントンに戻ることになった。このあと、執り行われるはずの葬儀も埋葬も、現職大統領として取り扱われることはなくなった。もちろん、これは単に儀礼上の問題で、アメリカ国民の気持ちはあくまでも「ケネディ大統領」だったことは否定できないけれど——。

宣誓が終わると専用機はワシントンに向けて離陸した。ワシントンＤＣの北に位置する空軍のアンドリュース基地に着陸した。午後六時（時差があるので、ダラスはまだ午後五時だった）のことだ。

第9章　ベセスダ海軍医療センター――検視と検視報告

1．病理学専門の検視担当医

ワシントンDCの東に隣接するアンドリュース空軍基地（メリーランド州にある大統領専用機の基地）には、ケネディ大統領の実弟で司法長官を務めていたロバート・ケネディが大統領の遺体と夫人の到着を待っていた。大統領機が到着し、タラップがつけられると、彼は機内に飛び込み、義姉の大統領夫人と柩とともにタラップを下りた。そして、出迎えの霊柩車に一緒に乗ると、空軍基地からDCの反対側にあるベセスダの海軍医療センター（以下、海軍病院とも。この施設は現在では陸軍が管理する総合病院となっている）に向かった。およそ五〇分で病院の正面入口に到着した。

二人は車を降りるとすぐに最上階にある特別室に案内された。検視が終わるのを待つためだ。検視を担当したのはこの病院の軍医、ジェイムズ・ヒュームズ中佐で、ソートン・ボズウェル中佐と、ヒュームズが個別に要請した近くの陸軍病院の医師ピェール・フィンク陸軍中佐の二人が補佐に入った。ただ、この担当者たちは全員病理学が専門だった。フィンクは銃創に関する法医病理学が専門だった。病理学専門ということは通常は患者に接することがないわけで、実際の怪我や疾病《しっぺい》に対応した経験がほとんどないということだ。特に、主任検視医として最終的な検視報告を書くことになったヒュームズは犯罪の検視自体、初めての経験だったと言われている。

まったくの門外漢たちが被弾して死亡した大統領の検視を担当したわけだ。魔訶《まか》不思議なことで、これがのちのち大きな問題となったのは当然だった。

さて、検視は午後七時五分から三〇分までに始まったはずなのだが、記録が錯綜していて八時三〇分と記録しているものもある。翌二三日の午前零時二〇分には検視が終わり、一応の結論が出されていた。柩とともに大統領夫人たちがホワイトハウスに戻ったのは午前三時頃だった。

2. 検視報告——死体以外に「入手可能な情報」は必要か?

検視の結果は日曜日（一一月二四日）に提出され、大統領の被害状況を知る最も重要な資料となった。これは『ウォーレン報告書』にも付録Ⅸとして掲載されている。ただこの検視報告には日本語訳がない（大森実監修の『報告書』の訳書、『ケネディ暗殺の真相　ウォーレン報告』毎日新聞社外信部訳、弘文堂、一九六四年、においてもこの部分は訳出されていない）ため、検視報告からの本書での引用は拙著『秘密工作　ケネディ暗殺——天国からのメッセージ』（彩流社、二〇〇三年）の巻末に収録した拙訳によるものとする。

では、まず「検視報告」を見てみることとしよう。報告はその冒頭でこう述べている。

入手可能な情報によると被験者、ジョン・F・ケネディ大統領は一九六三年一一月二二日……(後略)……。(『秘密工作　ケネディ暗殺』、三五七頁)。

これを読んですぐに奇異に感じることは、「検視報告」の冒頭にこの「入手可能な情報による」の文言があることだ。検視は遺体の状態をしっかりと調べて、その死因を明らかにすることであり、特にこの事件の場合死因は明白なので、銃弾の方向、角度を明確に割り出し、狙撃犯人の位置を特定することであるはずだ。そのためにはケネディ大統領の遺体だけが検証対象であるはずだ。それなのに、ヒュームズは入手できる外部からの情報を参考にしたことを明言している。なぜそんなことが必要だったのだろうか。

そして続いて出てくるのが例の「三発」だ。報告はこう書いている。「三発の銃声が聞こえ、大統領は頭部から血を流しながら前方へ倒れた」(同書、同頁)。大統領に命中した銃弾の数は、彼の遺体の傷から判断するべきことであって、現場で聞こえたとされた銃声の数を問題にする必要などない。現場では、前述のジーン・ヒルのように、それ以上の射撃音を聞いていた者もいたのだ。ヒュームズは現場にいなかったし、ケネディの同乗者だったコナリー知事が同時に負傷したことは知っていただろうが、彼の傷の数やその状態も知らなかったはずだ。それゆえ、なおさら伝聞に近いかたちの「入手可能な情報」などに頼ってはならないし、頼る必要もないはずなのだ。ケネディに何発命中したのか、銃弾はどの方向からだったかの二点を遺体から判断すれば十分だった。それほど難しいことではないはずだ。

ところが、ヒュームズはその情報源として『ワシントン・ポスト』紙の記事に言及する。それも事件翌日、つまり検視終了当日、土曜日朝の新聞記事だ。その新聞記事がすでに完了した検視結果に何らかの影響を与えたとすれば、その検視は一体何だったのかということになる。自分が自分の目で確認したことから検視結果を導き出したのではなく、検視後の翌朝に読んだ新聞によって、彼が結論とする検視結果に到達したというのだ。

続けて、パークランド記念病院でペリー医師が見た傷の状態が説明されているのだが、次のように始まる。「（前略）……ダラス市内のパークランド記念病院……の緊急処置室でマルコム・ペリー医師が大統領の治療に当たった。（翌日、二三日に）直接電話で話したところ、彼が目にしたことと大統領の死亡前に処置室内で施された処置に関して……情報を得た」（同書、同頁）。自分の眼前にあった遺体の状態を説明しなければならない検視医が、検視翌日に電話で話をしたまったく面識のない一人の医師の話を検視報告書の冒頭に載せた――これは異常としか言いようがない。

しかも、不可思議なのは、この検視報告の最後にある「要約」の部分だ。この部分の冒頭で「……（前略）……被験者は特定不能の一人または複数の人間によって発射された高速の銃弾によるニつの貫通銃創によって死亡したというのが我々の結論である」と書き、「検査の結果および入手可能な情報からでは、二つの傷の順序に関しては満足のいく推定をすることは不可能である」

（同書、三六一頁）と続いているのだ。

ここでヒュームズ医師が検視の結果、到達した結論として「一人または複数の人間によって発射された」と断定している点に注目するべきだろう。傷を詳細に検討した検視医たちは狙撃手が複数いた可能性に言及しているのである。ということは、ウォーレン委員会はこの複数狙撃手の可能性を調べなければならなかったはずだ。大統領の傷が複数の「犯人」の可能性を示していたのだから。

だが、委員会は最初から「単独犯行」に拘泥《こうでい》した。ヒュームズが書いた「検査の結果」という検査は、当然自らが行った検視のことだろう。だったら結論は検査のみで十分なはずだ。わざわざ報告書の最後に改めて「入手可能な情報」を付け加える必要はない。もしこれを記入しなければならなかったとすれば、それはそうしなければならない何らかの事情がヒュームズにあったということになるはずだ。つまり、検視では十分に分からなかったから外部の情報を使ったということだ。

検視の経験のない病理学医だから仕方ないのかもしれないが、通常ならありえないことだ。それでもヒュームズが海軍の医療センターの医師であり、付属する海軍医科大学の教員であり、傷の状態を確認するぐらいのことはできるはずだ、という前提に立って彼の報告を読むと、彼が「入手可能な情報」に頼らざるをえなかった事情が理解できる。それは彼の目の前にあり、彼がその手で触っている遺体の状態があまりにも医学的な、いや一般的な「常識」では考えられないほどの状態、言い換えれば想像を絶する状態だったからなのだ。

では、彼が実際に見た遺体はどのような状態だったのか。検視報告を確認しよう。

3. 傷——その一　右眼窩《がんか》の上縁の浮腫《ふしゅ》と前頭骨部分の骨折？

ヒュームズ医師が最初の遺体の一般所見として指摘しているのが「右眼窩の上縁に広がる形で浮腫状になった凝血箇所があるが、この下にある骨は異様に動いた」（同書、三五八頁）だ。特別問題があるようには感じないだろうが、「右眼窩の上縁に広がる……浮腫状……（の）凝血箇所」は右目の上の眉毛のあたりの皮膚に皮下出血があって、そのために「そこが腫れている」（同書、同頁）ということだ。ケネディ大統領の顔にそのような皮下出血があり、しかも腫れているとなれば、パークランド記念病院の医師たちも、また緊急処置のために大統領の衣服を脱がせた看護師たちも気づかないはずはない。しかし、パークランド記念病院の誰一人としてこの内出血を報告していない。

大統領の頭部から飛んだと思われる骨を拾いに車のトランクのほうにはい上ったケネディ夫人は、座席に戻ると病院までの道のり、大統領の頭を膝の上でじっと支えていた。その夫人からも、夫の顔の傷や異常は一切語られていない。

しかも、その浮腫状の内出血の下の骨（眉の下の頭蓋骨）が異様に動いた」という。この部分の骨が動いたとはどういう意味だろうか。異様にという意味がはっきりしないので、ヒュームズが何を言いたいのか不明だが、この骨は額全体から髪の毛の下まで、つまり前頭骨部の一部になる。ここが動いたということは頭蓋骨の前頭骨部分（額の部分）が骨折しているということだ。ケネディ夫人が頭をしっかりと支えていたときに、このように頭が歪《ゆが》む可能性のある傷に気づかないはずはない。当然、パークランド記念病院の医師も看護師も気づいているはずだ。この傷はいったい何なのだろうか？

4．傷――その二　右肩の首下の傷と死後手術の跡？

次にヒュームズが言うのは「肩甲骨の上端のすぐ上」の「七×四ミリの長円形の傷」（同書、同頁）だ。「右後背部の上の方」の「右肩峰《けんぽう》突起（肩甲骨の右上腕骨を上から包み込むようについている骨）の端から一四センチ、右乳様突起（頭蓋骨後頭部の首の付け根辺りに首の方に小さく突起している部分）の頂点から一四センチ下に位置する」（同書、同頁）。

簡単に言えば右肩の首にかなり近い部分の、日常的には肩の筋肉として理解されている部位、肩たたきなどでたたかれる首と肩の交わる箇所に七×四ミリの傷があったと記されているのだが、これもパークランド記念病院では確認されていない。救急救命処置を施すには衣服を脱がさなければならない。それをするには大統領の体を一瞬でも横にするなどしなければならないのだから、この部分に傷があり、出血していれば容易に確認できるはずだ。

これでパークランド記念病院では確認されていない傷が二つ、冒頭で述べられている。

ヒュームズは続けて「頸部《けいぶ》前面の低い所、およそ第三および第四気管輪の高さのところに六・五センチの長さの横に切れた傷があり、その傷口は不安定で大きく裂けている」（同書、同頁）と書く。

この部分はパークランド記念病院で確認され、ペリー医師が気管カテーテルを挿入して気道を確保したときに利用したあの傷だろう。しかし、ペリーらは「きれいな傷口」と言っていたのに、「傷口は不安定で大きく裂けている」とまったく別の形状で語られているのだ。

さらにヒュームズが、この記述に続いて胸と足首にある「新しい外科手術による切開傷」について書いていることは理解し難い。ダラスで病院に運ばれたのは明らかだったし、救命処置が取られていたことも遺体を受け取る前の報道で知っていたはずだ。従って検視では明らかな手術による傷に言及する必要はないはずだ。ただ、その切開傷には「出血や皮下溢血はない」と明言している。ということは、この「手術による切開傷」は生前のものではない、と語っているのだろうか。死後に手術をするなどということは到底考えられないことだ。ただ、ヒュームズの気持ちを考えると、同情したくもなる。常識的にありえない傷が目の前にあるからだ。

続けて、盲腸の手術跡の古い完治した傷のことが書かれている。だが、古い傷に言及するなら、ケネディが上院議員時代に受けた腰部の手術跡についても触れなければならないはずだ。彼が腰の手術をしているのは周知の事実だったのだから。だが、これについては記されていない。ペリー医師は処置室に入るとすぐにケネディのコルセットを目にしたと述べており（『別巻』I、三七〇頁）、当然ながら、この手術跡があったはずにもかかわらずだ。

5．傷——その三　頭蓋骨も頭皮もない13センチの欠損？

ここまでが「遺体の一般所見」としてヒュームズが書いているところだ。それから「銃創」の小見出しのなかで、二つの傷に言及する。一つはすでに触れていた背中の傷だが、もう一つは「右の頭皮および頭蓋骨、つまり幾分か側頭骨から後頭骨にかけての領域に（ある）……（中略）……大きな不定形の欠損」（同書、同頁）として述べられている頭部の傷だ。パークランド記念病院でも確認されたものの、医師たちがすぐに手当てできるような傷ではなかった、おそらくは致命傷となった傷だ。しかし、この傷はヒュームズによれば「頭皮も頭蓋骨もなく、最大直径一三センチの欠損」だったというのだ。頭蓋骨がなければ、頭皮がないことは当然だろうが、直径一三センチの欠損（孔）は信じられない大きさだ。

単純に想像して、一三センチということは普通の成人の頭の左右の端から端までの領域に近い長さになる。直径だと言うからには、縦横に一三センチの範囲で欠損があったということだ。つまり頭部はほとんど吹っ飛んで、なくなっていることになる。こんな傷があったら即死だろう。パークランド記念病院の医師たちも救命処置などしなかっただろう。だが、ケネディ大統領は狙撃後三〇分は「生きていた」。呼吸もしていたし、心臓も動いていた。だから、彼らは気管切開をし、必死になって心臓マッサージを施したのだ。何とか生きていてほしいという医師たちの希望と救おうとする熱意を示したのだ。

だが、驚くべき記述はまだ続く。

6. 傷――その四　理解不能な文章の羅列

この大きな傷の「不定形な孔の端からほとんど異常のない頭皮に裂傷が放射線状に延びている」（同書、三五九頁）。こう書いたヒュームズ医師はａ、ｂ、ｃ、ｄと符合をつけてそれぞれの「放射線状に延びた」傷についてその長さと状態を説明する。

特にｃと符合された傷については、「大きな孔の傷口の左から頭の中央部を通り、左横の方向に約八センチ延びた裂傷」（同書、同頁）と書いている。この文章が説明する傷の状態を理解できる人はおそらくいないだろう。傷口の左、という最初のことばは分かる。しかし、それが大きな傷の欠損部分であるはずの「頭の中央部を通り」という文章は、前の「遺体の一般所見」で「大きな不定形の欠損」として「頭皮も頭蓋骨もな」いとしている記述と完全に矛盾しているのだ。頭皮もなく頭蓋骨もないのに、なぜ頭皮の傷の説明で「頭の中央部を通り……（中略）……延びた裂傷」などと言えるのか？　この頭皮の傷は一体何なのだろうか？

最初の文に戻ろう。「不定形な孔の端からほとんど異常のない頭皮」が放射線状に切られているという。頭蓋骨がなくなった大きな不定形の孔があるのに、ほとんど異常のない頭皮とは、読む側の我々は混乱するばかりだ。ヒュームズは明らかに、頭皮を残して頭蓋骨だけがどこかに消えたと説明しているからだ。銃弾によってこのような傷ができるものなのだろうか。

これほどの傷はパークランド記念病院では確認されていない。それだけに、ヒュームズの説明は理解不能だ。パークランド記念病院で確認されていた右耳の後ろの直径五センチほどの傷が頭部全体に及ぶ、恐ろしく大きな傷として説明されているのだ。

この大きな傷を前にしたヒュームズ医師らは相当に困惑し、混乱したと思われる。「これらの亀裂とそれによって生み出された骨片の状況はあまりにも複雑なので、口頭では十分な説明はできない」（同書、三五九頁）と、ある意味で匙《さじ》を投げているのだ。検視医が説明を諦める傷——これが検視報告に記載された傷の状態だ。検視医が「十分な説明はできない」とする「説明」を読む側が分かるはずはない。

要するに「検視報告」は理解不能な文章の羅列にすぎないと言える。

ヒュームズによる説明不能のことばは、ケネディ大統領の脳について述べる「補足検視報告」にもある。脳は通常数日間ホルマリンに漬けられ、ある程度固まってから検視が施される。ケネディの脳は一二月八日に、ヒュームズによって検分されている。その報告の第二段落の最後に、ヒュームズは「満足に説明することは不可能である」（同書、三六三頁）とまた嘆いているのだ。

ヒュームズによると、ケネディの脳の右半分（つまり、右脳だ）は「著しく破損している」（同書、同頁）という。「皮質の著しい損失」（同書、同頁）とも述べているので、右脳は潰滅《かいめつ》状態ということだろう。これ自体が一発の銃弾で引き起こされるものなのか、という疑問が残るが、右脳がそれほどのダメージを受けているにもかかわらず、「脳の重さは一五〇〇グラム」（同書、同頁）あったというのだ。通常の成人の脳は一三〇〇～一五〇〇グラムと言われ、これ以上重いと立って歩けないと考えられている。ケネディの脳は半分潰れた状態で成人の最大の重さを保っていたのだ。ヒュームズが説明不可能と述懐するのは無理もないだろう。

7. 全米医師会雑誌とのインタビュー

一九九一年、オリバー・ストーン監督が映画『JFK』の製作を発表した直後からアメリカ国内でさまざまな議論が沸騰していた。そのときに全米医師会の雑誌『JAMA』(*Journal of American Medical Association*)がヒュームズと接触し、ケネディ大統領の検視について医学会が初めて大きな関心を寄せたことがあった。ヒュームズはこの雑誌の編集長、ジョージ・ランドバークと同誌の特別報道部の一人で最後に記事をとりまとめたデニス・ブレオとのインタビューに応じた。ヒュームズにとっては、それまでの二八年間の沈黙を破る画期的な出来事だった。

この記事は、日本では一九九二年に石山鈴子の翻訳で『JFK 暗殺の真実』として文藝春秋より出版された(私、土田が巻末の「解説」を担当している)。このときにも検視報告を弁護したヒュームズは「大統領の死の科学的実証を極端に無視する人々にさんざんに叩かれるのは、もうたくさん」だと、インタビューに応じた理由を話したという(『JFK 暗殺の真実』、一六頁)。

これまでに指摘してきたように、ヒュームズの検視報告は彼の言う「科学的実証」に基づいたものではない、とどうしても反論したくなるが、彼は検視には誰からの干渉もなく、すべてが自分の指示・責任で実施したものだと「しきりに強調した」(同書、三一頁)。

だが、このインタビュー記事の冒頭に出てくるヒュームズの発言は気になる。それは、「死因をつきとめること。それが私への命令でした」（同書、二九頁）というものだ。衆人の前で狙撃され、落命した大統領の「死因」はわざわざ調べる必要などないだろう。命中弾の方向、命中箇所、負傷の状態を調べるだけで十分なはずだ。海軍内部のことで上司からの命令であることは理解できる。だが、なぜことさら「死因」なのだろうか？

この冒頭のことばと「科学的実証」ということばを結び付けて考えると、ヒュームズには死因を特定したのだ、との自負があり、それも医学的に（あくまでも本人の認識だが）特定したのだと思い込んでいたと推察できる。いや、そう思い込むだけで、このインタビューのときまで彼なりの自負心を保ってきたのだろう。だから、「さんざんに叩かれるのは、もうたくさん」だとの気持ちも理解できる。確かに、彼は検視報告の最後の要約部分で明確に「死因」を述べている。

だが、「（前略）……科学的に判断した場合、銃弾が大統領の後ろ以外の場所から撃たれたとするのは不可能です。あるいは、後ろ以外から出て行ったとするのも不可能です」（『別巻』Ⅱ、三六〇頁）というウォーレン委員会の聴聞会での彼の発言のどこが「科学的」なのだろうか。

ヒュームズは、自分の手に負えない検視を行っていることを十分に自覚していたのだろう。しかも、どうしても「死因」を究明せよという上層部からの命令が持つ圧力も意識していたのだろう。この心理状態を何とか隠し続けるのが、彼が背負った宿命だった。『ＪＡＭＡ』誌のなかで、彼は銃弾の傷については「いずれそのうち説明がつくだろうと……（中略）……思っていました」（『ＪＦＫ　暗殺の真実』一三六頁）と語っているが、このことばこそがケネディの遺体の異常な状況を告げているのだ。

彼のこの発言は、別の時期に彼が言ったという発言と一致している。それは、ケネディ暗殺事件を大学院生時代から執拗に追求して、NASAの研究員という安定した職を捨てて、経済的には何の利益ももたらさないのに事件の真相を追い続け、ついにそれまで表に出なかった事実にたどり着いて、『ベスト・エヴィデンス』（拙訳〔上下巻〕、彩流社、一九八五・八六年）という著作にまとめたデイヴィッド・リフトンが、ある日ヒュームズに直接電話をしたという出来事があり、その会話のなかでヒュームズが次のように言ったというのだ。「ウォーレン委員会は気づくべきだった」（リフトン、上巻、三一二頁）。

つまり、ヒュームズは明らかにケネディ大統領の遺体の異変に気づいていたのだ。だから、『JAMA』誌に対して、あくまでも自分の正当性を主張したのだ。自分の力ではもはや判断することができない傷を目の前にしたヒュームズの必死の努力だったのだろう。正直に見たままを記述すれば、そこから後刻調査する人たちが何か気づいてくれるはずだ、とのはかない希望を持っていたのだろう。つまり、ヒュームズが目の前にした遺体の傷は、ライフル銃の狙撃で絶命した人間が負った傷としては常識を超えていたのだ。いや、いかなる想像をも超えていたと言っても過言ではないだろう。ダラスからベセスダの海軍病院に来るまでに、何かがあったと考えられる。

何かが遺体に施された、とヒュームズは確信していたはずだ。でも、それは言えなかった。

その気持ちが、前述のリフトンとの電話でのことばになったのだろう。リフトンはそのときの会話の様子をこう記録する。

「……誰かを知りたかった。誰があれをやったのか!」

ヒュームズは一瞬止まった。

「そして、いつ」

再び止まった。

「そして、どこで!」

私（リフトン）は次を待った。ヒュームズは深呼吸をしていた。（同書、同頁）

結局、ヒュームズはこのあと一方的に電話を切った。だが、この緊迫感あふれる彼の発言がリフトンの創造の産物ではないことは、『JAMA』誌のインタビューでのヒュームズの発言からも判断できるだろう。彼は明らかに異常に気づいていた。だが、大統領の検視という大役を任された医師として、どうしても明白な結論を出さなければならなかったのだ。そして、その大役と目にしている傷との狭間《はざま》で悩んでいたのだろう。

8．脳の傷——「補足報告」

さて、再び「検視報告」に戻るが、こうした「混乱」をさらにヒュームズに引き起こしたのが、ケネディの脳の状態だった。脳の状態は「補足報告」として公表されている。その冒頭で前述したようにケネディ大統領の脳の重さが記述され、「大脳の右半球は著しく破損している。右脳には縦方向の裂傷があり、それは矢状縫合に沿った傷で脳の中央の右側約二・五センチのところだ。後方は後頭葉の端から前方は前頭葉の端までの長さの傷である」（拙著『秘密工作　ケネディ暗殺』付録「検視報告書」全訳、三六三頁）と続いている。

ごく落ち着いた表現だが、ここには実に不思議なことが書かれているのだ。気づかれた方もいるだろうが、「矢状縫合」とは大脳が左右に分かれている境目であって、通常は脳を上から見たときにはっきりと見える部分だ。この右側、つまり左右の脳の境目の右側二・五センチのところに銃創と思われる「裂傷」があるというのだ。ヒュームズは銃弾によるものとは明確に記述していないが、この事件の場合、誰でもこの「裂傷」は銃弾によるものだと思うはずだ。そうでないことを疑う出来事は狙撃現場では確認されていない。ヒュームズは「右脳は著しく破損している」と書いているのだが、その著しく破損した右脳に矢状縫合から二・五センチの位置に「裂傷」があるという。

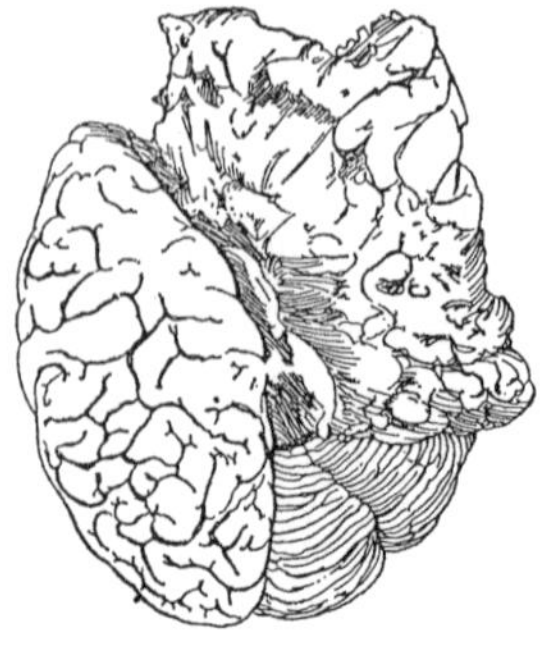

図18　解剖したときの脳の図

この記述は意味不明だ。右脳の破損の状態は、ヒュームズがウォーレン委員会に提出した解剖写真の写し絵によって、明白だ。だが、解剖時に撮影した写真を忠実に描き写したという図が別に現存する。これは後年下院の暗殺調査委員会がヒュームズを召喚したときに彼が提示したものだが、この図（図18）では、ヒュームズの言う後頭葉の端から前頭葉の端に及ぶ「裂傷」を明確には確認できない。

しかも、「後頭葉の端から前頭葉の端までの裂傷」が銃弾によるものであるならば、それぞれの「頭葉」の端に当たる頭蓋骨に銃弾の出入口（出入創）がなければならない。だが、これらは確認されていないのだ——前述したように大統領の頭部は大きく破損していたのだから。しかし、もし銃弾が後頭部に命中し頭蓋骨内を「矢状縫合」に沿ってまっすぐに進み、前頭葉の端までの傷を残したとすれば、この銃弾は大統領の額の、おそらくは髪の毛の生え際辺りから外に出ていなければならない。そう、ヒュームズの述べる傷は脳を後ろから前（あるいは、前から後ろ）に貫通した銃弾による傷跡なのだ。パレードの車のなかで病院に着くまで大統領の頭を抱きかかえていたジャクリーン夫人も、またダラスのパークランド記念病院の医師たちと看護師たちも誰一人として、大統領の額に銃弾による傷など確認していない。ヒュームズも同じだ。だとすると、この矢状縫合に沿った裂傷を作った銃弾はどこに消えたのだろうか。検視では銃弾は回収されていない。実に奇妙な傷があったことになる。

さらに、ヒュームズは続けて「この裂傷の底の部分は頭頂から約四・五センチ下で、白質にまで到達している」（同書、同頁）と書いている。医学の知識はない、とか脳の解剖はしたことがない、などと思う必要はない。常識で考えるだけで、この文章の異常さには気づくはずだ。矢状縫合に沿った銃弾が作った傷は銃弾の太さ分の傷だろう。ウォーレン委員会が説明したように、たとえ脳の上端部分を銃弾が後ろから前に進んだとしても、その傷の底は銃弾の太さ分のところにあるはずだ。ケネディの暗殺に使用されたとしたライフル銃の弾は直径六ミリのはずなので、裂傷の底は頭頂部から六ミリ、多少の違いがあったとしてもせいぜい一センチほどのところになければならない。

この裂傷の深さが四・五センチということは、銃弾はケネディの頭部に命中直後に九〇度回転して、縦に位置を変えて進んだことになる。科学どころか、常識でも、ありえないことだ。だが、ヒュームズの記述による限り、この誰もがありえないと思うような出来事が起きていたことになる。そしてこの報告を読んだはずのウォーレン委員会の委員たちは、それを納得したということなのだ。いや、委員たちは報告を丁寧に読んでいないのかもしれない。だが、起こりえないことが明記されている文章が、彼らの調査報告書に記されているのは明白な事実だ。読まずに掲載したとすれば、職務怠慢と非難されても仕方ない。いや、ウォーレン委員会は文章を理解する能力さえなかったのだとも言えるだろう。

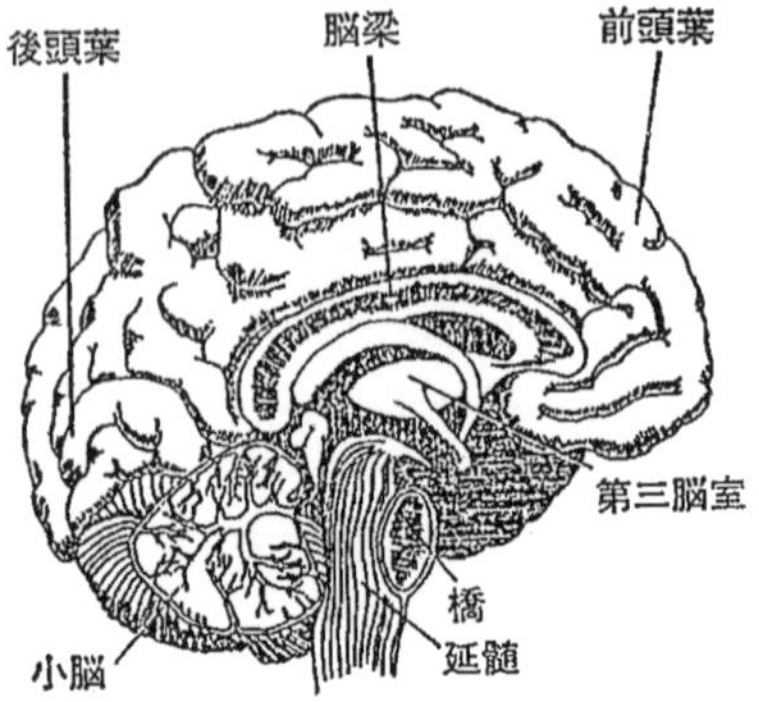

図19

奇妙なのはこれだけではない。ヒュームズはさらに続ける。

「さらに、脳梁《のうりょう》にも裂傷があり、脳梁膝から脳梁膨大にまで及んでいる。この後者の裂傷から右の側脳室と第三脳室とが確認される」（『秘密工作　ケネディ暗殺』付録「検視報告書」全訳、三六三頁）。

図19を参照していただきたいのだが、脳梁とは左右の脳を結びつける組織だが脳の底のほう、つまり、簡単に言えば口に近いところにある組織である。矢状縫合という脳の上端部に裂傷を負わせた銃弾が脳底に近いところにある組織にも裂傷を負わせたというのだ。脳梁膝から脳梁膨大に

至るというのだから後ろから前までの傷だ。脳のまったく異なった場所に一発の銃弾がそれぞれ裂傷を残したというのである。これがヒュームズの言う「科学的」な観察と言えるのだろうか。もし彼が正しいとすれば、この状況はどう説明するべきなのだろうか。

そして、ヒュームズはまたこう言って、事実上、匙を投げているのだ。

「頭頂方向から見ると、大脳の左半分には異常がない。左側頭部から前頭部にかけての髄膜《ずいまく》血管には著しい溢血があり、明らかに蜘蛛《くも》膜下出血と結びついている。左脳の脳回と脳溝は基本的に通常の大きさと位置関係を保っている。右脳ではこれらは完全に粉砕されて変形しているので、満足に説明することは不可能である」（同書、同頁）。左脳はほぼ異常がないと言いながら、「髄膜血管には著しい溢血《いっけつ》」があるという。この溢血の原因を究明するのが検視医の役割であるはずだが、ヒュームズは淡々と事実を述べるだけだ。この溢血が蜘蛛膜下出血と「結びついている」重要な溢血だというのに、だ。しかも最後には「右脳では……完全に粉砕されて変形しているので、満足に説明することは不可能である」というのだ。右脳は「完全に粉砕され」ている――粉砕されているなら当然変形しているはずだが、一発の銃弾が右脳を完全に粉砕するなどということがありえるのだろうか。しかもその粉砕は満足に説明できないというのだ。どれほどの傷なのだ。

さらに彼は次のように書く。「頭蓋底の方向から見ると、右小脳皮質の崩壊もまた明らかである。視神経交叉と乳頭組織体のすぐ後ろ、第三脳室の底を通って中脳部分に長い裂傷がある。この裂傷は部分的に小脳脚を通る一・五センチの斜めの裂け目に関係している。左の側頭葉および前頭葉の基底部分に不定形で表面的な裂傷がある」（同書、同頁）。

この直前に左脳には溢血以外「ほぼ異常がない」（同書、同頁）と述べていたのに、ここではその基底部分に「不定形で表面的な裂傷がある」というのだ。異常はあったのだ。なぜこのような書き方になったのか。しかも、傷を負ったのは大脳だけではない。

小脳も「崩壊」しているのだ。その崩壊の原因と思われる第三脳室の底から中脳部分に続く「長い裂傷」がその小脳脚の裂け目に続いているというのだ。この裂傷はどうしてできたのか。脳を横断するかたちの裂傷だ。

ヒュームズはしきりと裂傷（laceration）という単語を使っている。しかし、その傷の幅とか深さとかの詳細な説明はない。そのために裂傷が突然「小脳脚の裂け目」に続くと言われても、その傷の状態をすぐに把握することは困難だ。それでも、銃弾が脳を移動すれば、そこに銃弾の通り道としての裂傷を残すことは誰にでも想像がつく。だが、ケネディの脳は、何度も言うようだが、一発の銃弾によるものよりもはるかに多く、はるかに規模の大きな「裂傷」を負っていることになる。

9. ライフルの傷？

この検視の「補足報告」に書かれている「事実」は間違いなくヒュームズが見たものであり、他に二人の検視担当医も見たものである。しかし、我々には常識がある。たとえ一度も専門的な医学教育を受けた経験がなくても、ヒュームズが「検視報告」で述べている頭蓋骨の傷、大脳の傷を単純に一発のライフル銃によるものだとは言えるはずがない。

ケネディ夫人が病院に急行する大統領車のなかで必死に支えていた夫の頭は、ヒュームズが言うような頭蓋骨の状態ではなかったし、パークランド記念病院の医師や看護師たちの誰一人としてヒュームズが述べたような傷を確認していないのだ。

ウォーレン委員会はこの点をもっとしっかりと検討するべきだった。彼らは、パークランド記念病院で確認されていた傷とベセスダ海軍医療センターの検視で報告されていた傷があまりにも違いすぎることに気づくべきだったのだ。委員会はその報告書の後半の付録Ⅷにパークランド記念病院の医師たち九名が施術直後に書いた報告書を掲載している（『報告書』、五一六～五三〇頁）。そして、付録Ⅸとして「検視報告」と「補足報告」を掲載しているのだ（同書、五三八～五四六頁）。委員会はこの医師たちの報告書を熟読しているはずだ。そうであるならば、彼らの報告と、検視報告書の奇妙な傷の説明との大きな違いなどは気づいていたはずだ。

もし彼らがこの点に気づいていながら、ダラスの医師たちを無視し、ヒュームズの常識外れの傷の説明を「よし」として、彼の結論だけを採用していたのだとすれば、ウォーレン委員会は調査委員会としての怠慢を厳しく糾弾《きゅうだん》されるべきなのだ。自分たちが勝手にオズワルド単独犯行を決めてかかり、かなり意図的に多くの情報を捻《ね》じ曲げたり、無視したりして、その勝手な結論を正当化してしまったことは、委員会を設立して調査結果の報告を求めたジョンソン大統領を欺《あざむ》いただけでなく、アメリカ国民を、ひいては全世界の人々を、そしてそれは歴史そのものを誤らせるものになるのだ。ウォーレン委員会の罪はあまりにも大きい。

10．悩む検視医

ヒュームズは当初、ケネディ大統領の頭部の傷の状態を見て途方に暮れていた。それは検視報告の次の文章から推定できる。「これらの亀裂とそれによって生み出された骨片の状況は余りにも複雑なので、口頭では十分な説明はできない」（『秘密工作 ケネディ暗殺』付録「検視報告書」全訳、三五九頁）。彼の正直な気持ちだろう。一般的に考えて、検視医がその報告書に「十分な説明はできない」などと書くこと自体、異常なのだ。検視医自らが自分の能力の低さを露呈したことになるのだから。

だが、ヒュームズはその直後にこう書いている。「テキサス州ダラスから別途の標本として頭蓋骨の破片を三つ受け取った。この骨片は全部合わせると、上述した大きな欠損部分の規模とほぼ一致する」（同書、同頁）。

ケネディの頭にできていた大きな欠損、そう、前に説明した「……頭皮も頭蓋骨もなく、最大直径一三センチの欠損」のことだ。「幾分か側頭部から後頭部にかけての領域に（ある）不定形の欠損」だ（同書、三五八頁）。ヒュームズの表現はかなりあいまいなので、この大きな欠損の実際の位置は不明だが（「幾分か側頭部から後頭部にかけての領域」だけで分かるだろうか？）、届けられた三つの骨片が合致したのはこの傷だとヒュームズが言う以上、そうなのだろう。

ヒュームズはこの骨片三つに救われたのだ。「これらの中で最も大きな骨片に、おそらくは銃弾の出口と思われるほぼ円い形の傷の一部があり、その外側に出口の特徴が明らかである。その出口と思われる傷は直径が二・五センチから三・〇センチと推定される」（同書　三五九頁）。つまり、ヒュームズはやっと銃弾の出口と思われるものを発見したのだ。「説明はできない」ほどの大きな傷を見て何も判断できないでいたヒュームズにしてみれば、「幾分か側頭部から後頭部にかけての領域に」合致する大きな骨片に銃弾の出口の跡を見つけたことは相当な喜びであっただろう。

だが、気づかれただろうか。幾分か側頭部から後頭部にかけての骨片の一つに銃弾の出口があるとすれば、銃弾は前から後ろの方向に飛んだということになる。つまり、狙撃犯はケネディ大統領の前方にいた――後ろにいたオズワルドは狙撃犯ではない――ということになるのだ。こんな矛盾に気づくことなく、いや気づいていたとしても、出口が見つかった喜びを検視報告に書いてしまったのはヒュームズの重大な失敗だった。検視報告の冒頭で、狙撃犯はケネディ大統領の後ろにいたと彼が十分に認識していたことを記しているからだ。あくまでも「新聞報道によると」と条件がついているが「銃身が近くのテキサス教科書倉庫の建物の上階の窓に引き込まれるのを見た」（同書、三五七頁）とまで記しているのだ。

すでに説明した例のブレナンの証言だろうが、筆者からすれば彼の虚言と思われる言葉がこの時点で検視報告に記載されている事実、それほどまでにブレナンのことばが重要だと思われていた事実に、驚愕すると同時に、ただただあきれかえってしまう。

それにしても問題はヒュームズだ。検視の途中に「テキサス州ダラスから別途の標本として」受け取った三つの骨片を、簡単にケネディ大統領の頭蓋骨だと信じているのだ。本来ならこれらの骨片が本当にダラスから届けられたのか、いかなる方法で、いつ届けられたのか、を確かめ、これを記録しなければならないはずだ。当時、その技術はなかったが、現在であればDNA鑑定により、その骨片が本当にケネディ大統領のものかを確認するはずである。

いま、我々はヒュームズの説明がおかしいと思いながらも、それを受け入れる以外に何もできない。何度も言うようだが、もともとダラスでは夫人も医師たちも看護師たちも頭の「大きな欠損」を確認した者は一人もいないのだ。彼らが共通して確認していたのは右耳の後ろあたりの直径五センチほどの「小さな孔」だった。大きな骨片三つは本当にダラスからなのか。

ダラスからだとすると、どこにあり、どこで回収された骨片なのだろうか？　少なくとも大統領車内、病院内ではないはずだ。被弾した現場でもない。被弾直後の大統領の頭にはそれほどの異常はなかったのだから。検視医が出所不明の「証拠」を頼りにするなど、あってはならないことだ。ウォーレン委員会はなぜこの事実を看過したのだろうか。

検視現場にいたＦＢＩ捜査官のシバートとオニールは事件五日後の一一月二七日に、同じ捜査官のジェラルド・ベンと接触し、この骨片について尋ねている。ベンは当時ホワイトハウス勤務を命じられていた。ベンは二人に「骨が見つかったのは大統領車の前部座席と後部座席の間の床の上だった」と告げた（Davisに引用。五〇頁）。だが、ベンはその発見者の名前は告げなかったし、誰がダラスからベセスダまで運んだのかも明らかにしなかった。最も肝心なことは結局不明なままだった。

しかも、事件当日、ベンが言う後部座席と前部座席の間にはコナリー知事夫妻のために臨時の座席が設けられていたわけで、その床からというのは信じがたい。ヒュームズは骨片「三つ」を受け取ったというのに、シバートとオニールの報告書では、ベンの発言として、一貫して骨片は「一つ」としているのだ。ベンの発言内容も、彼自身が骨を見つけたのか、見つけた人物を知っているのか、それとも単なる噂として聞いていたのかも定かではない。

ただ、明らかなのはこの骨片が検視室に届けられたことで、初めてヒュームズが弾道についての不安と疑問を解消できたことだ。つまり、この骨片がなければ、検視は何も結論を出せなかったのだ。そういう、いかにも都合のよいタイミングで都合のよい骨片がヒュームズの手元に届いたという事実こそ、逆に疑問を生じさせる要因となっているのだ。

11.「魔法の銃弾」再検討

ここで改めて魔法の銃弾について触れる。すでに詳述したが、ウォーレン委員会はパークランド記念病院のストレッチャーの上から回収されたほぼ未使用を思わせる一つの銃弾が、二人の男に七つの傷をつけたとしていた。つまり、まずケネディの右背中上部に命中して貫通し、大統領の喉から出て、前の席にいたコナリーテキサス州知事の背中から胸に貫通し、右手首を貫通、そして左の腿に入ったとしたのだ。

二人を傷つけるためにはケネディを貫通したあと一秒近く空中で止まり、なお水平方向に方向を変えなければならないという科学的な論証は問題にされなかった。ザプルーダー・フィルムが映し出すケネディとコナリーの動きを見ると、どうしても同じ一発の銃弾によるものとは思えない時間差が二人の反応の間にあるのだが、これも無視された。また、コナリー知事の手首の骨を砕いた銃弾がまったく変形していないのはありえないという批判も顧みられることはなかった。

ウォーレン委員会がオズワルド単独犯行を結論づけるためには、この「魔法の銃弾」の説明が絶対に必要だった。

では、ヒュームズは検視報告のなかで、ケネディの背中の傷をどう説明していたのだろうか。ヒュームズはこの傷の位置を計測し、「背中の右上の傷」は「皮膚の下には皮下細胞と筋肉組織に溢血がある」(『秘密工作　ケネディ暗殺』付録「検視報告書」全訳、三六〇頁)と書いたあとで、「細胞と筋肉組織のなかの銃弾の痕跡については容易に確認できない」と続けた。

正確に測った位置と、この叙述だけである。つまり、ヒュームズは「貫通した」とは決して言っていないのだ。むしろ、傷の方向については「容易に確認できない」とさえ言っている。

検視にはFBIの捜査官二人が立ち会っている。先にも紹介したフランシス・X・オニールとジェイムズ・W・シバートだ。これはヒュームズが検視報告のなかで記述している(『秘密工作　ケネディ暗殺』、三六〇頁)ので間違いないことだ。この二人はFBIに戻ると報告を書いている医学的な知識を持たない彼らだが、それだけに検視医たちのことばや動作をしっかりとメモしていた。この二人が書き記しているところによると、「(背中の傷は)ヒュームズ医師が指で調べた……さらに調べると、この銃弾が体内に食い込んだ距離は実に短いものでヒュームズ医師がその傷の終わりを指で確認できた」(Davis に引用、五一頁)。

つまり、検視室内での所見では、傷はヒュームズの指（おそらくは人差し指）の長さほどの深さしかなかった。傷がその程度で行き止まっていたとすれば貫通はしていない。

二人のＦＢＩ捜査官は、この部分の傷で「医師たちは銃弾がないことにかなり困惑していた」と医師たちの様子を観察していた（同書、同頁）。

本来検視医がするべきことは傷口に指を入れるのではなく、この傷口をメスで切開して銃弾の進路を確認することだ。だが、ヒュームズは「容易に確認できない」の一言だけでこの確認作業をしなかった。

一九六四年三月一六日に聴聞会に呼ばれたヒュームズは「この（背中の）傷の周辺を探る試みは、弾道の判断を間違える恐れがあったためうまくいきませんでした……（中略）……調べられませんでした」と言い、さらに「探り針を使いましたが、この時点では的確な弾道にたどり着けませんでした」（『別巻』Ⅱ、三六一頁）と発言している。

この証言のなかの「この時点では」が正確に何を指すのかは不明だが、ヒュームズは聴聞会でも背中の傷が貫通していたとは明言していないのだ。

ヒュームズは大統領の背中に命中したはずの銃弾が体内にないことに、かなり困惑したに違いない。貫通していない以上、銃弾は体内にあるはずだ。それがおそらく「容易に確認できない」という文章として報告に記載されることになった理由だろう。

検視が終了してもなお、彼はこの問題に悩んでいた。体内にあるはずの銃弾がない。そして銃弾が貫通して出た傷もない。検視の報告をするときに、この傷をどう説明したらよいのか――彼の悩みは大きかった。そこで検視翌日の土曜日の朝、彼はダラスのパークランド記念病院に電話を入れた。この電話では二つの事項を確認したかったのだと思われる。一つは背中の傷の疑問を解明すること、もう一つは頭の傷の大きさから考えれば即死と思われるのに、なぜ救命処置をしたかということである。

この電話でペリー医師から、大統領の喉に銃弾の入口の傷があり、そこを利用して気管切開したと聞いた。ヒュームズはその時点まで、大統領の喉の傷は気管切開の跡だと確信していたと思われる。メスで切り、そして挿入したカテーテルを抜き取ったあと傷口をそっと指で合わせてカテーテルの挿入孔をふさいだかたちの傷跡だったのだ。ペリーは入口の傷と言ったはずだったが、この「銃弾による喉の傷」こそがヒュームズの問題を一気に解消した。したがって、ヒュームズは聴聞会で「的確な弾道にたどり着けませんでした」と述べた直後、こう発言するのだ。「我々が結論したのは、大統領の体を貫通したこの銃弾が、パークランド記念病院の医師たちが見た傷口を通って出て行ったのだ」と(『別巻』Ⅱ、三六四頁)。

ヒュームズは「検視報告」の中ではペリー医師との情報交換については触れていないし、貫通についても触れていない。この聴聞会の時期には、すでに「魔法の銃弾」をめぐる議論は報道されていたし、背中に命中した銃弾が喉から出たという委員会の結論もすでに広く知られていた。この聴聞会の直後に出版されている前出のトーマス・ブキャナンの『誰がケネディを殺したか』でも、「遺体解剖に当たった……ベセスダ海軍病院の医師たちによって発見されたことになっている。そして、ダラスの医師たちが全然これに気づかなかったのは、傷が大統領の背中にあり、医師たちが大統領の遺体をひっくり返してみなかったからだといわれた」(ブキャナン、八四頁)と書かれているぐらいである。

ブキャナンは『ウォーレン報告書』が発表される以前から、その調査および結果に疑問を持っていた人物なので、そのような論調になっているが、ダラスでなかった傷がベセスダで見つかったことを、これほど早い時点で問題にしていたわけだ。

問題はヒュームズがウォーレン委員会の勝手な結論に歩み寄っていたことだ。自分が書いた検視報告にはなかった「貫通」を聴聞会で明言した。

しかも、ブキャナンは同書のなかで、パークランド記念病院のペリーと、彼と一緒に大統領の救命処置に携わったマクレランド(同訳本では「マックレランド」)医師とが、「大統領特別護衛官二名の訪問を受け、ベセスダの解剖所見と記述された書類を示された。これによって、両博士は最初の言明を撤回し、こういう意味のことを言った――ベセスダの同僚たちの所見に異説を挟むつもりはない。これらの医師たちが解剖のさい、新しい傷を発見したのなら、傷は疑いもなく存在していたのだろう。われわれがそれに気づかなかった理由は、ケネディ大統領が手術中、仰向けに横たわっていたので、背中の傷が隠されていたためかもしれない」(同書、八五頁)。

驚くべき事実だ。パークランド記念病院の医師たちに対しての口封じが、合衆国政府の名において(大統領特別護衛官、つまりシークレット・サーヴィスだ。財務省の組織だ)実行されていたわけだ。ダラスの医師たちの、それもケネディ大統領の命を救おうと懸命の努力をした医師たちの見識も知識もズタズタにするような卑劣な行為が行われていたのである。ダラスとベセスダで傷が異なる――この事実を揉み消そうというのである。こうした影の暗躍行為によって、背中から喉への「貫通傷」はオズワルドを犯人とし、歴史を歪曲《わいきょく》したのだ。

右の引用のあとでブキャナン自身が指摘していることでもあるが、常識的に考えてもダラスの医師たちが背中の傷を見落としたということは納得がいくものではない。

救命処置が施される前、処置室に入るとすぐに患者の衣服は脱がされる。大統領の着ていた背広やワイシャツを脱がせるためには、患者の体を少し持ち上げなければならないはずだ。このときに背中からの出血に気づかないことがあり得るだろうか。いくら救命処置に夢中だったとしても救命医たちだからこそ、出血箇所を真っ先に確認するはずだ。救急室担当の医師や看護師なら初歩的なルーティーンのはずだ。しかも、三〇分近く、いや、葬儀社が来て柩に納められるまでの二時間以上も大統領はストレッチャーの上に寝かされていた。背中からの出血があればストレッチャーの上に流れる血に誰も気づかないはずはない。パークランド記念病院ではこの傷はなかったとするのが妥当で、ダラスの医師や看護師たちの能力が低かったと思わせるのは、ウォーレン委員会の、そして彼らを認めた合衆国政府の悪意だとしか言いようがない（参考、同書、同頁）。

12．喉の傷――再検討

ここでもう一度、ケネディの喉の傷について考えたい。ヒュームズは検視報告にこう記した。

「頸部前面の低い所、およそ第三および第四気管輪の高さのところに六・五センチの長さの横に切れた傷があり、その傷口は不定形で大きく裂けている」（『秘密工作　ケネディ暗殺』付録「検視報告書」全訳、三五八頁）。

「六・五センチの長さの横に切れた傷」？　「大きく裂けている」？　この記述は尋常ではない。六・五センチと言ったら、成人の首のほぼ三分の一に相当する傷だ。

ところが、聴聞会では、彼はそれを「七×四ミリメーター」（『別巻』Ⅱ、三五一頁）と言っているのだ。しかも、このとき彼は、この長さは頸椎の幅に相当する長さだと述べている（同書、同頁）。だが、この七ミリ×四ミリの傷は「検視報告」では背中の傷の大きさとして書かれているものだ。聴聞会での彼は相当に混乱していたのだろうか。

成人の頸椎の幅に相当するのは六・五センチのほうではないだろうか。頸椎の幅が七ミリということはありえない。つまり、ヒューームズはこの喉の傷に関しては、あまり触れられたくない、あるいは触れたくないと感じていたような気がする。なぜなら、聴聞会が始まるとすぐに、質問者のスペクターが「では、喉の傷から始めてくださいますか」（同書、三四九頁）と説明を促したのに、ヒューームズはのらりくらりと大統領の遺体を柩から取り出すことや、写真やX線写真の撮影のことなどについて話をし、改めてスペクターが促し、さらにマックロイ委員が促してやっとその説明に入っているのだ。記録されている『別巻』のおよそ一頁半を無駄にしている。

ヒューームズが喉の傷に触れたくないというのは私の想像でしかないが、しかしそう思えるのには理由がある。検視室にいたシバートとオニールが記録しているところでは、ヒューームズはこの傷を始めからずっと「気管切開の跡」（リフトン、上巻、一二八頁。このＦＢＩ報告は日本では入手が困難である。唯一、リフトンの上巻、第五章の「ＦＢＩの検視報告」を参照するしかない。インターネットではThe Sibert and O'Neill Reportで詳細な説明を閲覧できる）と言っていたというのだ。つまり、メスで切った気管切開の跡と信じていたということだ。ヒュームズが検視報告で指摘する第三、第四気管輪は通常の気管切開が施される場所だから、この勘違いは当然だろう。だが、問題は「不定形で大きく裂けている」という描写だ。もしこれが事実なら、誰が見ても気管切開の手術の跡とは思えないはずだ。手術ではメスで切る。切り口はきれいなはずであり、ペリー医師は大統領の死を確認するとカテーテルを抜き、傷口を指でふさいだ。喉に残ったのはきれいな切り口を示す、まさに一本の「裂傷」だったはずだ。だから、検視現場でヒュームズはこの傷を手術跡と明言していたのだ。

前述のように背中の傷と、ペリー医師との電話で知った喉の傷を結びつけ、喉を銃弾の出口としてしまうには、この傷口をあえて出口にふさわしい、大きな傷にしてしまわなければならなかった。これはウォーレン委員会の創作だったと書いておいたが、検視報告ではヒュームズは背中の傷を貫通傷とは述べていない。つまり、ヒュームズは自分が結論しなかった方向に委員会が向かっているのを承知したうえで、その委員会に合わせる、忖度《そんたく》するかたちで、聴聞会で発言したのだ。簡単に言えば嘘をついたのだ。

ヒュームズは前にも書いたように、検視報告ではなるべく見たままを述べた。その点は彼がのちに何度も語ったように嘘はないのだろう。だが、聴聞会では嘘を語った。喉の傷は彼が目にしたものではなかった。このことを覚悟していたから喉の傷の質問は逃れようと、何とかごまかそうと必死だったのだ。

ヒュームズが悩んでいたもう一つの問題は、すでに述べたことだが、大統領の背中の傷だった。指の長さほどの傷（孔）があるのに、銃弾がそこにないし、貫通した形跡もない。シバートとオニールの報告では、この傷口のみあって銃弾がないことに検視医たちの間でも議論があったという（同書、一二七頁）。この時点で二人の捜査官はＦＢＩ本部の鑑識課に電話をした。そして、ダラスからシークレット・サーヴィスを通じてパークランド記念病院のストレッチャーで見つかった銃弾が届けられていることを知り、この事実をすぐにヒュームズに伝えた。すると「医師は……背中に命中した銃弾が見つからなかったのはそのためだと言った。パークランド病院で心臓マッサージが施されたために、銃弾が逆戻りして入り口からストレッチャーの上に転がり落ちたのだろう。このことは十分ありえることだと述べた」（同書、一二八頁）という。こうしてヒュームズは背中の傷に関しては自信を持って一つの結論に到達したのだ。だから、検視報告にも貫通に関してまったく触れる必要はなかったのだ。

ただ、このときには彼が背中の傷と喉の傷が同じ銃弾によるものとされるなど、まったく考えてはいなかっただろう。彼がいつウォーレン委員会による貫通の結論を知ったのかは定かではない。だが、一九六四年三月の彼の聴聞会の時点では、すでに魔法の銃弾のことは周知の事実だった。そのために、聴聞会での彼の態度は、喉の傷に関して「不定形で大きく裂けている」と言って、そこにあたかも銃弾の出口の傷があったかのように言い、背中の傷も貫通していたことにしてしまったのだ。海軍医療センターでの地位と身分を守るために。

おそらくは、彼はこの聴聞会での嘘に特に心を痛めていたのだろう。その後、彼の検視報告の内容が問題になるたびに、そこにあるのが真実だ、嘘は書いていない、と繰り返し、執拗に主張して、聴聞会での発言には決して触れなかったのだが、それも理解できる気がする。

13.「検視報告」とウォーレン委員会

以上が検視で分かったとされることに関してだが、最後に「検視報告」そのものについて少し触れておきたいと思う。

『ウォーレン報告書』には前述のように付録Ⅸとして検視報告と補足報告が掲載されている。これらがヒュームズによる最終的な報告であり、ここで述べられていることがケネディ大統領の遺体の傷跡のすべてである。だが、実際には、ヒュームズの書いた報告がもう一つ存在していたのだ。

傷についての説明も、最初の報告と正式に提出された報告とでは微妙に異なっている。三人の医師が合意のうえで完成させた検視報告ではなく、ヒュームズが書き換えた検視報告をウォーレン委員会が採用し、最後まで重視したのだ。

聴聞会でヒュームズは結論の説明を求められたとき、質問者のスペクターに対して次のような話をした。「(先ほど私が触れた)覚書ですが、私自身の手元にあり、私の意見です。いや当時の私の意見でした。この検視時に我々が集めたさまざまな事実を最もよく示すものでした。これをタイピストに渡す前に、私は非常に注意深くこれを読み直しました。当然、二人も一緒でした。この作業のなかで、二人のどちらかが我々の観察に基づいた絶対的な事実よりも、この文章のほうがおそらくもっと多くのことを語るのではないかと提案してきました。つまり、銃弾が命中したときの大統領の姿勢などに関して、当時我々が正確な知識を持っていないというようなことです。それで、我々は最初に書いたときよりも曖昧で、幾分か慎重になったのです。私は変えたことでよくなったと思いましたし、結果としてそうしたのです」（『別巻』Ⅱ、三七三頁）。そして、次の質問で、最初の覚書は手書きで、それを秘書にタイプさせて最終報告書にした（同書、三七四頁）と答えている。

要するに、最終報告書としてタイプされたものを提出する前に、手書きの覚書、言い換えれば報告書の下書きがあり、その下書きを検視医たちと相談のうえで、やや曖昧で、慎重な文章に書き替えていたというのだ。検視報告という最も重要な文書が、ある意味でいい加減な表現のものに変えられていたのだ。検視医たちが「慎重になった」というのは、のちのち、あまり追及されないような文章にしようということだろう。彼らの保身が目的だった。このような検視報告が信じられるのだろうか？

それに加えて、前述の全米医学会の雑誌『ＪＡＭＡ』誌のインタビューで、ヒュームズはもう一つの裏の事実を明らかにした。それは記事を書いたデニス・ブレオの文章でこう綴られている。「翌二十三日の土曜日、ヒュームズは検視報告の草稿を書いてまる一日をすごした。そのさい、検視の最中に取ったメモを燃やした」（『ＪＦＫ　暗殺の真実』、四頁）というのだ。

ヒュームズはメモを燃やしたことで「幾度も批判の声を浴びせられた」らしい。「メモを燃やしたのは陰謀があったからにちがいないとね。たしかに解剖中に取ったメモは燃やしました。大統領の血で染まっていたからね。好事家の手に渡るようなことがあってはならないと思ったからですよ。しかし、メモを燃やしたのは、内容すべてを一字一句、別の紙に写してからのことです」(同書、同頁)。

犯罪調査の一部であるはずの検視である。検視作業中のメモは「重要証拠」となるものだ。したがって、これを「燃やした」ことが明らかになれば、ヒュームズが「批判」の的となるのは当然だろう。同じ検視に携わったボズウェルがメモした頭蓋骨の図などは、大統領の血による汚れがありながらも、そのまま残されている(リフトン、上巻、冒頭の写真27参照)。検視報告書での「説明不能」とされていた大統領の頭部の様子は、このボズウェルのメモによって今日でも検証できる。重要な証拠資料なのだ。

ヒュームズは自分の経験で、外国人将校たちにリンカン大統領が狙撃されたときに座っていたフォード劇場の椅子を見せたとき、椅子に「大統領の血だというシミが残っていた」ことがあり、「ぎょっとした」(『JFK 暗殺の真実』、同頁)という。このことが「暖炉でメモを燃やした」(同書、四五頁)ことになった原因だと説明する。彼は「こうした忌まわしいものが卑怯な人間の手に渡るようなことがあってはならないと心に決めた」(同書、同頁)というのだが、検視時の被験者の血で汚れたメモ類を手にする人がどうして「卑怯な人間」になるのか、またそもそも「卑怯な人間」とは、どのような人物を想定しているのかの説明はない。

ヒュームズが気を回しすぎた、と言えるだろうし、また、メモが残っていたら都合の悪いことがあったと受け止めることもできる。彼は検視報告の草稿を書いて丸一日を過ごした土曜日の早朝にダラスに電話を入れ、ペリー医師と話をしている。そのときに、「あ、これだと閃いた」（同書、四二頁）と語ったヒュームズは「銃弾は首を貫通して出ていった」（同書、同頁）と結論したのだ。

検視時には銃弾が体内になく、銃弾の出口の傷口も見当たらずに悩んでいたのがヒュームズだ。検視時のメモにはそれらしきことば、たとえば「出口はない」などが記されていたと考えられる。ペリー医師との電話のあとで、彼は喉の傷を出口にして背中に命中した銃弾が貫通したと、後刻ウォーレン委員会が魔法の銃弾説を編み出すきっかけを創作してしまったのだ。メモは邪魔で、のちのち面倒を引き起こす可能性がある。廃棄するしかない、と考えたのだ。

メモ類はすべて書き写したのだとヒュームズは『ＪＡＭＡ』誌の質問に答えている。だが、この書き写されたメモはいまだに公にされていないという事実がある。本当に書き写したのだろうか。いや、たとえ書き写したとしても、ペリー医師との話で「これだと閃いた」あとでは、都合の悪い部分は書き写さなかったと考えることもできる。

ヒュームズは「われわれがミスを犯したとすれば」と『ＪＡＭＡ』誌に語った。「解剖をはじめる前にダラスに電話を入れなかったことでしょう」（同書、四〇頁）。いや、そうではない。彼のミスは検視中のメモを焼却処分してしまったことだ。検視は目の前に横たわる遺体の傷を精査することで、その死に至る状況を判断するわけで、検視前にダラスと電話をする必要などあるはずはない。一九九二年、事件から三〇年が過ぎようとしている時点でもなお、ヒュームズは保身と自己弁護を続けているようにしか思えないではないか。

なぜ？　という疑問には、彼が書いた報告書は真実ではないから、という答えしか出てこない。もう一点、ヒュームズの奇妙な一言が気になる。背中の銃弾の入口と思われる傷があり、喉には気管切開の傷跡があるものの銃弾がない。このことに困惑していたことはすでに何度も触れた。『JAMA』誌のインタビューでも、やはりこのことが話題になった。そのときに、ヒュームズはこう語っているのだ。「首を切開するのは全く不必要でしたし、そんなことは犯罪行為に等しい、けしからんことです」（同書、四二頁）。『JAMA』誌はこのヒュームズを「じつに率直だった」と評価しているのだが、検視時に発見できない銃弾があり、背中に銃弾が命中したはずの痕跡がある――検視医はその部位がたとえどこであろうと、背中の傷口からメスを入れて、徹底的に銃弾を探さなければならないはずだ。死んだ人間の首に、検視の担当医がメスを入れることがなぜ「犯罪行為」なのか。彼には検視医として、それをする権利と責務があるはずなのだ。

銃が犯罪で使われたとき、銃弾は非常に重要な意味を持つ。被害者の体内から回収された銃弾が押収された銃から発射されたものである（銃弾に残る「線条痕」が要点となる）と証明されて初めて、銃を使用したと思われる容疑者が特定されるのだ。銃と容疑者と被害者を結びつける、つまり犯罪を成立させるものこそが銃弾になるのだ。

したがって、検視時に銃弾がどこにもない、では済まないのだ。必ず探し出さなければならない。そもそも衆人環視のもとで狙撃事件があり、大統領が被弾して亡くなった。このことは明白すぎるぐらい明白なのだ。だから、この場合、検視の目的は死因の特定などではない。あくまでも大統領の体内から銃弾を回収することであるはずだ。その銃弾によって初めて凶器である銃が特定できるのだから。

ところが、そのために「首を切開するのは……犯罪行為……けしからんこと」と平然と語るヒュームズは、やはり異常である。それを「率直」だとして単純に評価し、やり過ごしてしまう『ＪＡＭＡ』誌の編集者たちも同類だ。全米医学会の権威ある雑誌だ。医学的に見ておかしいことはおかしい、と言えるようでなければならない。七年がかりでヒュームズに話をさせることになった雑誌編集長のランドバーグがいかに重要な役割を果たしたかを滔々《とうとう》と語っている場合ではない(同書、一〇六頁)。

その意味もあって、私はここで改めて自分の立場を表明しておきたい。「おかしいことは、相手が誰であろうと、おかしいのだ。それをそのままにしてしまったら、物事の真相は決して分からないままなのだ」と。

最後に、これだけ疑念の残る報告を書き上げたヒュームズ医師は、当初よりその能力が疑問視され、経験不足が指摘されてきた。海軍の上官たちが同席する検視現場での彼の立場を考えると、気の毒な気がしないでもないが、検視医があらゆる圧力に屈せずに仕事をしなければ、事件の真相が見えるはずはない。その意味で、ヒュームズ医師の検視担当の資格や能力が疑われても仕方がなかった。

ところが、『ＪＡＭＡ』誌は、彼の経歴を想像以上に素晴らしいものだという。すでに取り上げた『JFK　暗殺の真実』によると、彼は医師として輝かしい経歴の持ち主であるようだ。この本ではわざわざスペースを取って（六八～六九頁）、経歴を列挙している。これを見る限りでは、ケネディ大統領の検視担当時に「未熟」とか「経験不足」という評判が流布したことが嘘のようだ。だが、彼の経歴を見れば見るほど、これだけの「名医」が、なぜあの程度の検視しかできなかったのだろうかという疑問が強くなる。と同時に、ケネディの検視でウォーレン委員会にとって「見事な」役割を果たしたことが、その後の出世を約束したのではないかとの疑問も生じる。もしそうなら……何をか況《いわん》や！　だ。

第10章　ザプルーダー・フィルムの改竄《かいざん》

本書第8章で少し触れたザプルーダー・フィルムだが、ケネディ暗殺事件を一定の結論に導こうとするウォーレン委員会にとっては、非常に重要な参考資料となったはずのものだ。事件そのものが動画で逐一記録されていたのだから当然だろう。

しかし、我々が心しておかなければならないことがある。委員会が審議していたときには、この映像は関係者以外誰も見ることができなかったという事実だ。確かに、何本かの複製のうちの一本を相当な金額（一五万ドルと言われている）で購入した『ライフ』誌がフィルムの一部を数枚現像して雑誌に掲載した（現在、私の手元には、暗殺四〇周年記念号として復刻出版された『ライフ』誌がある。これによると冒頭に約一一枚のカラー印刷の画像が掲載されている）ので、それを通してフィルムの存在自体は世の中に知られていた。

また、ウォーレン委員会も『別巻』XVIII巻の一頁目から八〇頁目までを使って、映像の一七一コマ目から三三四コマ目までを「委員会証拠物件885」として白黒の画像で掲載している。こちらのほうが『ライフ』誌よりも枚数も多く、より広く報道もされたので、実際に『別巻』を手にしたかどうかは別にして一般に大いに話題になった。ただ、なぜか二〇八コマ目から二一一コマ目までが抜けている。交通標識（事件後撤去された）の陰に入り、ケネディ大統領が写っていないためかもしれないが、この四コマの削除に何か特別な意図があったのではないかと、『報告書』と『別巻』が公表されるとすぐに疑問が生じていた。だが、どれだけ静止画が公になろうと、動画とは印象が大きく異なるはずだ。映像が映し出す衝撃を静止画から感じることはほとんどない。特に『ライフ』誌は大統領が頭に被弾した瞬間をあえて掲載しなかったから、衝撃度は小さかったはずだ。動画の視聴によって受ける衝撃の大きさを考慮して、委員会だけでなくアメリカ政府はフィルムの「非公開」を早々に決定していた。一般の国民がザプルーダー・フィルムの映像を初めて目にしたのは、一九七五年三月六日、NBCの「グッドナイト・アメリカ」という番組で全国にテレビ放映されたときだ。国民に与えた衝撃は相当なものだった。

それはともかく、これによって国民の多くがウォーレン委員会の結論に疑問を持つようになったことも確かだ。

本書第8章で触れたように、ウォーレン委員会は三発説にこだわるあまり、ケネディと同乗していたコナリー・テキサス州知事は同じ一発の銃弾（そう、例の「魔法の銃弾」だ）で撃たれたとしていた。銃弾があまりにも原形を留めていたので、この結論には当初から批判もあったが、ウォーレン委員会を誤りとする決め手はなかった。ケネディを貫通した銃弾がコナリーも貫通した、というウォーレン委員会の説明を受け入れるしかなかった。ただ、コナリーを貫通した銃弾がなぜダラスの病院のストレッチャーの上で発見されたのかという素朴な疑問には、委員会は答えなかった。

ストレッチャーの上にあったということは、射撃現場で「貫通していなかった」ことになるはずだからだ。

だが、ザプルーダー・フィルムを一目見れば、ケネディとコナリー知事が、それぞれ被弾したことを示す反応には明白な時間差があるのが誰にでも分かる。二人は同じ車内の狭い空間にいたのだから、一発の銃弾で撃たれたとするなら、この反応はほぼ同時でなければならないだろう。

つまり、二人の被弾時の反応の時間差は、彼らが異なった銃弾で撃たれたことを意味するはずだ。さらに言えば、オズワルドの他にも狙撃手がいた！　はずなのだ。映像に見えるこの明らかな一つの「事実」を、ウォーレン委員会の元メンバーやスタッフとして参加した人たちは、人間の持つ「個々の衝撃に対する反応時間の差」によるものだとした。これは誰をも納得させることのできる説明ではなかった。

もう一点、銃弾がケネディ大統領の頭に命中した瞬間という最も衝撃的な映像についてだが、これを見ると、彼の体はジャクリーン夫人のほう、つまり左に、そして少し後方に倒れ込んでいる。常識的に考えれば、これは右（斜め）前方から銃弾を受けた場合の動きと推定される。

しかし、これについても委員会メンバーやスタッフは、人間には背後からの衝撃に対して後ろに体が動くことが「神経反応」によって起こり得る、と説明した。常識的には理解に苦しむ説明だ。

この二点を考えるだけで、ウォーレン委員会がこの映像を非公開としていた理由が分かる。これらは映像が公開されて、初めて公に問題となった点だった。もし委員会が活動していたときにこの映像を公開すれば、さまざまな批判が寄せられることになっただろう。

私的なことだが、一九九〇年頃、個人的にザプルーダー・フィルムに何とも言えない疑問を感じたことがあった。

図20を見ていただきたいのだが、Aは画面右下の方に銃を構えた人物がいるという指摘がなされて、評判になったものだ。これを初めて掲載したのはロバート・グローデン（Robert J. Groden）とハリソン・リヴィングストーン（Harrison Edward Livingstone）の著作、*High Treason*（N.Y.: Berkley Books, 1989. 未訳）だったが、この本の二七〇頁以後でザプルーダー・フィルム関連の画像がまとめられており、そのなかの一枚である。ザプルーダー・フィルムの四一三コマ目として紹介されているのだが、狙撃後に大統領車が現場から離れるために急加速した直後の場面だ。ザプルーダーが大統領車を追って撮影したほとんど最後のコマになる。私は銃を構えた人物は写っていないと判断しているが、何度も見たせいでしっかりと記憶に残っていた画像だ。

一九九〇年、何度目かのダラス行きの機会を得た。そして、このときにザプルーダーと同じ行動を取ってみた。コンクリートの台（高さは約一二〇センチほど）によじ登り、そしてカメラで走り去る大統領車の方向を写した。その写真がCである。デジタルカメラだったので、その場で自分が写した画像を見て、ショックを受けた。見慣れたはずのザプルーダーのそれとはあまりにも異なっていたからである。この現場が「国立歴史的建造物区域（National Historic Landmark District」として合衆国の国立公園局の管理下に置かれてから、現場は暗殺事件当日の様子を保つように管理されている。

樹木の管理は大変だろうが、それでも一応、一九六三年一一月二二日の景観を維持するために、常に刈り込まれているのだ。そのため、写真Cに写る樹木の大きさはあまり気にする必要はないのだが、写っている道路やその角度がまったく違うのだ。このCは確かに私が自分でカメラのシャッターを切ったものだから、現場での様子を示すことは間違いない。では、AとBは、どこから写したものなのだろうか。

よく見てみると、AもBも手前の樹木の陰に大統領車がほぼ横向きに写っている。Cに写っている道路はエルム通りだ。だが、AとBではエルム通りは樹木の陰になり、メイン通りとその向こうのコマース通りが写っている。しかも、ほぼ水平だ。とすると、AもBも手前に写っている樹木の真後ろから撮影されていると考えられるのではないか。写真Cで明白だろうが、ザプルーダーの位置から樹木はこのようには見えない。AとBは、道路がほぼ水平に見えることからも、樹木の真後《まうし》

図20A
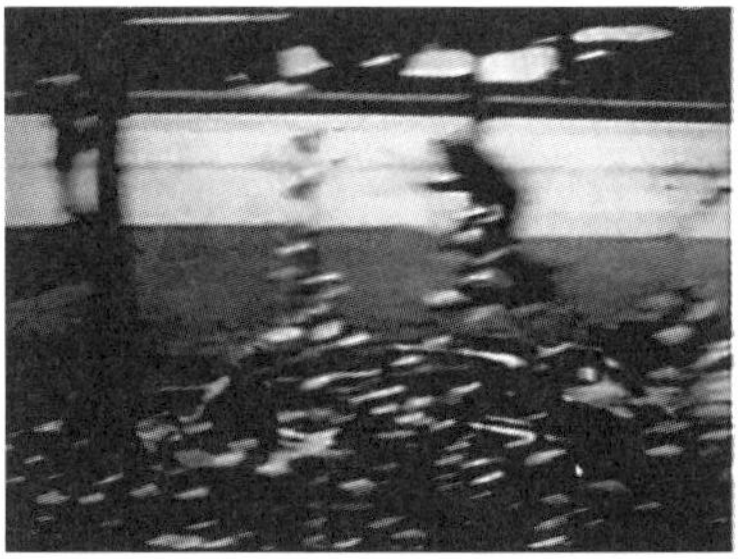

20B

20C

20D

ろからの画像であると考えて間違いないだろう。つまり、ザプルーダーのいた場所ではない。彼の右後ろ、それも彼よりも低い位置から撮られたものだ。

この前提でさらに見ると、樹木の左（写真Bの左側←の先）に直線的に写る建造物らしき物がある。これは樹木の東隣のコンクリートの突き出し、つまりザプルーダーが立っていた場所だと判断できる。その位置と樹木の位置を分かりやすく見せているのが、図20のDだ。このコンクリートの建造物の上に立っているザプルーダーが樹木のほうにカメラを向けて、足元のコンクリートを写せるはずがない。

このことに気づいた私のショックは大きかった。ザプルーダー以外の誰かが、もう一つ映像を撮っていたのだ。（この問題は、改めて本書の第13章で明らかにしている）。目的が何であったのかは分からない。しかし、誰か別人が撮影していたことは間違いない。そして、いつの時点かは不明だが、少なくともザプルーダー・フィルムが公開される前に、この別人の映像がザプルーダーのものと合体されていたのだ。合体の理由も不明だが、この「別人」が暗殺実行犯（あるいは立案者）の一味だとしたら、ケネディ暗殺を企てた「一団」がいたことになる。

この別人の存在を考えると、もう一つの疑問も解消する。それは現場でカメラを構えていた者たちは「何者」かによってフィルムが没収されていた可能性があるのだ。第8章で触れたモアマンだけでなく、ルート上にいた撮影者は、報道関係者以外、皆同じ被害に遭っているはずだ。現場には少なくとも二二人が写真機を構え、一〇人が映写機を構えていたことが確認されている（Jim Bishop. *The Day Kennedy Was Shot.* Tront: Harper Collins, ,1968. p.165.）。強制的に回収されたモアマンの他のポラロイド写真も行方不明になっているが、これだけの人々から没収されたフィルムがその後どうなったのかは一切分かっていないのだ。

それなのにザプルーダーだけが没収されることなく、回収後に現像されて彼に返されている（すでにいくつかのコピーは作られていたようだが）。コンクリートの突き出しの上に立って撮影していたザプルーダーは非常に目立っていたはずだ。なぜ彼のフィルムだけが無事だったのか。これは大きな疑問だった。

しかし、もし別人が何らかの理由で撮影していたとすれば、ザプルーダーの撮影したものは「無害」であると思われていたのかもしれない。あるいは、あとで何かの役に立つと思われたのかもしれない。だから、特別な扱いをされた——そう考えると、この暗殺事件はウォーレン委員会が言うような単独犯行とはまったく異なる様相を見せることになる。私は、暗殺事件は陰謀だったと、そしてオズワルドは無罪なのだと、より強く確信するようになった。

この経験を二〇〇四年四月一七日に三島市の生涯学習センターで催された「JFK Club Japan」の第五回「オフ会」で講演した（講演内容は maedafamily.com 内のオフ会の項、第五回三島オフ会で紹介されている）。実は、二〇〇〇年に出版されたジェイムズ・フェッツァ博士の *Murder in Dealey Plaza*（Chicago: Catfeet Press）でザプルーダー・フィルムに関する多くの疑問（後述）の存在を知ったことで、自説に確信をかなり強くしたこともあったからだった。この本は日本語に訳されていないが、近年大いに発達した新しい映像機器でザプルーダー・フィルムを徹底的に分析した結果を公表したものだ。

話を図20Ａに戻すが、この写真（四一三コマ目）は既述の委員会の『別巻』XVIII巻には収められていない。ここに掲載されたのはケネディの被弾直後までだからだ。うがった見方をすると、射撃手がいるように見えてしまうコマを掲載する意図がなかったとも考えられる。

いずれにしろ、ザプルーダー・フィルムと呼ばれるものは不思議な代物だ。それについてこのあとに詳しく述べていきたいと思う。

ここで、先に挙げたフェッツァの著作の要点に触れておく。彼はこのフィルムを徹底解析した結果、フィルムは「フェイク」だと結論し（同書、三二四頁以降に掲載されている画像頁の番号で一六頁）、話題となったが、さらに三年後に増補版とも言える、より専門的な著書（*Great Zapruder Film Hoax*, 2003）を前著と同じ出版社から出している。

この最初の著書において、フェッツァは「ザプルーダー・フィルム」として世の中に出回っているフィルムが数種類あることを、彼が入手した四種類の画像を示すことで明らかにしている。元のフィルムをコピーしたとすれば、同じものが複数存在することになるはずなのに、フレームの大きさ、各フレーム内に収まる景色の範囲などが異なっているという。これを見れば、誰でも奇妙に思うはずだ。

そしてフィルムの分析に入っていくのだが、フィルムの最初の部分にある大統領を見送る観衆の様子と、同じときに偶然撮影された報道写真に写っている観衆の様子の違いが指摘される。背の高い人物がいたり、いなかったり、黒人と思われる集団がいたり、いなかったりと、この本に掲載されている写真だけでは明確ではないところもあるが、確かにフェッツァの指摘することは確認できる。また、大統領車が大きく左折したエルム通りで見守る観衆の数にも報道写真に写る人数と明らかな違いがあることが見て取れる。

初めてこの本を開いて、この指摘に出会ったときに、私は一つだけ合点したことがあった。それはザプルーダー・フィルムを見るようになってからしばらくして気づいたことだった。大統領車がエルム通りに入ってケネディが最初に被弾するまで、彼は右側の側道にいる大勢の人々に手を振っているのだが、その大勢の人々にほとんど動きがないのだ。最初に気づいてから、より注意して見るようになったのだが、確かに彼らは動かない。通常なら手を振るなり、頭を動かすなりするだろうが、動いていないのだ。道路の反対側の人々には動きがある。ある少女など、大統領車を追いかけるように走っている（この少女に関しては、第13章で改めて検討する）。そう、こうした一種の「興奮」状態は大統領のパレードをわざわざ見に来た人々が示すごく普通の反応だと思われる。それなのに動きがない――ずっと気味の悪い思いがしていた。

この人たちは「反ケネディ」の保守派ばかりなのだろうか、とさえ考えたこともあった。しかし、フェッツァが言うように、それ以前に写っている観衆の様子が奇妙だとすると、この動きのない群衆のことも分かる気がした。ザプルーダー・フィルムが何者かによって修正されていたとすれば、動かない群衆も不思議ではなくなる。彼らの動きのなかに、事件の真相を明らかにする何かがあったとすれば、当然、これを「消す」はずだからだ。

フェッツァの指摘はいくつもあるが、ここではあと三点だけ紹介しておきたい。その一つは、図21として本書に掲載したが、大統領車の後方を移動していた女性だ。フェッツァの分析に使われて

図21

いるのは三一二コマ目だが、次の三一三コマ目はケネディ大統領が頭部に被弾した瞬間なので、その直前の様子ということだ。彼女はトニ・フォスターという女性で、ディーリー・プラザ《広場》の芝生を横切って、大統領車のほうに向けて走って来ている。この画像を新しい技術で解析して、ザプルーダー・フィルムでは写っていない広場全体のなかに画像を収めると、このトニの身長がほぼ二メートルになってしまうのだ。実際の彼女は一五五センチの背丈しかないのに——。

第二点は図22を見てほしい。この写真はフェッツァの著書の写真ページの最後の一六頁に掲載されているものだ。ザプルーダーの立ち位置の反対側にいた、ダラス市役所に勤務するオーヴィル・ニックスという当時五二歳の男性が映していた八ミリ映像の一コマと、これと同じ時点に撮影されたザプルーダー・フィルムの三六九コマ目の映像とを比べて見ることができる。フェッツァが初めて試みたことだ。図22の下半分の横長の画像がニックスのもので、ケネディ夫人が車のト

図22

ランクに向かい、飛んでいった大統領の頭部の骨を拾おうとしている姿がはっきりと写っている。上半分のザプルーダーの画像と同じ状況ということが判断できる。図22の右上の小さい画面はニックスの画像の一部を拡大したものだ。

　まず、ザプルーダーの画像を見てほしい。フェッツァが番号を付けているが、大統領車の向こうの芝生の上に子供一人と大人三人の姿がある。ジェフ・

フランツェン夫婦とその子供、少し離れて未確認の男性一人だ。銃撃直後にしてはこの四人とも落ち着いた雰囲気で見守っているようだが、ここで中央のフランツェン夫人を記憶しておいてほしい。彼女のタイトスカートが印象的だ。それで、右の拡大された挿入写真に注目してほしい。ここにもフェッツァが番号を振っていて、右端にフランツェン夫妻の連れていた男の子が写っている。彼の頭の上には父親であるジェフの右手が置かれている。ここまではザプルーダー・フィルムと同じだ。だが、ニックスの写真ではこの家族の後ろに白いシャツの女性と薄青色の服装の男性がいる（原著はカラーになっている）のだ。女性は明らかに銃撃（銃声）に反応した様子だ。彼ら二人はフランツェン家族の真後ろにいるのに、ザプルーダー・フィルムでは姿が見られない！　しかも、同じ拡大写真をよく見ると、なんとタイトスカートをはいたフランツェン夫人がいない。消えているのだ。同じ瞬間を逆方向から撮影したものなのに、一人の女性が消えた！

しかも、ザプルーダー・フィルムでは夫妻の左横に立っているのは男性一人のはずなのに、ニックスの拡大図には彼の真後ろに黒いフレアースカートをはいた女性がいるのだ。これはどういうことなのだろうか。この比較をした直後にフェッツァは「（ザプルーダー・）フィルムはフェイクだ」と、のちのトランプ大統領を彷彿させる一言を記している。

どちらの画像がフェイク（捏造《ねつぞう》）かは分からない。だが、ニックスのフィルムは五年間ＦＢＩが持っていた記録がある（Benson. 一六三頁）。この期間にどのような操作もできるだろうが、ニックスの映像に手を入れる理由はないだろう。やはり、ザプルーダー・フィルムには何者かの手が加えられているのだ。

それをさらに表すのが第三点目だ。図23として掲載した二枚の画像でザプルーダー・フィルムの一五五コマ目と二一二コマ目だ。一五五コマ目は近づいて来る大統領車を写したものだが、なぜか上半分が黒くなり、消されている。二一二コマ目の写真はその一秒ほどあとになるが、ケネディの喉に銃弾が命中したと想定されるときのものだ。被弾の様子は手前の道路標識のために分からないが、別の意味で重要なコマだ。少し分かりにくいかもしれないが画面の右に注意してほしい。大きな木が写っているのだが、この木の半分から上がさらに右のほうに移動していて、まるで空中に生えたようになっているのが確認できる。

何をすれば、映像がこうなるのかははっきりしないが、誰かが何かをしたことは間違いないだろう。フェッツァではなくても、「フェイク（捏造）」だと叫びたくなる。

図23A　ザプルーダー・フィルム155コマ

図23B　ザプルーダー・フィルム212コマ（右の木が切断されている）

では、その捏造の目的は何なのか、が問題になる。本書で主張してきたように、ウォーレン委員会は最初からオズワルド犯人説で合意していた。いや、ボッグズ下院議員一人が時折、外部に不満を漏らしていたから、反発していた者もいたのかもしれない。だが、委員会のスタッフはこの線で決着することに決めていた。

ザプルーダー・フィルムを最初に見た委員やスタッフは、このフィルムが自分たちの主張を覆す恐れのあることに気づいた。おそらくは「前からの射撃」をはっきりと示すものが写っていたのではないだろうか。あるいは、「三発」以上の銃弾の痕跡があったのかもしれない。観衆の動きなどで、「三発」以上の銃弾が発射されたことが分かってしまったのかもしれない。さらに言えば、射撃の時間が長く、「三発」だけではないことが明らかだったのかもしれない。

委員会とすれば、こうした「情報」は非常に都合が悪い――そこでフィルムに手を付けることにした。時間は短縮され、都合の悪い箇所は消す、というようなことがなされたのだろう。

こうしてしまえば、たとえ公開されたとしても、どうにでも自己弁護できるはずだ。フィルムを公開しないとしてから一九七五年にテレビでの放映の決断がなされるまで、一〇年以上の時間があった。手を加える時間はたっぷりあった。『別巻』にはフィルムの画像が掲載されていると本章の冒頭で触れておいたが、フェッツァが分析して異常を発見したコマは掲載されていない。フェッツァが解析しているのは、『別巻』に掲載されなかった画像だからだ。

つまり、『別巻』に掲載することで、世間に対して完璧な調査を印象付けたかもしれないが、実は都合の悪いものは隠していたのだ。その意味では賢い隠蔽工作がなされていたわけだ。

フェッツァの解析と指摘のごく一部を紹介したが、本来は最も信頼できるはずの現場映像が果たして信頼に足るものなのかどうかの判断は読者の方々に委《ゆだ》ねたいと思う。私としては、ウォーレン委員会はこの重要な証拠を改竄《かいざん》するという愚行を冒していたのだ、とだけ改めて指摘し、強調しておきたいと思う。

第11章　奇妙な謎――大陰謀を示唆

　ここまで、ウォーレン委員会がまともな調査を行わず、ただ発足時に決め込んだ「オズワルド単独犯説」を強引に正当化することだけに、その能力と時間とを費やし、結果としてアメリカ国民を騙《だま》し、歴史を騙したということを明らかにしてきた。

　最後に、ウォーレン委員会が積極的に関わったわけではないが、「知っていながら、完全に無視した」いくつかの出来事について触れておきたい。委員会が本気の調査をするつもりでいたら、そして真実を追求する責務と正義を理解していたとしたら、絶対に「無視」できなかったはずの出来事だ。

　ケネディ大統領はダラスのパークランド記念病院で息を引き取った。この病院の神経科の科長だったケンプ・クラーク医師が死亡を公表した。このときまでにはシークレット・サーヴィスが葬儀社の手配をした。看護師たち、パトリシア・ガスタフソンやマーガレット・シナクリフらがケネディの死後処置をした。スポンジを使って、血のりなどを丁寧に拭き取った（Benson. 二一一頁）。頭部の傷の周りもきれいに拭き取られたという。だが、この頭の傷からの出血は止まらなかったようだ。ガスタフソン看護師が後日『ボストン・グローブ』紙の記者に語った話では、止血のために圧力包帯をあてがうようにと指示された（誰からかは不明）が、結局傷口が大きすぎて、何もできなかったという（同書、同頁）。葬儀社の関係者は準備した柩が白い布で内張りしてあるので、これが血で汚れることを懸念していた。ドリス・ネルソン看護師はマットレスを包むビニールが病院の備品室にあることを思い出し、これを使うことを提案した（同書、二一〇頁）。

最終的にこのビニールのシートが使われた。柩を飛行場に運んだ救急車の運転手、オーブリー・ライクも「透明なビニール・シートで大統領が包まれていた」と後日、自分が見たことを証言している（同書、同頁）。

ケネディの頭部は看護師たちが髪の毛を櫛《くし》でとかし、きれいにまとめただけで、特に包帯などは巻かなかった。ダラスのホーリー・トリニティ教会のオスカー・ヒューバー神父がカトリックの臨終の儀式である「終油」を施し、柩が閉じられた。検視をどこでするかの悶着（第8章＋第12章参照）があったが、結局はワシントンに運ばれることになり、飛行場で待機する大統領専用機（空軍Ⅰ号）に乗せられたのだった。

ところが、この柩が検視をするベセスダの海軍医療センターに到着した時点で、すべての様子が変わってしまうのだ。海軍が検視当夜に「箝口令《かんこうれい》」を敷いたために、到着後のことに関してはほとんど分かっていなかった。だが、大統領の柩を運んでいた霊柩車がセンターの敷地内で行方不明になるという奇妙な出来事が起きていた。大統領の遺族の許可を得て事件の詳細を報じることになったウィリアム・マンチェスターが、このことを何気なく記録していたのだ（『ある大統領の死』下巻、恒文社、一九六七年、八九頁)。

空軍基地から柩とともに車に同乗してきたケネディ夫人と大統領の弟のロバート・ケネディ司法長官らは、医療センターの正面入口で降りた。その後一〇分ほどして、柩を乗せた車は案内を申し出た車にしたがって、医療センター裏口の検視室(解剖室)に向かったのだが、途中で先導車を見失い、病院の敷地内をうろつくことになった。マンチェスターはこの直後に、さらにもう一つの異常な事態を記録している。

最終的には柩が運び込まれて、検視のために遺体を取り出すわけだが、このときの描写に次の文章がある。「二人の海軍士官がメスでバーノン・オニールが包んだゴムとプラスチックの袋を切り開き、ケネディをまったくのはだかにした」(同書、九一頁)。私が個人的に高く評価していた宮川毅の翻訳だとすると、この部分は残念に感じる。一読しただけではよく分からない表現になっているからだ。ここに書かれたバーノン・オニールはダラスの葬儀社の者で、彼が大統領を柩に納めた。このときに「ゴムとプラスチックの袋」を使っていたというのだ。

当日の箝口令が解除されたあとで明らかになったことだが、ここで述べられた「海軍士官」の一人はポール・オコナーという青年だった。彼は医療技師になることを夢見ており、事件当時は病理学科の学生だった。当日はたまたま当番で、検視の助手を務めたという。彼はかなり重要なことを目撃し、証言もしている。それは、検視室でケネディの遺体が柩から出されたときに関するもので、以下に紹介する。

彼は、ケネディの遺体はマンチェスターが言うように「袋」に入っていたと明言する。彼が使った言葉は「ボディバッグ（遺体袋）」で、戦場や自然災害、大きな事故などの犠牲者たちの遺体を現場から運び出すときに利用する、ビニールで裏打ちされたゴム製の袋でジッパーがついているものだ。マンチェスターの記述と異なり、オコナーは特にメスを使わずに、ただジッパーを開けて大統領を検視台に載せたという（リフトン、下巻、二六一頁）。

しかし、ダラスではただ単にビニールのシートが使われただけだ。遺体袋などは使用されていない。先に紹介した看護師たちの証言で、この点は明らかだ。遺体袋はどこからきたのだろうか。下院の圧力で箝口令が解除される過程で尽力したのが『ベスト・エヴィデンス』の著者、リフトンで、オコナーの証言を最初に引き出すという大仕事をした。詳細は彼の著書を参照してもらえば、と思う。

オコナーの証言で重要なのは遺体袋の他に、ケネディの遺体は「頭にシーツ」が巻かれてあった（同書、二六八頁）ということだ。しかも、そのシーツを取ると、頭蓋骨が崩れたというのだ（同書、同頁）。

パークランド記念病院を出たとき、柩のなかのケネディの頭にはシーツは巻かれていなかった。しかも、ケネディは処置室で衣服を脱がされており、その衣服は別便で戻されているので、柩のなかでは下着のパンツ以外は身に着けておらずで、全身にビニールのシートが被せられただけで、遺体袋には入れられていなかった。

ダラスからベセスダまでのおよそ二時間の移動の間に、柩のなかの遺体の状況が変わっていたのだ。そしてもう一つ、その柩についてだが、ポール・オコナーが見た、いや彼自身が運び入れるのを手伝った柩は「ブリキ製の安い柩」だったというのだ（リフトン、下巻、二六一頁）。実は、ケネディの死が確認された直後、シークレット・サーヴィスのクリント・ヒルが病院の事務長の部屋からダラス市内のオニール葬儀社に電話をして、「いま手元にある最高級の柩を選んで……（中略）……できるだけ早く運んできてほしい……（中略）……合衆国大統領のためだ」と「最高級」の柩を注文している（Jim Bishop. p.231.）。届いたのは、もちろん、青銅製の高価な柩だった。ブリキ製では決してない。柩が大統領専用機内に運び込まれるときと、運び出されるときの映像や写真でも、大統領にふさわしい柩であることが分かる。

ところが、これがベセスダの海軍医療センターの一般の目には触れることのない場所に現れたときには、安いブリキ製の柩、通常は「運搬用」と呼ばれているものに変わっていたのだ。

オコナーの証言は実に驚くべきものだが、さらに唖然とするのは、「頭のシーツを取り除くと、頭蓋骨が崩れ落ちた」という証言だ。

パークランド記念病院では、右後頭部に医師たちが一様に言う「大きな傷」（直径約五センチの孔）が確認されていたが、心臓マッサージのときにも、柩に納めるときにも、頭蓋骨が崩れる様子はなかった。銃弾による傷の箇所以外に問題はなかった。

それが――。ベセスダでは柩のなかの様態がまったく異なっており、しかも大統領の頭部はほとんど崩壊していたのだ。リフトンに対して、オコナーはこう語っている。

（前略）……脳はなかったんです……（中略）……頭の傷は全くひどいもので……二〇センチ

×一〇センチ四方ぐらいの大きさで……頭蓋は空だったのです……なくなっていました、すべてがなくなっていたのです。頭蓋骨内にはほんの少し脳組織が残っていましたけれど、それだけです。他には何もありませんでした（リフトン、下巻、二六一頁）。

この証言は驚きだ。頭蓋骨のなかは空っぽ⁉ オコナーは、検視担当の医師も、「いや、そこにいた全員が『全く声もないほど驚いていました』」と付け加えた（同書、二六三〜二六四頁）。一発のライフル銃の銃弾が頭の大部分を粉砕し、頭蓋内の脳をなくすほどの傷を負わせられるわけがない。これが事実なら、パークランド記念病院に搬送されたときには、すでに死亡していたはずだ。ペリー医師が行なったような「救命処置」など必要ない。いや、医師たちが救命処置などするはずがない。ということは、この検視を始める前の段階で、ダラスからベセスダまでの間に、ケネディの遺体に誰かが何かをしたということが明らかなのだ——そうとしか考えられない。

暗殺事件（ケネディ大統領、弟のロバート・ケネディ上院議員、そしてキング牧師）を調べ直す目的で設置された下院の特別委員会が、海軍の箝口令を解除させなければ出てこなかった証言だ。海軍が箝口令を発令したということ自体、かなり重要なことだ。何か都合の悪いことを隠蔽《いんぺい》しようとしていたと考えられるからだ。本来ならウォーレン委員会がこれを解除するべきだったのだ。そうすれば、『報告書』で「陰謀を企てた証拠はない」（『報告書』、二一頁）などとのんきなことは書けなかったはずだ。

では、一体誰が、何をしたのか？「誰が？」の疑問については、既に事件後半世紀以上経ったいまになっては、答えを出すのは不可能に近い。だが、ケネディ大統領を暗殺しようと計画した人間は、この遺体に手を加えるということを始めから考え、計画し、実行したということだけは言える。しかもそれは、箝口令を出すことさえできる、そういう地位にいる人間か組織のはずだ。

「何をしたのか?」に関しては、一応答えがある。それは銃弾の摘出だ。

改めて述べるが、ケネディと同時に撃たれたコナリー知事がパークランド記念病院で手術を受けた際、彼の胸部、および右手首から銃弾の破片が回収されている。大腿部の傷からも回収されたという。そう、ダラスにとどまったコナリー知事からは、たとえ線条痕を確認できる大きさではなかったとしても、銃弾の破片は見つかっているのだ。胸の骨や手首の骨に当たった銃弾は砕けて、被害者の体内に残っていた。

とすれば、当然、ケネディの体からも銃弾、あるいはその破片が回収されているはずだ。ところがベセスダの検視では、体内に銃弾は発見できなかった。そもそも、死体を解剖する、つまり検視をするというのは、死因を調べるためだ。だが、ケネディ大統領の場合、死因はあまりにも明らかだった。衆人環視のなかで銃撃があった。その銃弾が大統領に命中した。その銃弾による傷が死因であることは間違いなく、わざわざ検視などする必要はない。では、なぜ検視が必要だったのか。

それは彼の体内に残っているはずの銃弾を摘出するためだ。銃弾についている線条痕を調べることで、犯行に使用された銃が特定できるわけだし、それによって容疑者が特定されることになる。特に裁判では、犯行の容疑者を有罪とするために、なくてはならないのが被害者の体内から回収された銃弾だ。

逆に言えば、暗殺実行犯にとっては、捜査機関や検察側に絶対に渡してはならないのが銃弾ということになる。おそらくは偽の「実行犯」を用意して、「真犯人」をかくまうことを考えていた「主犯」にとっては、銃弾を回収して、所持し、管理下に置くことは「絶対」のマスト《必要条件》(must)だった。だから、当時の法律では犯行現場であるテキサス州でしなければならない「検視」を、強引にワシントンで、それも軍という命令一つで秘密を厳格に守れる機関で行なうことにしたのだ。

その意味では、検視を担当したヒュームズ医師がウォーレン委員会の聴聞会で、「あまりにも複雑で、口頭では説明できない」と匙《さじ》を投げたほどの異常な傷があったことも理解できる。右眼窩《がんか》の骨が動いたという記述の説明もつく。かなりの短時間で銃弾を取り出す作業を行なったために、相当に乱暴な方法が取られたのだろう。第9章で触れたように、大統領の検視で述べられている傷が、ダラスの医師たちが確認した傷とあまりにも異なっていたことは、こう考えると理解できる。否、こう考える以外に合理的な説明がつかないのだ。

ウォーレン委員会は箝口令を解除するまでもなく、検視で見られた傷の異常を十分に分かっていたはずだ。ダラスのパークランド記念病院の医師たちは、事件当日にケネディの遺体が病院を出るとすぐに全員が報告を書いている。そして、その報告はすべてウォーレン委員会の『報告書』に掲載されている。だが、委員会はこれを無視した。ダラスでは救命処置に没頭していたので傷を詳しく観察したわけではない、というのがその理由だ(私にすれば、単なる屁理屈)。委員会が最重要証拠として採用したのは、ダラスの医師たちの報告ではなく、傷の説明を「口頭では出来ない」というベセスダの医師の検視らしきものだった。なんと愚かなことか。

ケネディ大統領の柩には、「青銅」製のものと、「ブリキ」製のものの二つがあった事実をすでに紹介したが、その二つの柩は別の車で運ばれて来ていることが確認されている。ダラスから空輸され、大統領夫人が乗る車で空軍基地からベセスダの海軍病院に運ばれた柩は「青銅」だった。そして、そのときの車は海軍所有で色はグレーだった。ところが海軍病院の裏口で「ブリキ」の柩を降ろしたのは、黒色のキャデラックからだった。

「ブリキ」の柩から遺体袋に入っていた大統領を取り出したとオコナーが話していることから判断すると、ダラスから到着した「青銅」の柩にケネディの遺体が入っていない時間があったことになる。リフトンをしても、遺体がいつ、どのようにして、そして誰の手によって「盗み出された」のかは分かっていない。多くの状況から推測するしかない。だが、遺体が一時「行方不明」になっていたのは確かだ。これが、午後七時一七分に「検視の準備」（FBIの報告書）、七時三〇分に「検視の開始」（ヒューームズ医師）、八時一五分に「最初の切開」（ヒューームズ医師）、一〇時三〇分に「検視の開始」（海軍医療センターのX線技師の証言）と公式な記録が混乱している理由かもしれない。

第9章でも触れたことだが、「検視報告」は、その説明に多くの疑問があるものの、かなり細かく大統領の脳の状態を説明している。ベセスダで検視を補助したオコナーは、遺体を柩から取り出したときに、頭蓋骨内部は空だった、つまり、脳はなかったと語った。では、この存在しなかった脳をヒューームズ医師はどのようにして「検視」したのだろうか。

これについては特に論じられたことはないが、不思議なことだ。ヒューームズはただ「取り出した脳はホルマリンに漬け、将来の検査および調査のため保存した」（『秘密工作　ケネディ暗殺』、三五九頁に付録として「検視報告書・補足検視報告書」全訳収録）とのみ記しているのだが、検視で脳を頭蓋から取り出してホルマリンに漬けるのは尋常の手順だ。だから、「取り出した」などと記述する必要はないので、これはホルマリンに漬かった脳が突然手元に現れたことへの反応なのではないだろうか、と思わざるをえない。

脳をめぐるこの異常な状況に委員会が気づかないわけはない。だが、無視した。無視しなければ、大統領の死の裏にとてつもない大陰謀が存在することになるからだ。それを少しでも明らかにしたが最後、自分たちの力の及ばない大事件に立ち向かうことになったからだ。ダレスを除いて、他の委員は自分たちの本来の職務を抱えていた。いつまでも暗殺事件に関わっていることはできない。オズワルド単独犯という明確な結論が目の前にあるのに、わざわざ事態を複雑にする必要はない。委員たちのなかに、このような気持ちがあったのだろう。検視報告の結論こそが重要で、その他の記述や発言などどうでもよいことにしたのだ。いや、そうするしかなかったのだ。

何せ、当初から国民の混乱を解消することがジョンソン大統領から委託されていたことだった。調査を長引かせるわけにはいかなかった。オズワルドだ――これでいい。

しかし、これでは調査とは言えない。忘れられていることかもしれないが、ＦＢＩやテキサス州警察、そしてダラス市警察による実質的な捜査は事件後一週間で「捜査停止」とされている。その代わりに設置されたのがウォーレン委員会で、大統領直属の捜査機関とされ、すべての捜査機関をまとめるという役割を担っていた。だが、この委員会は肝心なことが何もできなかった。「逮捕権」が与えられておらず身柄の拘束もできないし、誰か特定の人物を強制的に呼び出す権限も与えられていなかったのだ。結局、調査とはあくまでも名目だけで、実質的な捜査は何もできない仕組みになっていた。

ということは、ウォーレン委員会が無能だったわけではなく、ジョンソン新大統領を筆頭とした「新政権」が、事件の真相究明よりも国民の沈静化を最優先の目的としていたことに、すべての責任があると言えるのだろう。それには事件当日に早々に逮捕された男がいたこと、その男が共産主義かぶれであったことが最高の後押しとなった。しかも、その男はすでに「口封じ」されていた。あとはこの男をもっともらしく「実行犯」に仕立て上げる状況を作り上げてしまえばよい。

おそらくは、これがウォーレン委員会の裏に常に存在していた無言の圧力だったのだろう。少しでも早く、単独犯行で結論づければよい。下手に真相を探り出すと、米ソ戦争だぞ、というのが、おそらくはこの経緯を疑問視する人たちに対する反論だったのだろう。

こうして政府ぐるみで「嘘」が喧伝《けんでん》され、流布されることになったのだ。

最後にもう少しだけ残りの問題点を考えたい。一つは、例の「魔法の銃弾」だ。すでに扱った問題だが、まだ疑問が残っていた。パークランド記念病院にあったストレッチャーから落ちた銃弾だが、その形状から判断する限り、ケネディとコナリーを傷つけたものではない、と言い切ってよいものだ。ウォーレン委員会が、実験として医療用に提供されていた遺体の手首に銃弾を撃ち込んだ際、その銃弾は見事に潰れていた。委員会はこの実験の銃弾の写真を掲載しているのだから、「魔法の銃弾」がありえないことを十分に理解していたはずだった。もちろん、最終的にはこの実験結果を無視したわけだが、コナリーの手首の骨を砕いた銃弾がほぼ完璧な形を保っているはずはない。だから、この銃弾は偽装工作の道具だったと言ってもよいと思う。

では、その偽装工作とは何だったのかが次の問題となる。改めて思い出してほしいのだが、ダラスのパークランド記念病院で確認されていたケネディの銃創は喉と頭部（右耳の後ろ）の二ヵ所だった。だが、ベセスダの海軍医療センターでは背中（右肩から首にかけての筋肉の部分）にも入口の傷があったという。検視に立ち会ったFBIの捜査官の記録では、検視医のヒュームズがこの傷に指を入れ、「行き止まり」であることを声に出して確認したものだ。この傷が、最終的な検視報告では、「貫通した」傷になり、ダラスでは「入口」だったはずの喉の傷を「出口」として銃弾が体外に出たとされたのだ。

この傷だけは当初から問題になったのだが、「三発」説を成立させるにはどうしても必要な傷だった。だが、検視当初は「貫通していない」傷だった点を再確認すると、結局この傷は浅い傷、つまり、ここに命中した銃弾が何かの具合で逆戻りしてしまうほど浅い傷だったということだ。

陰謀を企てた人間は、囮《おとり》の実行犯に捜査を集中させるために、どうしても後ろからの狙撃の痕《こん》跡《せき》を残さなければならなかった。これが検視前に銃弾を回収した時点で人為的に背中に浅い傷を作った理由だったのではないだろうか。そして、パークランド記念病院の入口から処置室、または手術室に運ばれる間にストレッチャーの上に落ちた——ということにしたかったため、「オズワルドの銃」（これも本人が死亡してしまった以上、確認できないのだが）の線条痕が完璧に残る銃弾を、密かにストレッチャーの上に置いたのだろう。

問題は、ケネディ大統領は病院入口で乗せられたストレッチャーに柩に入れられるまでとどまっていた——すべての処理はストレッチャーの上でなされていた——のだから、彼がまだ処置室内にいるときに廊下に放置されていたストレッチャーに彼の体から落ちた銃弾があるわけがない。結局、この事実が銃弾は貫通してコナリー知事にも命中したとする三発説を生み出すことになった。陰謀計画者の思惑とはまったく異なる結論となってしまったわけだ。だが、この背中の傷が「後ろから、つまり教科書倉庫から」の狙撃の証拠になる以上、ウォーレン委員会は何が何でもこの傷の存在を重視せざるをえなかった。結局、パークランド記念病院の医師たちはこの傷に気づかなかった、つまり能力不足の医師と看護師たちだったということにしてしまったのだ。

もう一点だけ確認しておきたい。銃弾による傷は入口はきれいな円い傷になるが、出口は大きく裂けた傷になる。これによって銃弾の方向を確定できる。このことはかなり重要な点だ。つまり、ケネディを前から撃った銃弾が貫通してしまうと、オズワルドを犯人にすることはできなくなる。そこでリフトンが推測したように、銃弾の先端を切り取った特殊な銃弾が使用されたことに注目する必要があるのだ。この銃弾は貫通しないように工夫されたもので、ＦＢＩや警察などが容疑者に向けて発砲した銃弾が容疑者を貫通して、近くにいる一般人を傷つけることのないように開発されたものだ。

ケネディの喉に命中した銃弾は、おそらくは貫通することなく体内にあったはずだ。

パークランド記念病院でＸ線撮影がなされていたら発見できていただろう。あいにく、救急救命処置が最優先されたために、医師たちは貫通していないことを確認しながらも、銃弾の位置に注意を払う余裕はなかった。

おそらく、背中の傷を作ったときには、喉の傷（計画ではケネディの体の前面にある傷）を拡大して、入口を出口にしてしまう、ということが手はずとして考えられていたはずだ。ところが、この喉の傷はパークランド記念病院のペリー医師がメスで少しだけ拡大し、カテーテルを挿入して呼吸の確保のために利用していた。検視室にいたＦＢＩ捜査官がヒュームズ医師のことばとして書き記している「手術の跡」にその傷の様子が分かる。つまり、ベセスダ海軍病院では銃弾の入口の傷と判断できない傷が喉にあったことになる。

背中の傷を作った人物は与えられた指示通り、骨のないところに穴を開けた。本来なら、当然喉の傷を大きく広げて「出口」にしなければならなかったはずなのに、喉の傷をヒュームズ医師同様に、手術の傷と判断した。そのため、ここには手を付けなかったのだ。

銃弾の摘出という点で暗殺計画はほぼ完璧に実行されたのだが、この点だけは想定外のことになった。ヒュームズ医師が最後の最後にペリー医師との電話の内容を、おそらくは「拡大解釈」して、喉の傷を「出口」とし、肩から喉に貫通と結論してくれたことは望外の幸運だった。この意味でヒュームズ医師の能力こそが問題とされるべきだったのだ。

ここに一枚の写真（図24）がある。下院の暗殺調査委員会の活動のなかで出現した写真で、「死を見つめて」と呼ばれているものだ。ウォーレン委員会の結論を証明する写真として重要視されているのだが、これは明らかに偽造されたものだ。

この写真はベセスダ海軍医療センターで写したものとされているのだが、ケネディが失命してか

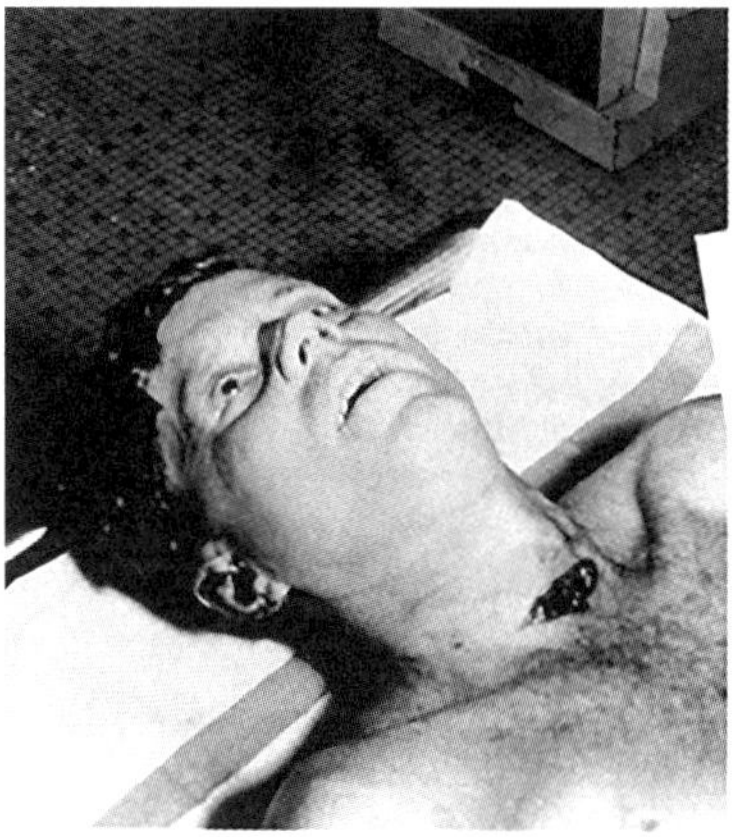

図24

らほぼ一二時間は経過している。パークランド記念病院で死亡が確認された時点で、医師の一人が彼の両眼を閉じていたし、口も閉じていた（Bishop.二一七頁＋二二三頁）。葬儀社も神父も確認している。つまり、ケネディがベセスダ海軍病院で「死を見つめて」いるはずはない。写真を偽造した人物は喉の傷にだけ注目したために、重要な事実を無視してしまったのだ。ありえない写真であることは明白だ。

また、喉の傷だが、これは明らかに「出口」と判断できる様態を残している。だが、検視室でのヒュームズ医師の最初の発声は「喉に手術の跡」だった。この傷を見て、手術痕と判断する医師がいるはずはない。もしヒュームズが本当にこの状態を見て、この一言を叫んだとすれば、彼の医師としての能力どころか、その資格さえ問い糺《ただ》さなければならないはずだ。

ウォーレン委員会の結論が発表されても、なお最も大きな問題とされていたことの一つがダラスとベセスダで確認された「傷」であり、しかも喉の入口が出口となった点が執拗な関心を呼んでいた。誰かが、ヒュームズの結論の正しさを証明する証拠を作らなければならないと考えたのだろう。その結果がこの写真だった。だが、その担当者は喉の傷に集中しすぎた。目を忘れていた！

結論としては、ここまで手を加えて、ウォーレン委員会の嘘を守り通そうとした工作があったことを改めて強調しておきたい。嘘を嘘で固めたのだ。真実はこうして曲げられたのだ！

ただ、もう一点だけ残った問題がある。ケネディの体の傷を変形させるだけで、「後ろ」からの狙撃を証明できるわけではない。

そこで、重要なのが同乗者に傷を負わせることだ。標的となったのがコナリー・テキサス州知事だった。ケネディ大統領は絶対的な標的で確実に殺害する必要がある。したがって、狙いやすく、距離も近い「前から」だけ狙う必要がある。使う銃弾は貫通不能な銃弾で、あとは傷の形を変えてしまえばよい。知事は後ろからだけ狙う。ただ、始めから殺害目的ではないので命中度は高いが殺傷能力の低い銃を使えばよい。後ろからの狙撃だけを強く印象付ければよいのだ。

つまり、狙撃手は複数いた。決して単独犯行ではないということになる。コナリー知事を狙った犯人は相当に腕の立つ者だろう。ほんの一～二秒で二発は撃ったはずで、しかも、二発とも命中させている。おそらくは教科書倉庫の西南の二階か三階の窓から、あるいは教科書倉庫の荷物の出し入れをする西側の突き出し部分の屋上（ここからだと犯行後飛び下りることも可能で、逃げ道の確保が容易である）から狙撃したと想定できる。

コナリー知事の胸部を貫通した一発と彼の手首を射抜いた一発の計二発を考えるべきだ。したがって、銃声は三発ではない。前述したジーン・ヒルの言う五～六発が正しいのだろう。

コナリー知事が明白に後ろから狙撃され、ケネディの背中に銃弾の傷がある――狙撃は後ろからのみ、と断定するのには十分だった。前方、つまりグラシーノールから、という目撃証言はすべて間違い、よって無視、とするのに十分だった。そのために標的とされた点でコナリーは気の毒な存在だったが、殺さないという前提だけは守られていた。

コナリーは、自分が撃たれたのはケネディ大統領が銃弾に反応するのを見てからなので、同じ銃弾で撃たれたのではないと証言したが、その後、沈黙した。

この辺りのことを考慮するだけで、暗殺事件の真相に近づけたはずなのに、ウォーレン委員会は「オズワルド単独犯行」にこだわった。嘘をつき通したのだ。暗殺事件から六〇年になる。半世紀以上だ。だが、この嘘は絶対に許されてはならない。

第12章　ジョンソン（副）大統領の不可解な行動――深まる疑惑

ダラスには当時副大統領だったリンドン・ジョンソン夫妻が随行し、ケネディ大統領の乗るオープンカーの二台後ろの乗用車で、パレードに加わっていた。彼は一九〇六年にテキサス州のストーンウォールという小さな町に生まれ育った、根っからのテキサス人だった。高校の教員を経て政界入りし、一九三七年に連邦下院議員に選出された。一九四八年の二回目の挑戦で連邦上院議員となり、すぐに党幹事に選ばれ、さらに一九五三年には民主党の院内総務（上院の民主党最高指導者）に選ばれている。上院の実力者として、一九六〇年の大統領選挙には党の候補指名を受けるものと思われていたが、突然現れた二一歳も年少のジョン・F・ケネディ上院議員に敗れ、指名獲得には至らなかった。この指名争いで必要以上にケネディに抵抗したことで、ケネディの弟のロバートに強い反感を持たれることになった。

ケネディはそれでもジョンソンを副大統領候補として指名し、党大会もこれを了承したことで、正副大統領候補として二人は六〇年の選挙戦を戦うことになった。そして一一月の選挙で勝利し、ジョンソンは六一年から副大統領としてケネディを補佐することになった。このとき、司法長官として政権入りした大統領の弟のロバート・ケネディはあくまでもジョンソンへの嫌悪感を捨てきれず、この二人の確執は、ケネディ政権内に対立をもたらすことになり、一般にも広く知られることになった（このことは、Jeff Shesol. *Mutual Contempt: Lyndon Johnson, Robert Kennedy, and the Feud That Defined a Decade.* NY: W.W. Norton, 1998. で詳しく論じられている）。そのため、六四年の大統領選挙ではジョンソンは副大統領候補から外されるのではないかとの報道もあったのだった。

ジョンソンが何らかのかたちでケネディ暗殺に関与していたのではないかということは、事件直後から言われていた。だが、私はケネディの死によって最も大きな恩恵を受けるのが副大統領だったジョンソンであるということ、また現場のダラス市は上院議員としてジョンソンが代表したテキサス州の都市であり、しかも下院議員時代の彼の選挙区の一部であり、つまりジョンソンの地元であったことなどに鑑みて、彼が暗殺に関わっていたとは考えていなかった。あまりにも容易に彼に容疑が向く条件がそろい過ぎているからだ。

ウォーレン委員会の調査活動方針を決めたことを考えると、事件後の真相の隠蔽に関わっていたかもしれない。否、彼が隠蔽に関わったから、オズワルド単独犯行ですべてがまとまり、これに対する批判は封じられてきたのだろうとまでは思っていた。

しかし、この自分の考えに疑いを持ち始めたのが、二〇〇一年に久しぶりにダラスの事件現場を訪問したときだった。狙撃現場で観光客を相手にしていたケネディ暗殺事件の研究家、ロバート・グローデンとしばらく話をし、彼から直接、彼の著書 *The Killing of a President* を購入し、ホテルに戻って、この写真中心の本をそれとなくめくっていたときだった。三〇頁と三一頁の見開きに掲載されている写真があった。アイク・アルトゲンという写真家が偶然写したとしてよく知られているものだが、グローデンはこれを目いっぱいに拡大して掲載していたのだ。

この写真のキャプションは彼の関心が別のところにあることを示しているのだが、私は写真の隅に写る白い乗用車に注目した。この車の前の車にははっきりとジョンソン夫人、ジョンソン夫妻と同乗していたヤーケボロー上院議員、そしておそらくはシークレット・サーヴィスの男性の姿が見える。だが、後ろの白い乗用車の左側の後部ドアが開いているのだ。目の錯覚か？　と思いながら、その後、このことが気になって仕方なかった（図25A　次頁）。

この見開き頁の写真のキャプションでは触れられていなかったが、この本の一四頁に同じ乗用車を別角度から写した小さなサイズの写真があり、後部ドアが確かに開いているのが分かる（図25B　次頁）。そのキャプションでは、後部ドアが開いていることだけに短く触れている。

アルトゲンの写真は、現在では最初の銃声の三・六秒後、最後の銃声の三・二秒前に、つまり、狙撃の最中に写されたものだと分かっている。まさに、パレードの進行中だ。それなのにドアが開いている？　何か特別な理由があったのだろうか。だが、これを掲載したグローデン自身が格別に問題にしている様子はない。私は、まぁ、たまたまだろうということで忘れかけてもいた。

ところが、二〇二〇年になって、コロナ禍のために外出もままならなくなった期間のあるとき、たまたまインターネットでフィリップ・ネルソンのLBJ: MASTER OF DECEIT（LBJ: だましの名人）というサイト（https://lbjthemasterofdeceit.com/2021/09/20/lbjs-mysterious-disappearance-in-dealey-plaza-11-22-1963/）に遭遇した。ＬＢＪとはジョンソン副大統領のことだ。そこでまたこの写真に出

図 25A　グローデンの著作の 30〜 31頁の拡大写真、31頁の右上部分をさらに拡大したもの。白い乗用車の後部ドアに注目。

図25B　グローデンの著作の14頁の写真を部分拡大したもの。

会ったのだ。ネルソンはこの白い乗用車ではなく、その前のオープンカーに注目した。窓ガラスの向こうのジョンソン夫人の右隣に座っているはずのジョンソン副大統領の姿がない。少し黒っぽくなっているがジョンソンの顔が見えない、と彼は指摘しているのだ(図25C)。

この指摘は驚きだった。ネルソンは副大統領車を護衛していたB・J・マーティン巡査の証言も紹介しているのだが、この巡査はそろそろエルム通りに入るというときに、突然ジョンソンが前の助手席との間に体を沈めたのを見たというのだ。そのためにアルトゲンの写真に彼の顔は写ってい

図25C　車の中央の女性がジョンソン副大統領夫人。彼女の右隣(我々から見て左側▽)にいるはずのジョンソンが消えている。

ないのだ。すぐに、グローデンの拡大写真を思い出してチェックした。確かにいるはずのジョンソンがいない!(マーティン巡査はウォーレン委員会の聴聞会に呼ばれていない。そのため、ネルソンが引用しているマーティン巡査の発言を裏付ける資料は不明である)。

また、ネルソンはさらに道路脇にいた見物人の一人、メアリー・ミッチェルの証言も紹介している。彼女は一九六四年一月にウォーレン委員会の聴聞会で証言しているのだが、そこで彼女は大統領が過ぎ去るのを見送ったあと、他の著名人を見ようと注意していて、ヤーケボロー上院議員を見たと話しているのだ(『別巻』VI、一四九頁)。彼女が、自分により近く目立つ場所に乗車していたはずの副大統領に気づかず、上院議員を見ていることから、ジョンソンはこの時点で体を座席の下に沈めていて、この動きに助手席にいたシークレット・サーヴィスのヤングブラッドが素早く反応し、自分の体を反転して副大統領の上に覆いかぶさったのだと、ネルソンは確信する。

また、マーティン巡査の話ではジョンソンが体を沈めたのは最初の銃声が聞こえる前だったというので、ジョンソンは狙撃があるのを知っていたのではないかと、ネルソンは結論付けている。

これには驚かされた。ただ、ジョンソンはウォーレン委員会に短い供述書を提出していて、これが『別巻』Vに掲載されている。この供述書によると、銃声を聞いた瞬間にヤングブラッドが覆いかぶさってきて、自分を車の床に押し付けたとある。ただし、ヤングブラッドの聴聞会での発言では、ジョンソンが先にかがんだので、その動きを見て、とっさに彼に覆いかぶさったとある（同書、一五〇頁）。二人の証言には齟齬《そご》があるが、車の後部座席に普通に座っている副大統領を、前の助手席にいるヤングブラッドが突如覆いかぶさって、力任せに床に押し付けたという状況はあり得ないだろう。

このネットの記事を読んでから、ジョンソンの動きに興味を持つようになった。

すると、ディーリー広場に最初の銃声がしてからのジョンソン副大統領の行動には、実に不可解なことが連続して見られることに気づいた。だからと言って、決して彼が大統領暗殺を予測していたとか、知っていたと言いたいわけではない。また彼が暗殺首謀者だと言うのでもない。しかし、ケネディ暗殺事件を現場でずっと見ていたジョンソンの行動を分析すると、あまりにも謎が多いのは事実である。

その一つは、パークランド記念病院に到着時点で、ジョンソンがすでに、狙撃の裏にソ連かキューバの組織がいて、この事件はアメリカに核攻撃を仕掛けてくる前触れだと発言していたことだ（Jacob G. Hornberger. *The Kennedy Autopsy*. Fairfax, VA.: The Future of Freedom Foundation, 2014. p.

一)。事件を知ったアメリカ国民のなかには共産主義国によるテロ行為だと感じた人たちがいたかもしれないが、果たして、瞬間的にそう思い、さらにそこから核攻撃を仕掛けてくるはずだとまで考えた人たちがいたとは思えない。このことを調べた者はいない。

問題は、ジョンソンがなぜこれほど早い時点で核攻撃の可能性を考えたのか、またあえてそれを口に出したのかだ。彼は狙撃が起きることを知っていた、そしてその理由を分かっていたのではないかと考えることもできるだろうが、ここでは単にこうした発言があったということを記憶しておいていただきたい。この核攻撃の可能性に、特に具体的に対応しようとはしていないので、ただ、当時の冷戦構造の影響によるものだったのかもしれない。ジョンソンは戦後、下院議員として軍事委員会に籍を置いていたし、上院議員としては院内総務として民主党の仲間をまとめる要職に就いていたので、彼の頭には常に「対ソ連」戦略、つまり「対ソ戦争」への不安と脅威があったと考えることもできるからだ。

だが、ケネディを狙撃することが核攻撃の前触れだったとして、では彼はなぜパークランド記念病院に大統領に従って行ったのか。これが二つ目の疑問だ。彼が核攻撃を心配するなら、当然、副大統領の彼は大統領からできる限り「遠く」に離れなければならないはずだ。もしこの時点でダラスに核攻撃があったら、アメリカは正副大統領を一度に失うことになるのだ。政府は機能しえなくなる。

たしかに、一八六五年にリンカン大統領が暗殺されたとき、誰が政権の責任者となるのかで大混乱があった。当時の憲法には副大統領の役目のなかに大統領職を継承するという規定はなく、上院の議長としての役割のみが明記されているだけだった（だいたい、大統領選挙を戦った候補者で最高得票者が大統領、次点が副大統領になるというような、かなりいい加減な規定でしかなかった）。そのため、リンカン暗殺の直後には、混乱する政権を安定させるという名目で陸軍長官（現在の国防長官）が指揮権を発動したのだった。最終的には副大統領が昇格したが、副大統領に継承権があるとされたのはあくまでも解釈によるもので、その後はこれが慣例となっていた。

副大統領の大統領職の継承権が憲法に明記されたのは、ケネディ暗殺後の一九六七年に成立した「修正条項第二五条」によってだった。

従って、六三年当時はまだ副大統領の大統領昇格は「慣例上」のことにすぎなかったのだが、それでもリンカン暗殺後は、正副大統領が同じ列車や飛行機で移動することなどがないように手配されていたのだ。

ジョンソン副大統領は、狙撃されたケネディ大統領が搬送された病院内にいることなど、役職上の「常識」として絶対に避けなければならないはずのことだった。だいたい、彼が瀕死の重傷を負った大統領と同じ病院にいたとしても、具体的にできることなど何もないのだから――恐れる核攻撃から最も安全な場所に身を置くべきだったのだ。

病院内にいたことを悪く捉えるなら、ケネディの死を少しでも早く確認するため、ということでしかない。嫌な言い方にかもしれないが、ジョンソンは、この狙撃によってケネディは確実に死ぬと期待していたということになるだろう。だから、それを最も早く確認できる病院にいる必要があったとしか考えられないのだ。

こう考えられるのは、ケネディの死亡が処置室で確認されるとほぼ同時に、彼は病院を出たからだ。そして飛行場に急行し、そこに待機していた副大統領専用機ではなく、大統領専用機に乗り込んだ。この問題は後述するが、このあとすぐに離陸しないで、大統領の遺体、つまり柩が運び込まれるのを待っていた。

このことが、三つ目の奇妙な行動なのだが、まとめて次のことを指摘しておきたいと思う。

ジョンソンはまず副大統領機にあった個人の荷物を大統領専用機に運び込ませている。ダラスを離陸してどこに行くとしても、二機は同じ目的地に飛ぶはずで、個人の荷物など移す必要はないはずだ（同書、一二三頁）。

さらに、彼は大統領専用機の座席を二列分撤去させ、ケネディの柩を設置する場所を作らせている（同書、同頁）。このことには特に違和感はないかもしれないが、次のことを考えてみてほしい。

すでに指摘したことだが、当時、大統領殺害は連邦法で取り締まる事件ではなかった。法的には連邦政府（たとえば、ＦＢＩとかシークレット・サーヴィスとか）はこの事件に関与する権限を持っていなかった。捜査権があるのは事件の起きた場所の機関だ。つまり、ケネディ暗殺事件の場合は、ダラス市、ダラス郡、そしてテキサス州だった。

ところが、ケネディの死亡を確認したとき、そのままパークランド記念病院での検視をしようとした病院側（医師、看護師）に対してシークレット・サーヴィスが「アメリカ大統領だから」を理由として遺体を運び出そうとした。これは事件当日から広く知れわたっていたことだが、特にパークランド記念病院の法医学の主任で、ダラス郡の検視医を兼務していたローズ医師の抵抗が強かったために、シークレット・サーヴィスは短銃（目撃者によっては、自動小銃という情報もある）をこれ見よがしに出して、邪魔する者を脅して遺体を病院外に運び出したという（この辺りのことは本書第8章の章末で記述。また、Charles A. Crenshaw, M.D. with J.Hansen & G. Shaw. *JFK Conspiracy of Silence*. N.Y.: Signet Books, 1992. pp.98~100. 岩瀬孝雄訳、『JFK謀殺　医師たちの沈黙』、早川書房、一九九二年、一一三～一一四頁、さらに、拙訳『ベスト・エヴィデンス』下巻　七～八頁が参考になる）。

シークレット・サーヴィスは完全に違法なことをしたわけだ。その理由はこれまで公式には説明されていない。右の著作に述べられている事実があるだけだ。だが、違法の片棒を担いだかたちの検視担当のヒュームズ中佐が次のように「もっともな理由」を述べている。「リンドン・ジョンソンはこの日、ダラスで何が起きているのか、まったくわけがわからなかった。ひょっとすると陰謀が画策されていたかもしれない。ジョンソンは自分の基地に戻りたいと考えた。ジョンソンの基地というのはワシントンDCのことです。しかし、ジャッキー・ケネディをひとりにしてはおけない。夫人も夫の亡骸をそのまま残して帰るわけにはいかない。ジョンソンがワシントンに戻らねばならないとすれば、遺体も一緒にワシントンにつれて帰らねばならない。だからなんですよ。ごく普通の人間なら、こうした一連の行動に賛成しないはずはないでしょう」（『JFK　暗殺の真実』、四九頁）。

軍人として法の手続きの重要さを十分に理解しているはずの男、しかも銃撃の被害者の遺体を数千キロも移動して、自分がその検視を担当しなければならないという、それこそ異常な突然の事態に直面して、これほどいい加減な思いしか抱いていなかった事実に驚かされる。彼が勝手に考えたことなのか、誰かから伝えられたことなのか不明だが、おそらくは、「普通の人間なら……賛成しないはずはないでしょう」という感情論が法を無視するのも当然という雰囲気を軍隊内部にさえも生じさせていたと考えても間違いはないだろう。シークレット・サーヴィスが叫んだ「大統領だから」の一言にも、これに文句を言う者などいるはずはない、との思いを見ることができる。

そこには、ジョンソンの「何が何でもワシントンへ」、あるいは「何でもよい、俺の言うとおりにしろ」という強い意思表示があり、また彼の違法行為を表面化させないようとする周囲の忖度《そんたく》があったと考えられる。

ジョンソンの思惑通りに事は運んだのだが、これは現職大統領が殺害されるという歴史的大事件における政府関係者による違法行為だったことは間違いない。ウォーレン委員会は、これらも徹底的に調べるべきことだったのだが。いや、少なくとも、自分たちが調べられない理由を明確に表明しておくべきだった。そうすれば、『報告書』への信頼性はもっと高いものになっていたかもしれない。いま我々は、この件を無視することはできない。

ケネディの死亡が確認されるとほぼ同時にダラス市のオニール葬儀社によって「青銅」の立派な柩が運び込まれ、遺体はパークランド記念病院の処置室でこの柩に納められた。これも特に不思議なことではないかもしれないが、右に述べた当時の法の在り方を思い出してほしい。事件現場の行政機関、つまりテキサス州が検視を含むすべての調査権限を持っていたのだ。これは当時、アメリカ国民であれば誰もが知り、認識していたことだ。つまり、ローズ医師の主張が正しいし、実行されるべきだったのだ。

さらに考えてほしいのは、当時の慣例では、事件の被害者は死亡が確認されると、その場で（必ずしも同じ病院でとは限らないが）、検視を受けることになっていた点だ。くどくなるが、パークランド記念病院の医師も看護師も、このことは分かっていたはずだ。検視はもともと事件直後に実施することで被害者の傷の状況を確認し、銃で撃たれたものであれば、射撃の方向（角度）や銃弾の行方（貫通ならば出口）を調べ、体内に残っていればそれを回収し、死因の確定と犯人の認定を決定づける物証の確保である。別の表現をすれば、事件捜査で重要な証拠となる遺体をなるべく死亡時点での状態で検視しなければならないわけだ。その意味では、大統領銃撃事件の解明のためにはパークランド記念病院のように、日常的に銃による被害者の検視に慣れた優秀な検視医がいる病院で行うのが最善のことだったはずだ。

裁判では提出された証拠に関しては、「証拠の保管連鎖（保管の連続性）」が重要な問題になる。つまり、ケネディの遺体のように事件現場から遠く離れて調べられ、検視報告というかたちで提出されたとしても、その報告そのものが証拠として絶対に信じられるものなのかどうか（すでにこのことを扱った第9章を思い出してほしい）があやふやなものになる。そのために、容疑者を裁くことができず、裁判が成立しないことがあるのだ。

シークレット・サーヴィスの係官がこのことを知らないはずはない。この事件では、この時点でまだ容疑者は確保されてはいなかったけれど、必ず裁判が行われるはずだ。大統領殺害の容疑者を確実に裁くためには「証拠の保管連鎖」は実に重要であり、そのためにはパークランド記念病院での検視は絶対と考えるはずである。

検視がパークランド記念病院でなされるとすれば、処置室に柩は必要ではない。ストレッチャーの上で延命処置を受けたのだから、そのまま病院内の検視室に運び込めばよいはずだ。と考えると、実に不思議ではないか。死亡確認の時点でダラス市内の葬儀社から柩が運搬中だった（看護師のドリス・ネルソンの証言。Benson 二一〇頁）という事実は、死亡が確認される前に、誰かが葬儀社に連絡を取って、柩を注文していたことになる。本来なら検視中に注文しても十分に間に合うにもかかわらず、である。

この手回しのよさ！　さすがシークレット・サーヴィスと、思っていた時期が私にもあった。しかし、いまはどうしても腑に落ちない出来事だ。まだ存命中に柩を注文する――どう考えてもあってはならないことだろう。ケネディは死ぬもの、と分かっていたということになる。

そして、ジョンソンだ。彼は自分が乗り込んだ（本来はまだその資格はない）大統領専用機の座席を外させて、柩を設置する場所を確保させているのだ。しつこいようだが、検視がパークランド記念病院で行われるとすれば、すぐに柩が来ることはない。何も自分の搭乗直後にその準備をさせる必要はないわけだし、前述のように核攻撃があるかもしれない状況なら、副大統領機に搭乗して先にワシントンに戻るべきだろう。ワシントンに戻れば核攻撃に対応する策を練るために必要な人員がいるのだから……。ジョンソンは割とすぐに柩が来ること、つまり検視はテキサス州では行われないことを知っていたことになるのだ！

それに加えて、ジョンソンはダラスにある連邦地方裁判所の判事で古くからの友人であったサラ・ヒューズと連絡を取り、自分が大統領になるために憲法で規定された「宣誓」の挙行者として、彼女を呼び寄せているのだ。これも核攻撃に備えるために大統領職に空きがあってはならないからだと彼は説明したのだが、先に述べたとおり、リンカン大統領暗殺事件以後、大統領に何かあった場合には副大統領がその権限を代行すると理解されていた。何も慌てて大統領に就任しなくても、ケネディ大統領死亡の時点で彼は大統領代行、言い換えれば、臨時大統領なのだ。すべての権限は彼のものになるのだ。

それなのに、判事を急に呼び出して、大統領専用機のなかで就任の宣誓をするなど、自分が大統領としてワシントンに戻りたい、一瞬でも早く正式な大統領になりたという彼の個人的な欲望の表れとしか思えないのではないだろうか。

しかも、ケネディの柩が到着し、ジャクリーン夫人が搭乗すると、すぐに彼は関係者を専用機の前部に集め、早速大統領就任のための宣誓を挙行したのだ。それもケネディ夫人に同席を強制してまで。よく知られた写真がある。ケネディ夫人が宣誓をするジョンソンの隣に立っているのだが、彼女が宣誓に立ち会わなければならない義理も義務もないのだ。ましてそのような規則があるわけではない。

夫人の衣服は、夫であるケネディ大統領の血液や飛び散った脳の一部でかなり汚れていた。これを着替える時間もジョンソンは与えなかったのだ。大統領専用機には当然ながらジャクリーン夫人の替えの衣服など余るほどあったはずなのに――。

ジャクリーン夫人の衣服の件に関しては、夫人が「あの人たちに自分たちが何をしたのかを見せてやりたかったの」（マンチェスター、一九頁）と語り、あえて着替えようとはしなかったのだと伝えられてきた。これも、「あの人たち」はあいまいな言葉で、単に夫の殺害を企画し実行した人たちを指すと考えられるのだが、ひょっとしたら夫人がジョンソンの晴れの舞台をある意味で汚し、台無しにしようとしていたと考えることもできるだろう。

やっと大統領専用機に戻り、シャワーを浴び、着替えるつもりで寝室に入ったら、そこにいるはずのないジョンソンがいて、しかも、うわさ話の一種だが、彼が若い女性秘書と戯れている（Darwin Porter & Danforth Prince. *Jacqueline Kennedy Onassis: A Life Beyond Her Wildest Dreams.* NY: Blood Moon Productions, 2014. p.265.）のを目撃してしまった怒りと、ジョンソンへの不信感（大統領死亡というときに、楽しんでいたのだから強い不信感を持つのも当然だったろう）を示そうとしたと考えることも可能だろう。（デビッド・ハイマンの『ジャッキーという名の女』上下巻、広瀬順弘訳、読売新聞社、一九九〇年では、「ジョンソンは寝室のバスルームそばのクロゼットの中で恐怖に怯えていた」とある。下巻、一〇五頁）。

私自身、大統領専用機内での就任宣誓に対して強い疑念を持ったことはなかったのだが、ジョンソンの行為の不可解さに思いが及ぶようになってから、ここでいち早く宣誓して、代行ではなく、正式に大統領にならなければならなかったのではないかと考えるようになった。大統領になる必要があったのだ。

それはなぜか？　合衆国軍の最高司令官になることをはじめ、大統領の絶対的な権力をすべて手に入れる必要があったからだ。副大統領では、あるいは大統領代行では、自分の命令は大きな力にはなりえない。それまでの三年未満の間の、大して価値のない副大統領というイメージを払拭しなければならない。自分の命令や発した言葉が絶対的な力を持つには、代行ではない大統領になる必要があった。大統領という身分と地位が必要だったのだ。

何のために？　それはケネディの暗殺事件を、彼の考える結末に巧みに導くためだった。

少し話が本筋から離れるかもしれないが、次のことを考えてみてほしい。

本書の冒頭で指摘したことだが、ジョンソンは事件後一週間で、もっともらしく大統領直属の「調査委員会」（ウォーレン委員会）を設置し、本来はダラス市警、テキサス州警察が持っていた捜査権を奪い取った。これは、彼ら地方調査機関が関わってはまずいことがあるとジョンソンが分かっていたからだろう。「大統領暗殺事件だから連邦が調査する」の一言で国民は納得してしまった。しかも、人望のあったアール・ウォーレン最高裁長官をまとめ役として強引に起用した。

しかし、その調査委員会には大きな制約があった。調査らしい調査をさせていないのだ。混乱する国民を納得させればいい。それには一人の熱狂的な共産主義者の暴発的な犯行だとして、この結論に反する事実はすべて葬り去ればよい。真実を明らかにすることは、人心を安心させるのではなく、逆に混乱や不安に導くことがある。だからとりあえず、「真実」はオズワルドでよい。彼を「犯人」に認定できる事実を積み重ねればよい。

検視は軍の管理下で行い、自分の思うような結論を出させればよい。「大統領はオズワルドがいた教科書倉庫ビルの上階から、つまり後ろから狙撃された」としてしまうのだ。「証拠の保管連鎖」は裁判を行わない限り問題にはならないだろう。軍の最高司令官である大統領は、軍に対して絶対の命令を出せるのだから。「今夜、検視室で見聞きしたことは口外無用だ」という箝口令を出せばよい。軍の箝口令を破れば、軍事法廷だ。通常の裁判で裁かれるわけではない。容疑者は殺してしまえばよい。そう、ジョンソンの頭の中にはオズワルド殺害までもが、予定されていたのだろう。

そこまでジョンソンが計画していたという明白な証拠はない。だが、彼の取った行動と、その裏にあったはずの思いから推測すると、リンドン・ジョンソンが完全に「シロ」とは言い切れなくなる。

ジョンソンは自分が大統領専用機に乗り込み、柩の到着を待っていたことを、悲しむジャクリーン夫人をエスコートしたかったためだと説明した。もっともらしい説明だが、本当の優しさがあるなら、柩が病院を出るときに彼女の横にいるべきだろう。パークランド記念病院から大統領専用機まで彼女の慰め役に徹するべきだろう。柩がワシントンに着いたあとも、彼はジャクリーン夫人とは別行動を取っている。ジョンソンは、突然未亡人となった一人の女性を思いやるふりをして、国民から称賛を得ようとしたのだろうか。

事件当時、ジョンソンの行動に疑問を抱いた人たちも多かったと思うが、ウォーレン委員会も、その後設置された下院暗殺調査委員会（ＨＳＣＡ）も、さらに設けられた暗殺記録再評価委員会（ＡＲＲＢ）もジョンソンのこの奇妙な行為を問題にすることはなかった。ウォーレン委員会の大きな失策だったと言ってよいだろう。

私はつい先日、それまで長いこと無視していたタブロイド版の印刷物を開いてみた。久し振りのダラスでグローデンと会って彼の本を購入したときに、一緒に入手したものだ。*The Dealey Plaza Guidebook* というタイトルのついた、グローデンとディアナ・アレンという人物が設立した出版社が発行している。全部で二四頁の印刷物だ。

その二〇頁目の記事に引き付けられた。そこにはケネディ暗殺事件の前の晩に、ダラス市内で開かれたパーティの場で、ジョンソンが話したという内容が記されていたのだ。

「明日以降は、あのケネディのクソ野郎どもが俺の邪魔をすることはない。これは脅しではないぞ。確実なことだ！」

ジョンソンが話をした相手はマデレイン・ブラウンという二一年間も彼の愛人だった女性で、二人の間にはスティーヴという息子もいた。彼女が聞いたという話が真実なのかどうかは分からない。ただ、一九九二年に彼女は同じことをA Current Affairというテレビ番組でも語っている（一九九二年二月二四日放映）し、彼女が書いた本（*Texas in the Morning: The Love Story of Madeleine Brown and President Lyndon Baines Johnson.* NY: Conservatory Press, 1997.）でも、彼女が知るさまざまなジョンソンの裏の顔とともに紹介している。得体の知れないタブロイドで見つけた情報だが、かなり、信憑性は高いと判断することにした。

ブラウンはさらに、事件当日の朝にもジョンソンが「あのアイリッシュやくざの、くそケネディ野郎が俺の邪魔を二度とすることはない、絶対に」と言ったと付け加えている。副大統領らしからぬ下品な言葉遣いだが、ジョンソンがケネディに対して抱いていた感情がよく分かり、それだけに「殺したい」と思っていたかもしれないと強く思える発言だ。

ケネディ大統領を殺してしまえば、邪魔されなくなるどころか、自分がアメリカで絶対的な権限を持つことになるのだから。

ブラウンの発言はさらにクレイグ・ジーベルが大きく取り上げ、その著書（Craig Zirbel. *Texas Connection.* NY: Warner Books, 1991. 石川順子訳『テキサス・コネクション』、竹書房文庫、一九九二年）で彼がジョンソン黒幕説を主張する要因となっている。

ただ、証拠が不足している以上、ジョンソンが暗殺事件の首謀者だと断定することはまだできない。だが、彼が暗殺計画の存在を知っていて、ケネディの死後、自分が大統領として真実を隠蔽する立場にあったと仮定することは可能だ。事件当日の彼の行動を考え、ウォーレン委員会に真実を解明させなかったこと、そして委員会の集めた資料の未公開分を七五年間極秘扱いとしたことなど、彼が行ったことを考えれば考えるほど、隠蔽工作者としてのジョンソンが大きく浮き彫りになる。

ジョンソン関与はありえない、ではなく、十分にありえる、という視点でこの事件を見直すことも非常に重要なのだろう。

★　★　★　★　★

以上のところまで書き終えた二〇二一年七月二八日に、アメリカのアマゾン社から一冊の本が届いた。出版前の予約で注文していたことさえも忘れていた本だった。ローラン・ギェノ（Laurent Guyénot）が著した *The Unspoken Kennedy Truth*（Orlando, FL: AFNIL, 2021.）という著作だ。脚注を入れても一五五頁ほどの冊子だったので、すぐに読み始め、すぐに夢中になった。

ギェノはケネディ大統領暗殺、そして彼の弟のロバート・ケネディ上院議員の暗殺（一九六八年）、さらに大統領の長男（ジョン・ジュニア）の飛行機事故での死亡（一九九九年）は、すべてその裏にイスラエル政府が関わっていると主張する（同書、二二頁）。それは、大統領兄弟の父親であるジョセフ・ケネディが一九三〇年代にアメリカの駐英大使としてロンドンにいたときに、ドイツとの宥和を模索した英国首相、ネヴィル・チェンバレンと親しく、ナチの危険性を無視していたこと、そのうえ、ジョセフが反ユダヤ主義者だったこともあり、イスラエルにとってケネディ家は永遠の敵だったからだと説明している。

このイスラエルとジョンソンは手を組み、ケネディ大統領兄弟を殺害し、その真相を完璧に隠蔽したのだと、ギェノは明快かつ論理的に述べている（同書、五一頁）。

ギェノは本章に記したジョンソンのダラスでの不可解な行動については触れていない。また、彼がケネディ大統領とロバートの殺害に関与したことを示す証拠はないと断言している。だが、ケネディ大統領兄弟を抹殺することで、最も大きな利益を得るのはジョンソンだとして、彼を首謀者と捉えている。

大統領がケネディからジョンソンに代わったあと、大きく変化した外交政策は対イスラエルであるとギェノは指摘する。これに関して、これまで私を含めて多くの暗殺研究者たちは、大きな変化を見せたのはベトナムとの関わり方だと考えてきた。暗殺される直前にケネディが出していた全軍撤退に向けての命令を反故《ほご》にして、北ベトナムへの爆撃を始め、ベトナム戦争への本格的介入に乗り出したのがジョンソン政権だったからだ。ベトナムでの戦闘に継続的に関与したい軍部と軍需産業とがジョンソンを動かした、と考えるのが普通だった。いや、その軍部と軍需産業（アイゼンハワー大統領が「軍産複合体」と言い残したものだ）が、ジョンソンと組んでケネディ大統領を暗殺したと考えられていたのだ。

しかし、ギェノは、実際にジョンソンと組んだのはイスラエルだという新説を唱えている。ケネディはその在任期間を通じて、核兵器の削減及び撤廃を求め、世界にこれを訴えていた。暗殺直前には核実験を制限する「部分的核実験禁止条約」を成功させたことで高く評価されているほどだ。だが、その建国以来、周辺のアラブ諸国からの攻撃の脅威に曝《さら》されていたイスラエルは、核武装が第一の国防目標だった。そのため原子力の研究に力を入れ、自力で核兵器を開発しようと躍起になっていた。アメリカに財政的な援助も求めていた。だが、核拡散に反対のケネディはこのイスラエルの要望を無視した。イスラエルに同情することはなかった（同書、二二三頁）。イスラエルからすれば、ケネディは反ユダヤ主義者の父親同様、アラブの味方で、従って自国にとっては非常に危険な存在だった。

一方で、副大統領のジョンソンは、その血統は公式にはブリティッシュとされている（Joseph Nathan Kane. *Facts About the Presidents: A Compilation of Biographical and Historical Data.* NY: Ace Books, 1976. p. 419.）が、彼の母方の三世代前からユダヤの血筋があり、彼自身「ユダヤ人だ」と思っていたのは間違いない（同書、四四頁）とギェノは指摘している。連邦下院議員として政界入りしてから一貫して、ジョンソンはユダヤ寄りで、つまりイスラエルの利益のために活動してきた（同書、第三章）。ケネディの後任になると、彼はイスラエルの核施設建設を黙認し、さらに年額九千二百万ドルもの資金援助もしているのだ（同書、四四頁）。

ケネディ大統領暗殺事件当日のジョンソンの不可解な行動に注目したときに、このギェノの著作に出会った。もちろん、彼の説は今後しっかりと検証しなければならないのだが、個人的には私が彼の著書と出会ったタイミングのよさに驚いている。

ギェノはケネディ大統領の長男、ジョン・ジュニアの死についても、その理由は事故死ではなく、彼自身が操縦していた小型飛行機の爆発だったという。報道は一貫してジョン・ジュニアの未熟な操縦技術と悪天候を墜落死の原因としているが、ギェノは事故時と同じときに飛行していたパイロットの証言を得て、天候は悪くなかったとしている。また爆発の光を見たという証人の存在も確認している（同書、一〇七頁）。彼の操縦技術は抜群だったし、飛行時間も十分にあったとも述べている（同書、同頁）。

本件についてもギェノは、やはりイスラエル政府関係者による事故を装った殺害と結論するのだが、その理由は将来の大統領をジョン・ジュニアではなく、その姉、つまり駐日大使も務めたカロラインの息子ジャック・シュロスバーグにするためではないかと推測する。カロラインの夫、つまりジャックの父親のエドウィン・シュロスバーグはユダヤ人（ユダヤ系ウクライナ人）であるため、ユダヤの血を引く大統領が誕生することになるからだ（同書、一一八頁）。

ケネディ大統領暗殺の黒幕がジョンソンだと断定できる明確な証拠はない。また背後にイスラエルの歴代指導者がいるという証拠は、さらに見当たらない。ジョンソンが大統領の立場で事件の隠蔽を命じ、そしてアメリカの主要な報道機関の多くがユダヤ系アメリカ人に牛耳《ぎゅうじ》られているために、これらの証拠を見つけるのは至難なことだろう。

だが、ダラスでのジョンソンの不可思議な行動を考えると、そしてこれまであまり注目されなかった、ケネディが核施設建設と原子力研究に邁進《まいしん》するイスラエルに反対していた事実を考えると、ギェノの示した可能性は十分に注目する必要があると言わざるをえない。『ウォーレン報告書』に納得しないケネディ暗殺事件研究家たちが、事件の真相に迫り、真実を発見する一つの方向が示されたと言えるだろう。

ジョンソンはありえない、という偏見を捨てて、ジョンソンかも、の思いを持って、私も残り少ない（だろう）人生に真実を求めていきたいと思う。

第13章　新しい証人たち――長い沈黙を破って

　前章までを書き終えた原稿を出版社に託したあと、さまざまな事情でしばらくの間、すべての作業が止まっていた。
　ところが、この期間で（いや、実際にはその少し前から）ケネディ大統領暗殺事件で新しい目撃者が現れ出していた。人数的には限られるが、一様に『ウォーレン報告書』の内容、つまりウォーレン委員会の結論に疑問を感じていた人たちだった。それは彼らが直接見聞きした「現実」と委員会の結論があまりにもかけ離れていたことが原因だった。
　だが、オズワルドが殺害されるのをテレビで見たり、私が拙著『秘密工作　ケネディ暗殺』の欄外で紹介したように、自分が陰謀団の一人だと名乗り出たジム・ヒックスや、暗殺の調査方法に不満を表明していたダラスの副保安官ロジャー・クレイグ、その他のウォーレン委員会の見解に同意しない目撃証人などが次々に「不可解な死」を遂げたと報道されたりすると、彼らは一様に恐ろしさから沈黙するしかなかったのだ。（巻末に「不審死を遂げた目撃者たち」の一覧表を掲載した）
　しかし、事件から六〇年たち、自分たちも「高齢者」の仲間入りをして、やはり次世代の人たちのために真実を突き止めなければならない、真実を語ることでアメリカの歴史を正さなければならないと思い始め、ついに自分たちの知るところを語り出したのである。

特に、その生涯をケネディ暗殺事件の真相解明に捧げてきたジャーナリスト、ジャック・ロス（Jack Roth）が新しい証人たち二四人の証言をまとめて二〇二一年に出版した *Killing Kennedy* (NY: Skyhorse Publishing) は、注目に値する。ここではこの新証人全員を紹介するわけにはいかないが、私が個人的に特に関心を持った人たちの語った内容を明らかにしたいと思う。

また、ロスの本よりも前に出版された、ジェイムズ・ディユージニオ（James DiEugenio）の *Destiny Betrayed*（NY: Skyhorse Publishing, 2012, second ed.）は、オリバー・ストーン監督による映画『JFK』の主人公となったルイジアナ州の地方検事ギャリソンが扱った裁判がいかに「政府機関」によって妨害され、ねじ曲げられたかを詳細に分析しギャリソンが正しかったことを証明しているのだが、その過程で、やはり「新しい証人」を見つけ出して紹介している。この証人についても、本書の内容に関わる者は取り上げたいと思う。

では、それらの証人と証言の内容を検討していきたい。

本書の最初に『ウォーレン報告書』の第1章でオズワルド単独犯行が詳しく述べられていることを紹介した。そこではオズワルドが共産主義者であったことが執拗に述べられ、ケネディ大統領暗殺の本質的動機とされていた。本書の第2章で、私は共産主義者こそ、ケネディの言う米ソの平和共存を支持するはずなので、単純に共産主義者だったことが暗殺の動機になるはずがないと論じた。

この問題は事件当時にオズワルドが共産主義者だと報道されたときから、私の心のどこかに疑問として残ってきたものだった。特に『報告書』がその第2章で述べるように、高校時代から共産主義を信奉し、マルキストであると公言していたという点にはいつも疑問を感じていた。当時のアメリカで共産主義者であることを公言すれば、おそらくは袋だたきにあうか、ひそかに殺されるだろうと考えていたからだ。しかも、ウォーレン委員会はそのオズワルドが海兵隊でも同じように振舞っていたと述べているのだ。これはいくらなんでも……と、私が委員会不信に陥った最初の要因の一つだった。最前線で戦う海兵隊のなかに共産主義者を公言する輩《やから》がいたら、即追放されていたはずだ。米ソ対決が最高潮で、いつ核戦争が起きるか？　という時代である。こんなときに海兵隊のなかで共産主義者だと言えるはずはないし、言わないだろうと考えていた。どうしてもウォーレン委員会の考え方に納得がいかなかった。

しかも、委員会は同じ海兵隊員のなかに証人がいるとまで言うのだ（『報告書』、一九二頁）。この人たちの氏名は明らかにされていないが、こうして文章に残すほどオズワルドをマルキストにしたかったのだろう。だが、証人を見つけているなら仕方ない、と私はこの問題は深追いしないことにしていた。

ところが、ディユージニオがオズワルドと同じ時期の海兵隊員で、オズワルドと仲が良かったというジム・ベテローを見つけ出していた。ベテローが言うには、オズワルドは共産主義者どころか、「反ソ」「反カストロ」の「超」がつく保守主義者だったと言い、「もし共産主義者だなんて言っていたら、あいつをぶん殴っていましたよ」（DiEugenio. p.132）と話している。また、自分だけでなく小隊の連中も、いや海兵隊自体が「黙っちゃいなかった」はずで、大変な暴力沙汰になっていたはずだと付け加えている（同頁）。

私の疑問がついに解けた！　ウォーレン委員会の言ったことはやはり「でたらめ」だったのだ。オズワルドはウォーレン委員会によって狂信的な共産主義者に仕立て上げられていた。オズワルドにはケネディを狙撃する「動機」がまったくなかったから、世間が納得してしまうような要因をつくり出していたのだ。

ウォーレン委員会はオズワルドが激情型で、すぐに暴力に訴える性格だったと強調した。そして、ウォーカー将軍暗殺未遂事件とティピット巡査射殺事件は、彼の瞬間湯沸かし器的激情による行為であるとし、確たる証拠もないのに、この二つの事件の容疑者と確定した。ケネディ大統領の暗殺に及んだのも、その性格ゆえであるとしたのだ。

しかし、新証人たちは口々にオズワルドは常に冷静で、落ち着いていて、特に怒ったところを見たことはないと言う。

特に、パット・ホールという女性が、その点について証言している。彼女はオズワルドが暗殺事件当時滞在していた下宿先住居の持ち主だったグレイディズ・ジョンソンの孫娘だ。オズワルドはこの家の一部屋を一九六三年一〇月一四日から週八ドルで間借りしていた。ちなみに、この家は二〇一一年に「オズワルド下宿先博物館（ルーミングハウス）」となり、二年後の二〇一三年より一般公開されている。現在、パットはそこで訪問客を相手に説明係をしているという。

ついでに言うと、オズワルドは逮捕される前にこの下宿先に一度戻って衣服を着替え、ピストルを持って急いで出て行ったのだが、このことを証言した女性、アーリン・ロバーツが事件当初からよく知られていて、彼女がオズワルドの下宿先の家主だと多くの人たちが信じてきたのではないかと思う。『ウォーレン報告書』でも「大家」とされている。だが、ロバーツ夫人は「ハウスキーパー」で、所有者のジョンソンに雇われて住居の管理をしていた女性だった。

パット・ポールは当時一一歳で、ハーラン（一〇歳）とマイケル（六歳）の二人の弟がいた。祖母とは別居していたのだが、彼女が九歳のときに両親が離婚したため、写真家として働いていた母親が夜迎えに来るまでの間、ずっと祖母の家で過ごすことになった。母親の写真館は、オズワルドが逮捕された映画館、『テキサス劇場』の通りの向かい側にあった。

パットによると、オズワルドの正式な入居日は記憶にないが、彼が特に「思いやりがあって、優しい若者で、子供好きだった」（Roth. 二〇三頁）ことを覚えているという。オズワルドは彼女が記憶している合計一八人ほどの下宿人のなかで、弟たちと気軽に遊んでくれた唯一の下宿人だった。弟たちもすぐに彼に懐いていた。野球でも、フットボールでも（とポールは言うが、簡単なボール投げだろう）、縄跳びでも、カウボーイとインディアンごっこでも、オズワルドは何時間でも弟たちにつき合ってくれた。自分は弟たちの遊びに入れなかったけれど、オズワルドは自分にも優しく、話をよく聞いてくれたという。オズワルドは読書好きで、祖母が下宿人たちのために定期購入していた『ニューヨーク・タイムズ』紙を含む四つの新聞をすべて最初から最後まで読んでいたという。それも毎日である（同書、同頁）。

「成績なんか気にするなよ。一生懸命にすることが大事なのだ。そして、決して諦めないことがね」彼女はこう話した彼の声も覚えているが、二四歳の青年が一一歳の子どもに普通はこのようなことを言わないのではないか（同書、二〇四頁）、一般に公表されていることは全部嘘ではないか、と思っていたという。ウォーレン委員会やメディアが勝ち誇ったように決め込んだオズワルドの姿と現実の彼の姿は、あまりにもかけ離れていたからである（同書、同頁）。あるとき、弟二人が家の前の芝生でプロレスごっこを始め、兄のハーランがたまたま鼻血を出す怪我をして、弟のマイケルに殴りかかり、兄弟喧嘩《けんか》となったことがあった。姉である自分が家を飛び出す前に、居間でのんびりしていたオズワルドが飛び出して二人を引き離し、「いいかい。大事なことを言うから忘れるなよ。二人ともちゃんと聞いて。君たちは兄弟だ。お互いに気遣って、相手を思いやらなくては。相手を傷つけるようなことは決してしてはいけないよ」（同書、二〇四頁）と、優しく言い聞かせた。これは大統領暗殺事件の二週間ほど前の出来事だった。彼女はこのことはずっと覚えているという。下宿人たちはたとえ弟たちが喧嘩していても、見て見ぬふりをして通り過ぎるのが当たり前だったからである。

彼女はオズワルドの遺された二人の娘たちに、「あなたたちのお父様は本当に思いやりのある優しい方だったのよ」と伝えたかったと話している（同書、二一〇頁）。

事件当日から捜査完了までの間、この家は居住者全員が出入り禁止となった。この禁止が解除されると、下宿人は皆出て行った。また、ここの住所は『ライフ』誌をはじめ、すべてのメディアで公表されたので、二ヵ月間ほどは脅迫状を含む嫌がらせが続いていたという。これまで誰も触れたことのなかった状況が生じていたのだ。

優しくしてくれたオズワルドが射殺されるのをテレビで見てしまった二人の弟は精神的に不安定な状態になり、二人とも二〇代で早世した。麻薬がその原因だった。

パット・ホールは自分が知っているオズワルドは絶対に大統領を撃つような人ではないと、いまも信じている（同書、二〇八頁）。あれほどの子ども好き、いや子どもを大事にする人が大統領暗殺などという犯罪に手を染めるはずはない、というのが、彼を間近で見ていたパットの一貫した思いなのである。

チャナ・ウィリスという女性は、私には個人的に非常に嬉しい内容を証言している。

本書の第10章で、私はザプルーダーとは全くの別人がケネディの車列を撮影していた可能性に触れたが（本書、二三五頁）、これは残された画像からの推測にすぎず、確実な証拠はなかった。だが、その証人が現れたのだ。それがこのチャナ・ウィリスだ。

彼女は戦前から一九六三年まで海軍の映像情報の部署にいて、のちにCIAと関係していた（と思われる）フレディ・スプリンクナーの娘だ。父親は九一歳で亡くなる直前の二〇一四年に、彼の経歴を娘に語った。そのなかで次の事実が明らかになった。

その事実とは……。ケネディ暗殺のあの日、一九六三年一一月二二日に、彼はあの現場、そう、ダラス市のディーリー広場の北側のグラシーノールの木の柵のところで、仕事で撮影をしていたというのだ。やはり、いたのだ！　もう一人、ザプルーダーとは別にパレードを、いや暗殺現場を撮影していた人物が！　ザプルーダーとは違う場所だが、かなり近い場所だ（Roth, 一五七頁）。おそらくは、このフレディ・スプリンクナーの映像から抜かれた数コマがザプルーダーのフィルムに差し込まれて、私が第10章で指摘した不思議な画像となったのだろう。ザプルーダー以外にも撮影者がいたという貴重な証言によって、この画像の存在が証明されたことになる。

娘のチャナはこの話を父親から聞いたあと、他の数名の人たちから、ザプルーダー・フィルムとして知られる映像ではないものを見たことがあるという話をされたという（同書、一六三頁）。たしかに、もう一本、別の映像があったのは間違いないのだ。だが、何のための撮影で、何に使うものなのか、父親も知らなかった。家族は父親が海軍を退役したあと妙な政府機関で働いていたことは分かっていたが、父親から一通り話を聞いて、それがＣＩＡであると確信したという。かつて家族旅行をしていてメキシコとの国境に差し掛かったとき、父親が突然、「許可をもらっていない。駄目だ。戻ろう」と言ったことから、そう考えられた（同書、一六八頁）。同じようなことが二度ほどあったという。ＣＩＡで働く者は、そのことを、たとえ家族であっても話してはならない。また、自分の行動予定を前もって知らせておく義務がある。この厳格な規則を守らなかった場合には、本人の生命だけでなく家族の身も保障されない。このことは周知の事実だったという。

余談だが、一九九四年に公開されたアメリカ映画『トゥルーライズ』（アーノルド・シュワルツェネッガー主演）でも、実質的にＣＩＡと思われる大統領直属の情報機関「オメガ・セクター」所属のスパイである主人公は、妻にさえ自らの立場を語っていなかった。

とにかく、ザプルーダー以外にもグラシーノールでケネディの車列の映像を撮っていた者がいたという事実は重要だ。私が気づいていた不思議な画像の存在が、ここに証明されたことになった。スプリンクナーは亡くなる前に、さらに重要なことを娘に告げていた。それは、現在は「六階暗殺《シックスフロア》博物館」となっている教科書倉庫ビル六階に「狙撃手の巣」を形作っていた、あの積み上げられた段ボール箱のことだ。

本書でも指摘したように、この六階で昼食をとっていた者がいて、しかも彼はケネディの車列が倉庫ビルに近づく直前まで六階にいた（本書第5章、一〇七頁）。そして、自分はその間、この階に誰も見なかったと証言している。つまり、この男、ロニー・ウィリアムズに全く気づかれることなく、どのようにしてオズワルドがこの壁を作ったのか、いつ作ったのかは、大きな、そして非常に重要な謎である。オズワルドが狙撃犯であるなら、あの教科書の入った重い箱を自分の頭の上の高さまで一人で積み上げられたのか、昼食を終えたウィリアムズが六階を去ったあと、最初の射撃まででのわずかな時間でこれができたのか、これらについてはウォーレン委員会がしっかりと検討しておくべきことだった。

この謎への答えはすでに一九九四年に出版されたリチャード・トラスク著の *Pictures of the Pain* の五五三頁に掲載された写真で、証拠の「再構築」が示されていた。この写真は壁ではなく窓際の箱が「動かされた」として説明されている。つまり、事件後、六階を捜索しているときに、捜査関係者が作り上げたものだということだ。

これについて、私は拙著『秘密工作　ケネディ暗殺』の最後にこの写真を転載して、「トラスクは証拠の現場が荒らされたことを非難してはいない。しかし、証拠が……その日のうちにここまで完全に撤去され、そしていい加減に復元された現場が狙撃の現場として証拠採用された事実が無視されてよいはずがない」（三六六頁）と書いておいた。

たしかに、オズワルドに積み上げる時間はなかったはずだという疑問が解消される証言だが、これが大きく取り上げられることは決してなかった。

一方、チャナの父親によると、箱は事件直後にはなく、後刻、写真撮影のために構築されたものだという（Roth. 一六〇頁）。つまり、窓際の箱も狙撃手の巣を明確に示す箱の壁もまったくのインチキだったというのだ。誰かを犯人にすればよいので、現場の証拠などどうでもよいという「空気」が、事件後すぐに捜査関係者の間にあったということになる。

このことから、チャナは父親を含めて、事件当日の行動を命じられていた者が何人もいたのではないか、彼らはとにかく自分と家族を守るために「自分の仕事」のみに集中していたのだろうと推測する（同書、一六二頁）。そして、もしかしたらグラシーノールにいるよう指令を受けて、これに従っていた父親も「犯人」として仕立て上げられていた可能性があったのではないか（同書、同頁）と考えている。

最後にチャナは、一九五〇年代の後半にソ連に渡って何事もなく帰国できるアメリカ市民などいたはずはない。オズワルドのように、帰国時に拘束もされず取り調べも受けないなど、「ありえない」（同書、一六三頁）と述べている。冷静に考えればウォーレン委員会以外の誰もが思いつくことである。そう、絶対に裏に何かあるはずなのだ。

続いての証人はジュディス・ベイカーという生化学の研究者だ。二〇一〇年に初めて証言をしてから現在までに数冊の本を出版している女性で、彼女の最初の著作が『私とリー』（*Me & Lee.* Walterville, OR: TrineDay LLC, 2010.）という衝撃的なタイトルだった。この本のなかで、彼女はケネディ暗殺事件の直前の夏にリー・ハーヴィー・オズワルドとニューオーリンズ市内で出会い、彼に恋をし、結婚までしたいと思っていた、と驚くべき告白をした。それまでまったく表に出てこなかった人物なので、非常に衝撃的だった。オズワルドと付き合うなかで、彼と関わっていた多くの人物とも知り合いになり、彼の危険な運命を感じ取るようになったという。現在では毎年ダラス市でケネディ暗殺関係の会議を主宰し、オズワルドの無罪を主張し続けている。

オズワルドは他人の役に立ちたいという志向があり、自分はその点に強く惹《ひ》かれたのだとジュディスは言う。オズワルドは非常に考え深い人（Roth. 八七頁）で、当時、まだ白人と黒人は市バスのなかでは完全に席が分離されていたのに、黒人の側に座るような人だった（同書、八八頁）。「黒人の兄弟たちのために人生を捧げたい」（同書、八九頁）とまで話していたという。

ジュディスはフロリダ州生まれ、同州のブレイデントン市の高校在校中に癌《がん》に関する研究をするようになった。これには高校も教師も仲間たちも協力し、市内に支援者も得たことから全国的な賞を受賞するほどの成果をあげた。そのため、一九六三年の夏にニューオーリンズ市のチュレーン大学医学部のオクスナー博士から「夏期講習」の受講を勧められ、同市に滞在した。この大学の大学病院ではカストロ暗殺のための研究がひそかになされていた。これはＣＩＡが支援していた極秘の研究だった（詳細に関しては先に挙げたディユージニオの著作、またはベイカーの『私とリー』を参照されるとよい）。ここでは小児麻痺のワクチンに癌細胞を埋め込み、最終的にカストロに注入する計画のもとで研究が進められていた。ここにソ連帰りだが、反共主義者で、反カストロ（とジュディスは信じている）のオズワルドが仲間とともに雑用担当で働いていた。そしてジュディスと出会ったのだ。

ジュディスにとっての最高の思い出はオズワルドとニューオーリンズ市内のローズヴェルト・ホテルに滞在したときだという。このとき、オズワルドは結婚しているマリーナと恋してしまったジュディスとの狭間《はざま》で「闘って」（同書、八八頁）いたらしい。ジュディスと結婚はしたいのだけれど、娘とこれから生まれてくる赤児のためにマリーナと離婚することはできないと言ったという（同書、八九―九〇頁）。

ジュディスはそのまま下宿先に帰ったのだが、翌朝オズワルドは彼女を訪ね、「結婚してほしい」（同書、九〇頁）と懇願したという。彼女が一度じゃ駄目、何度でも繰り返して、と言い、ローズヴェルト・ホテルに戻って、多分一〇〇回目のプロポーズを受けたあとで、「はい」と答え、とてもよい時間を過ごした、「とっても素晴らしかった」（同書、同頁）と語っている。

また、ジュディスによると、オズワルドは友人を作るな、英語も習うなと行動を規制するほどマリーナに冷たかったという（同書、九〇頁）。しかし、それは彼女が英語を話すようになり、交友関係も増えると、必ず「ソ連のスパイ」としての非難を受けることになるからで、その意味でオズワルドは彼女を守っていたと説明している（同書、九一頁）。ジュディスが知る限り、マリーナは分からない素振りをしていたものの、英語は多少理解していたようだが、友人はなく、外部との関わりもなかったという（同書、同頁）。

オズワルドはマリーナを数回叩いたことがあると自白していた。だが、それもマリーナが先に「蹴飛ばしてきた」（同書、同頁）からで、「やり返さなかったら、男じゃないだろ」と弁解していたという（同書、同頁）。それでも、叩いたことをひどく後悔していて、「叩くなんて、彼の性格ではないのよね」とジュディスは述べている（同書、同頁）。ウォーレン委員会が言うような「暴力性」「狂暴性」とは相容れない姿である。

ジュディスは他にフェリー、ルビー、そしてクレイ・ショウ、ガイ・バニスターらと面識を持つことになった。ルビーはオズワルドを射殺した男だが、他はニューオーリンズの地方検事だったギャリソンがケネディ暗殺に関わった者として調査し、起訴しようとしていた人たちだ（フェリーは起訴の前に不審な死を遂げていた。ショウは起訴し、裁判まで持ち込んだものの無罪となった。映画『ＪＦＫ』の元となった出来事だ）。ウォーレン委員会は否定し、完全に無視したことだが、オズワルドはルビーとも、フェリーとも交友関係があったとジュディスは明言している。彼女が書いた二冊目の本がフェリーに関するもの（*David Ferrie.* Walterville, OR: Trine Day. 2014）だった。

オズワルドがダラスに移ったあとも、ジュディスは彼と連絡を取っていた。そのなかで、オズワルドがシカゴ市でのケネディ暗殺の計画を知り、ＦＢＩに連絡していたことを知らされたという。実際、ケネディのシカゴ訪問は直前になってキャンセルされた。「三週間前に俺はケネディの命を救ったんだと思う」（Roth. 九六頁）とオズワルドは電話で話したようだ。それほどケネディ大統領に好意的だったので、彼が引き金を引くはずはない（同書、九九頁）とジュディスは強く主張している。

しかも、最後には「俺にはすべて見えてきた。多分、俺を『囮《おとり》』にしようとしているんだ。あいつらは俺を信じていないんだ」（同書、九七頁）とオズワルドが話したという。「彼にすれば、おそらくは命じられたようにソ連にまで行き、共産主義者などと名乗るようにさえなった……それは当然見返りを期待していたからでしょ。いい仕事をすればそれなりのことはあるって。でも、期待が報われないのが分かって、自分が嵌《は》められたと知ったのよ」（同書、同頁）。

オズワルドはダラスで事が起きると知ったときに、ダラスのＦＢＩ支局に連絡をして、「無視できないほど重要な情報がある。連絡してくれ」（同書、九八頁）という伝言を残したはずだとジュディスは言い切っている。彼女はＦＢＩがオズワルドの死後、この伝言のメモを破り捨てたのだと信じている。

ただ、彼女の話では、「オズワルドの遺《のこ》したもののなかに、私を指し示すようなものが何もないということは、おそらくオズワルド自身の辿る運命を知っていたから、私を守るために私に関することを一切、残さなかったのだろうと信じている」という（同書、同頁）。

彼女はオズワルドがダラスに移り、自分も結婚しニューオーリンズを離れたあとで、子どもも持った。それもあって、オズワルドのことは一言も誰にも語らないでいた。そして、「メディアはいつもケネディの女性問題を取り上げるばかりで、彼の偉大さを最大限過小評価するばかり。でも、彼は実際には本当に偉大な人物だったのよ。リー（オズワルド）は彼の偉大さを確信していたのよ。

ケネディは私たちに希望を与えてくれたし、ソ連との平和を真剣に望んでいたの。彼の暗殺後、アメリカはずっとどこかと戦争状態よ」（同書、九九頁）と続ける。

メディアがケネディの女性問題を取り上げていたのは間違いない。それも暗殺後、数年してからだ。死人に口なしではないが、メディアがこぞってケネディの評判を下げ、人気を失《な》くそうとする勢力に加担したのは間違いないだろう。私はかつて「……その噂された女性たちとの関係のほとんどが、実証に乏しいのである」（拙著『ケネディ――「神話」と実像』中公新書、中央公論新社、二〇〇七年、二四五頁）と書いたほど、証拠も資料もない、女性たちの一方的な主張でしかなかった。その噂話の裏を考えないわけにはいかなかった。彼の偉大な面を語ると、比較されているようで困惑する「現職」政治家がいた、メディアは彼らに忖度したとしか考えられない。

ジュディスは、末娘が結婚したことを機に自分の存在を明らかにし、オズワルドに対する誤解を解き、ケネディの偉大さを改めて訴えることにしたという（同書、一〇〇頁）。「死んだご主人様の墓の横にずっと座っている小さな愛犬のように、オズワルドの墓の横に眠りたい。彼の墓はローズ・ヒル墓地にあるの。ローズ・ヒルって名前、私大好きよ。私の今の夢よ」（同書、一〇一頁）。

彼女はここまで言っているのだが、ジュディスの名前は完全に表に出なかった。オズワルドに恋人がいたという事実は衝撃的だが、自分のことを含めて「真実」は絶対に明らかにしなければならないとして、決然と表に出て来て、真実の追求に奔走するジュディスを単純に「嘘つき」と片付けることはできないはずだ。

最後にトニー・グローヴァーという女性だ。一九五二年生まれで、暗殺事件当時は一一歳だった。彼女は事件に興味のある人たちにはよく知られているので、新しい証人としてよりも、その後の彼女の様子を紹介するかたちになるだろう。

ザプルーダー・フィルムを見られた方はおそらく記憶されているか、気にされたことがあるのではないかと思うのだけれども、映像の冒頭で大統領車がヒューストン通りからエルム通りに曲がったところから、画面の右、つまり大統領車の左の歩道を車と並ぶように一生懸命に走り、そして突然立ち止まった少女がいる。これがトニーだ。上が真白の長袖の、おそらくはジャンパー系の上着で、下が赤く短い半ズボン（かスカート）で白いソックスをはいていた。

彼女は成長して博士号を取得し、現在ではペンシルヴァニア州のスクラントン大学（カトリック系大学）で文学の准教授をしている。いまもあの日の記憶が与える恐怖と闘っているという（Roth. 一八九頁）。

当日はケネディ大統領に気づいてもらえるような服を着たいと悩んだ末に決定したのがあの服装だったという。一瞬スカートのように見えるが、短い半ズボンになっているもので、膝丈の白いソックスを選んだという（同書、一九〇頁）。この長いソックスが簡単に下がってしまうので、かがんで直すのに大変だったという。

最初はジャクリーン夫人と目が合い、次に大統領が左を向いて自分を見てくれた。嬉しいと思ったときに花火だと思った音がした。だが、次の瞬間、ダラス育ちの彼女は、その音は銃声だと確信したという（同書、一九一頁）。三回目の銃声がして大統領の頭から何か「灰色」の液体状のものが、飛び出すのを見た（同書、同頁）。

暗殺から三五年目に彼女はディーリー広場にある「六階暗殺博物館《シックスフロア》」に出かけた。だが、その一〇年前に来たときと同様に建物内に入る勇気はなかったという。だが、このときは守衛に「私、あの日あの通りの角に立っていたんだけれど、博物館の係りの方に会えませんか」と尋ねたら、すぐに電話をしてくれた。すると、何人かがすぐに下りて来てくれ、上階の広場を見下ろす部屋で話をすることになったという。最後は泣き出してしまったというのだが、この経験から自分が目にしたことをしっかりと人々に伝えていかなければならないと思ったという（同書、一九八頁）。

そして、暗殺五〇年目には一大イベントがダラス市によって開催されたものの、入場券がなかったので、広場をただうろついたという。暗殺当時ある程度の年齢だった人たちは、その後もなお事件に囚《とら》われていたようで、周辺にいた皆がかなり深刻な顔をしていたと印象を語っている。当日はCNNのインタビューも受けたという。

彼女は銃弾は大統領の前からと確信しているのだが、事件の二年後にコロラドに家族旅行したときに、「ダラスから来たなんて言ってはだめよ」（同書、一九八―一九九頁）と母親からきつく言われた。それほど当時ダラスは嫌われていたのだという。ただ、三〇歳～三六歳の間で、このときの記憶と恐怖に悩まされ、入退院を繰り返し、自殺を図ったこともあったという。よい薬が見つかったおかげで落ち着いたらしい。

「あまりにも異常な経験」（同書、二〇〇頁）だったと彼女は言う。大勢の人たちが喜んで、嬉しくて大きな声を出していたのに、一瞬ですべてが変わってしまった。「キャメロット*が死んでしまったの。あの若くて素晴らしい人がこの国を率いていたのに、突然同じテキサス州人だけど、あのロクでもない老人に代わってしまった。リンドン・ジョンソンなんて、本当にロクでなしよ。すべてが異常だった。この国全体の悲劇ね」（同書、二〇〇頁）。

＊キャメロット　一九六〇年にブロードウェイで初演されたミュージカルのタイトル。ケネディ大統領が好きだったたと、彼の死後夫人が公表したことで、ケネディ政権を表す言葉となった。

いまは落ち着いて学生と暗殺の話ができるという彼女だが、一一歳の少女が背負うにはあまりにも悲惨な出来事だった。

最後に、個人的に長いこと納得できずにいることについて述べておきたい。というのはアメリカのメディアの在り方なのだが、一九九一年公開の映画『JFK』（日本公開は九二年）の企画がその前年にオリバー・ストーン監督から発表されるやいなや、全米のメディアは批判的な論調でこれを扱った。その趣旨は、基本的に制作の意味がない、というものだった。

実際に公開されると大いに評判になり観客の動員数も非常に良好だったたし、その評価も高かったのに、私が知る限り、この映画がメディアに好意的に取り上げられることはほとんどなかった。

また、非常に個人的なことだが、数十年前に御茶ノ水駅前の丸善で偶然手にしたデイヴィッド・リフトンの *Best Evidence* という本に、ここにこそケネディ暗殺事件の真実がある、と確信して、医学用語に悩みながらも必死に翻訳をし、彩流社から『ベスト・エヴィデンス』（上下巻）のタイトルで訳本を出版していただいたのだが、この本で著者が述べているように、彼が発見したことが多くの議員を動かして、結果としてケネディ兄弟およびマーティン・ルーサー・キング博士の三人の暗殺を議会として調査し直すという「下院暗殺委員会」（略称）が設立されることになったほどの内容の著作だった。

しかし、この本をまともに取り上げて紹介するアメリカのメディアはなかった。私の見落としがあるかもしれないが、翻訳に携わった者としてメディアが大きく取り上げるのを期待していただけに、ひどく落胆したものだった。

ところが、一九九三年にジェラルド・ポズナー（Gerald Posner）が書いた *Case Closed* が一九九三年に出版されると、アメリカのメディアはこぞってこれを取り上げ、称賛したのだ。この本はウォーレン委員会の主張を全面的に弁護しているだけで、リフトンなどの批判には一切触れていない、私からすれば、『ウォーレン報告書』を読めばよいだけの何も価値のない代物であるにも関わらず、そこに「真実」が述べられていると報道機関は褒《ほ》めちぎったのだ。オリバー・ストーンの映画で多くのアメリカ人がウォーレン委員会の見解に改めて不信感を持ち出した背景があったのに……だ。

実に奇妙なことだ。だが、最近になってこれは無理もないことだったのかもしれないと思うようになった。なぜかというと、たとえば、事件直後に事件を報じたテレビのCBSの臨時ニュースでは、「ダラスで、ケネディ大統領の車列に三発の銃弾が発砲されました。この銃撃で大統領は重傷を負ったもようです」と報道されているのだ（二〇二三年七月一〇日放映、NHK 映像の世紀バタフライエフェクト『JFKを作った三人のケネディ』。強調傍点筆者）。まだ、現場のダラス警察関係者たちでさえ、銃弾の数は特定していない段階だ。はっきりしていたのは銃撃があった、そして大統領が傷を負ったという事実だけだった。それなのに「速報」で三発と明言されていたのだ。

翌朝の『ニューヨーク・タイムズ』紙（「夕刊」は発行していない）はその第一面で、後日この新聞を代表する看板記者になるトム・ウィッカーが「ケネディ……（中略）……狙撃者により殺害される　ジョンソン機内で宣誓」という見出しで事件について詳細に報じている（Donald Gibson. *The Kennedy Assassination Cover-Up*. San Diego, CA: Nova Science Publisher, 2014. P.27.）。ウィッカー記者は取材で当日ダラスにいたし、報道陣用のバスに乗って大統領車の後ろを走ってはいたが、射撃の現場を直接見たわけではなかった。しかし、彼の記事では「狙撃手」が「単数」で扱われ（そう、すでにオズワルド単独犯ということだ！）、しかも大統領の後ろの教科書倉庫ビルから狙撃されたと書いているのだ。さらにケネディは頭に二発の銃弾を受けた（同書、同頁に引用）、とまで報じている。編集や印刷作業を考えると、この記事が実際に書かれていた段階では、まだオズワルドの単独犯行がダラス警察でもＦＢＩでも断定されていなかったし、ケネディ大統領に命中した銃弾の数も特定されていなかったのだ。まして、全体で何発の銃弾が発砲されたのかさえ、捜査機関自体がつかんでいなかったときにだ。すでに指摘したジーン・ヒルのように三発ではない、五発（以上）だと強く主張した目撃者もいた。にもかかわらず、ＣＢＳの報道といい、このタイムズ紙といい、捜査機関が掴《つか》んでもいない銃弾の数をこれほど早い時期に断定的に報じたのだ。

また、さらに翌日の同紙は、名が知られ編集委員さえ務めていた大物記者ジェィムズ・レストン（彼は事件当日、ノースカロライナ州にいた）が追い記事を書き、単独犯行だと断定しているのだ

（同書、二八頁）。

ここではアメリカを代表するという意味で『ニューヨーク・タイムズ』紙とCBSを取り上げたが、実際には同様の内容の記事がほぼ全米すべての新聞に掲載されていた。オズワルドの詳しい経歴が書かれているのはもちろんのことだった。

情報源は全く分からない。だが、問題は暗殺当日の午後三時二三分には全国のテレビでオズワルドの名前が報じられ、その三分後には彼の共産主義やソ連との関係が報道されていた事実（同書、二四頁）を考えると、実にとんでもないことが事件の裏で起きていたことが明らかだろう。

繰り返すが、捜査機関は、たとえばダラス警察のカーリー署長は記者団に対して、何度も何も分からない、と答えていた（同書、一七頁）段階だ。オズワルドも「俺は誰も撃っていない」と主張していた段階だ。こんな状況で彼は単独犯と喧伝《けんでん》され、それによって〝大統領銃撃〟という陰謀はなかったことにされてしまっていたのだ。彼の人権は完全に無視された。いや、そんなものは見向きもされていなかったと言うほうが正しいだろう。

さらに近年、事件の隠蔽に関わったと多くの研究者によって論じられているFBIのフーヴァー長官だが、彼が事件直後からオズワルド殺害までにFBIの捜査官に送ったメモ、また大統領への報告メモなどでは、陰謀の可能性も示唆しているのだ。

それなのに、全米の報道機関は、事件の初期段階から、のちにウォーレン委員会が公表する公式見解とほぼ同じことを報道していたのだ。この状況では、アメリカのすべての報道機関がウォーレン委員会の見解を疑問視したり、反論したりする著作を取り上げることはできなかったのだろう。

彼らのメンツを守るために、真実の隠蔽に率先して協力することになってしまったのだ。

だが、地元ダラスの捜査機関がオズワルド単独犯行かどうか決めかねているときに、すでに彼を真犯人として報道機関が断定的に伝えたという事実は、ケネディ暗殺事件を考えるときには決して無視できないはずだ。

報道機関が独自にオズワルドの詳細な経歴まで、あれほどの短時間で入手できるはずはない。ということは、一定の情報を流した者、あるいは組織があるということだろう。それも、報道機関が疑うことのない相当に信頼できる情報源だということだ。もしそうであるなら、この報道の状況から判断する限り、オズワルドを利用して事件の真相を闇に葬ろうとしていた「何者か」が裏にいたということになる。

真実を隠す、隠蔽工作を実施するのは、当然「真犯人」だ。暗殺を実際に計画し、実施した人物が、単数か複数かを明白に断定するのは困難だが、オズワルド以外に確実にいたということだろう。

この工作が見事に功を奏して、アメリカ全土の報道機関を利用し、ウォーレン委員会に本書で指摘したような杜撰《ずさん》な調査のまねごとをさせ、自分（たち）が想定したとおりにオズワルドを真犯人にしてしまい、ルビーを使って彼の口を封じ、結局はすべてを葬り去った存在があるのは間違いない。

一度、これに協力してしまった結果、メディアはその後も自分たちの報道内容を否定するような記事を掲載することを拒まざるを得なくなったのだ。そして、今日まで嘘に加担することになってしまった。

そして、何度も言うようだが、当時のマスメディアと『ウォーレン報告書』の存在が、オズワルド単独犯行と確定することによって、アメリカという国家のもつ複雑な社会、集団、権力構造のなかに潜む犯罪の可能性に捜査対象を向けることなく、結果として歴史を偽り、アメリカ国民を、そして世界の人びとを完全に騙したのだ。事件後、半世紀以上になっても、その真相に辿り着けないほど、この存在はあまりにも見事に隠蔽をやってのけたのだ。

それでも、新しく証人が出てきたように、偽りを隠し通すことは何事においても不可能なはずだ。いつケネディ暗殺の真実が究明されるのかは分からないが、嘘よりも真実がより大きな力を持っているのだと信じて、ウォーレン委員会の杜撰さを改めてしっかりと見続けていきたいと思う。

フランク・マーティン	ダラス警察の警察官。一切の供述を拒否。沈黙が安全と。(1966年6月)
ヘイル・ボッグズ	ウォーレン委員会の委員。「魔法の銃弾」と三発背後銃撃説に最後まで反対。飛行機事故。遺体未回収。(1972年12月)
ガイ・バニスター	オズワルドに接触していたＦＢＩ捜査官。射殺体で発見。(1964年)
デイヴィッド・フェリー	ルビーと交友関係あり。ギャリソン検事によるクレイ・ショウの裁判での証言を承諾。証言直前に遺体で発見。(1967年)
エラディオ・デルヴァレ	フェリーの友人。銃殺体で発見。頭蓋骨も割られていた。(1967年)
クライド・ジョンソン	オズワルド、フェリー、ルビーの関係を知っていた。ギャリソン検事のために証言を承諾。銃殺される。(1969年7月)
◎クレイ・ショウ	ギャリソン検事が暗殺事件の首謀者として起訴。無罪評決となるが、その後の状況は不明。1974年8月に遺体で発見。
ニコラス・チェッタ博士	フェリーの検視を担当した検視官。ギャリソンの証人喚問に応じていた。心臓麻痺とされる。(1968年5月)
◎ロバート・ペリン	ルビーの店の従業員の夫。毒殺。(1962年8月)
ケアリー・アンダーヒル	CIA局員。ケネディ暗殺にはCIAが関係と友人に話す。頭部を撃たれ死亡。(1964年5月)
レジス・ケネディ	ニューオーリンズのFBI支局員。ダラスで調査に関わる。死因不明。下院暗殺委員会での証言直後。(1978年)
マリリン・ウェイル	暗殺当日にルビーが雇用した踊り子。暗殺の本を書く予定だったが、夫により射殺。
◎モーリス・ガトリン	ガイ・バニスターの仲間。窓からの転落死。反共連盟の弁護士。(1964年)
ハロルド・ラッセル	ティピット巡査殺害者を目撃したことで命の危険を察知。パーティ会場で暴れたため警官により殴打され、死亡。(1967年)
◎ジョン・クロフォード	ルビーの友人。操縦する飛行機が墜落、死亡。(1969年)
アーリン・ロバーツ	オズワルドの下宿先の管理人。ダラス警察の警察官がしばしばオズワルドを訪問していたと証言。突然死。(1966年1月)
テレサ・ノートン	ルビーの店のストリッパー。オズワルド射殺前にルビーが為替を送った相手。死因不明。(1964年)

＊3人はルビーの店のパーティに同時に参加していた。

◎ギャリソン検事が追及した一団の仲間たち。彼らの関係は本書第13章で紹介したジュディス・ベイカーも証言している。

付　不審死を遂げた目撃者たち（一部）

氏　名	状　況（死亡時期）
ジム・ヒックス	暗殺チームの一員だったとギャリソン検事に告白後、殴打され精神病院に強制入院。退院後遺体で発見。（1988年）
リー・バワーズ	運転中に橋桁に激突し、死亡。検視により、事故前に肉体的ショック状態だったと判明。（1966年8月）
リチャード・カー	教科書倉庫6階にいたのは、オズワルドではないと証言。ダラス警察により沈黙を強要されていたが、他殺体で発見。
ロジャー・クレイグ	テキサス州副保安官。当初より捜査に疑問。保安官への不信感を表明。交通事故に遭ったりしたのち、銃殺される。（1975年5月15日）
バディ・ウォルサーズ	暗殺事件直後に銃弾を発見していた。テキサス州副保安官。（1969年1月30日）
ウィリアム・ウェイリー	事件直後にオズワルドを乗せたタクシー運転手。業務中に交通事故死。ダラスでは1937年以来で最初の事故死。（1965年12月14日）
ジェイムズ・ウォレル	銃声は4発と主張。教科書倉庫裏口から出て行く男を目撃。交通事故死。（1966年11月）
ドミンゴ・ベナヴィデス	ティピット殺害者はオズワルドではないと主張。1964年3月に極似の弟が射殺されたのち、意見を変えた。本人は無事。
デイヴィッド・ゴールドスタイン	ティピット巡査殺害の凶器を探すのにFBIに協力。だが、原因不明で突然死亡。（1965年）
ハイラム・イングラム	ダラスの副保安官。大統領暗殺計画を事前に知っていたと証言。階段から転落死。公式には癌による死亡となる。（1968年）
ジャネット・コンフォルト	ジャック・ルビーの店のストリッパー。事件当日、ルビーとオズワルドの関係を記者に話す。死体で発見。（1963年）
＊トマス・ハワード	弁護士でルビーの友人。心臓麻痺で死亡。（1964年）
＊ジム・コース	何者かに殴打されて死亡。（1964年）
＊ビル・ハンター	警察署内で心臓を撃ち抜かれ即死。（1964年）
ローズ・チェラミ	事件前に計画を知ったと言い、オズワルドとルビーの関係についても証言。轢き逃げされて死亡。（1965年）
ジョージ・マクガン	ジャネット・コンフォルトの夫。銃により殺害。（1970年）
カリン・カプチネット	ルビーの友人の娘。暗殺を事前に知っていた。（1963年）
ドロシー・キルガレン	刑務所内のルビーと面会した唯一の記者。睡眠薬の過剰摂取により死亡。（1965年11月）

あとがきに代えて

『ウォーレン報告書』がオズワルドを狙撃犯とするためだけに書かれた、まさしく冤罪《えんざい》を引き起こした産物だったということ、それはまた権力を操る人びと（集団）の力による〝平穏〟を維持するという身勝手な陰謀の結果ではないかという面を明らかにできたと思う。

ウォーレン委員会のメンバーの一人だったヘイル・ボッグズ下院議員が「魔法の銃弾」の考え方に執拗に反対をしたことは周知の事実だが、その彼も最後には『報告書』に署名している。この辺りの事情は委員会の議事録がないために明らかではない。これも、自分たちは間違いなどしないという根拠のない自信を委員会が共有していた証だろう。

ただ、ボッグズは一九七一年四月にＦＢＩの活動内容に関して厳しく批判する演説を下院本会議で行い、さらに戦後のアメリカはエリートと秘密警察に大きな権力を与えてしまったと言って、国民を無視するアメリカの体制を批判した。これは、「魔法の銃弾」という非科学的な議論を、自分たちの調査方向を正当化するために使い、国民を騙したウォーレン委員会の一員として活動した自分への反省と怒りから出たことばなのではないか、と感じられる。

一九七二年、彼は選挙運動中に乗っていた飛行機がアラスカ上空で突然姿を消したことでおそらくは死亡したのだが、その飛行機の残骸も、彼の遺体も、いまだに確認されていない。

『ウォーレン報告書』の判断に最後まで反対していた人たち、たとえばティピット巡査を射殺したのはオズワルドではない、と主張していた人たちが、数年後に突然死を遂げていることと重ねて考えると、都合の悪いことは口封じしてしまうという権力の存在が、そこに見えてくる。都合の悪い目撃証人をウォーレン委員会が、あるいはアメリカ政府が殺害したという証拠はない。だが、私が拙著『秘密工作　ケネディ暗殺』の欄外を利用して掲載したように、事件後、不審死を遂げた人たちの数はあまりにも多すぎる（本書、三二一頁の付表を参照）。そこで触れた以上に多くの人たちが、人知れず命を落としているのだ。ボッグズ下院議員もひょっとして……と考えざるをえない。しかし、以上のことを証明するものは何もない。ただ、厳然とした事実があるだけだ。

『ウォーレン報告書』を徹底的に調べ直すことで、本書に示した事実の歪曲《わいきょく》や目撃者の意図的な選択、証言記録の書き換え以外にも問題は見つかると思われる。

その一つが銃弾だ。オズワルドの所持していたライフル銃もピストルも、あるはずの余分な銃弾が発見されていないのだ。銃弾は箱単位で販売される。単発で買うことはできない。ということは、オズワルドはライフルの銃弾とピストルの弾をどこに保管していたのだろう。警察が発見できないということは、もともと箱を持っていなかったことになるだろう。

試し撃ちで全部使ったということもできるが、マリーナ夫人は聴聞会で「いつも私と一緒にいてくれた」と言い、ルビーのクラブや遊びに出かけることはなかった（『別巻』Ⅰ、八三頁）と証言している。ただ、ダラスではマリーナがペイン夫人宅に娘たちと同居し、オズワルドは単独で下宿生活をしていたことを考えると、射撃練習の時間はあったのかもしれない。だが、そうだとすると、その練習場所はどこか？　という問題が残る。委員会はまったくこの問題に関心を示していないのだ。

最後に改めて言及しておきたいのは、検視でケネディ大統領の体内から銃弾が検出されなかったことだ。この事実を注視し、パークランド記念病院とベセスダの海軍病院で見られた大統領の傷の明白な相違に注目したのが、デイヴィッド・リフトンだった。彼は大統領の暗殺には、銃弾回収が組み込まれていたと想定した。ベセスダに遺体が運ばれる前に、「どこかで」「大急ぎで」遺体から銃弾が取り出されていたとしたのだった。

『ベスト・エヴィデンス』（拙訳、彩流社）と題された彼の本を、時間の制約のある方は下巻だけでも、ぜひ一度読んでみてほしい。彼の努力の跡をたどることで、この事件がとてつもない陰謀だったということが明らかになるはずだから。少なくとも、オズワルドは、たとえ銃を発射できたとしても、銃弾回収などに関わることは不可能だったのだから。

本書は原稿の整理や内容のチェックという面倒な作業を献身的に進めてくださった五十嵐優子さんの存在なくしては完成しなかった。二〇二一年に出版した拙訳『カマラ・ハリスの流儀』（ダン・

モレイン著、彩流社）の刊行に続いて、労力のいる作業を快く引き受けてくださり、素晴らしい仕事をしてくださった彼女に、ここに特に記して、改めて感謝の気持ちを表したい。

高校一年生で初の日米間のテレビ生中継の実験放送に立ち会うべく、多分生まれて初めての早起きをして、居間のテレビの前にかしこまっていた私に、「ケネディ撃たれる」の知らせはあまりにも衝撃的すぎた。以後、六〇年間、常に彼の暗殺事件を意識して生活してきた。幸いにも、短大、そして大学に教員の職を得たことで、この事件への関心を維持することができた。だが、現職の間は、他の研究や講義の準備などで時間が取られ、この事件にすべてを注ぐことは難しかった。

二〇一八年に定年退職を迎え、すべての時間をケネディ暗殺事件に注げる環境になった。その結果、『ウォーレン報告書』とその別巻をはじめ、既存の出版物を総合的に見直し、資料も改めて調べ直す余裕が生じた。しかも、すぐにコロナ禍での外出自粛が始まった。そんな状況で本書が生まれた。人生の最終盤になって、この機会を得られたことを喜ぶとともに、この機会を与えてくださった彩流社の竹内淳夫氏には心から感謝したい。

ケネディとはおそらく真逆と言える政治家で、やはり凶弾に倒れたヒューイ・P・ロング上院議員の人生を書いた原稿を「こんなのを書いたのですけれど……」と恐る恐る持参した私にやさしい笑顔を向けてくださり、『幻の大統領』（一九八四年）という書籍にして出版してくださったのが竹内氏だった。それ以来四〇年、実に長いことお世話になった。本当にありがとうございました。

本書は私の書くケネディ関連本の最後だと思うが、若い方たちがさらに新しい事実を見つけ出してくださることを期待し、祈りつつ、それでも最後の日まで真実の追求を続けていきたいと願っている昨今である。

了

〔著者紹介〕
土田　宏（つちだ・ひろし）
1947年、茨城県生まれ。上智大学外国語学部英語学科在学中にニューヨーク市のFordham大学に編入、72年に同大を卒業後、New School for Social Researchに進学して74年に修士課程を修了（MA取得：専攻アメリカ政治）。城西国際大学教授を退職後、ケネディ研究所所長。
主な著書：『ケネディ兄弟の光と影』（1992年）、『秘密工作　ケネディ暗殺』（2003年）、『リンカン――神になった男の功罪』（2009年）、『アメリカ50年　ケネディの夢は消えた？』（2015年）、『「発想の転換」の政治――ケネディ大統領の遺言』（2018年、以上いずれも彩流社刊）、『ケネディ――「神話」と実像』（中公新書、2007年）、『アメリカ１９６８』（中央公論新社、2012年）ほか。
訳書：『ベスト・エヴィデンス――ケネディ暗殺の虚実』（全2巻：デイヴィッド・リフトン著、彩流社、1985・86年）、『ケネディ――時代を変えた就任演説』（サーストン・クラーク著、彩流社、2006年）、『カマラ・ハリスの流儀――アメリカ初の黒人女性副大統領』（彩流社、2021年）ほか多数。

アメリカの陰謀《いんぼう》――ケネディ暗殺《あんさつ》と『ウォーレン報告書《ほうこくしょ》』

2023年11月22日　初版第1刷発行　　　定価はカバーに表示してあります

著　者　土　田　　宏
発行者　河　野　和　憲

発行所　株式会社　彩　流　社
〒101-0051　東京都千代田区神田神保町3-10　大行ビル6F
電話　03 (3234) 5931　FAX　03 (3234) 5932
https://www.sairyusha.co.jp
印刷・製本　㈱丸井工文社
装幀　佐々木正見

落丁本・乱丁本はお取替えいたします　ISBN978-4-7791-2934-6 C0022